MW01519629

Caldo de Pollo para el Alma.

Vivir la fe Católica

101 historias para compartir esperanza, fe y amor

Caldo de Pollo para el Alma®

Vivir la fe Católica

101 historias para compartir esperanza, fe y amor

Jack Canfield
Mark Victor Hansen
LeAnn Thieman

OCEANO exprés

Diseño de portada: Pneuma Books, LLC
Fotografía de portada: Cortesía de Jupiter Images/Photos.com

CALDO DE POLLO PARA EL ALMA. VIVIR LA FE CATÓLICA
101 historias para compartir esperanza, fe y amor

Título original: CHICKEN SOUP FOR THE SOUL: LIVING
CATHOLIC FAITH: 101 Stories to Offer Hope, Deepen Faith,
and Spread Love

Traducción: Enrique Mercado

© 2008, Chicken Soup for the Soul Publishing, LLC
Todos los derechos reservados

CSS, Caldo de Pollo Para el Alma, su logo y sellos son marcas
registradas de Chicken Soup for the Soul Publishing, LLC
www.chickensoup.com

El editor agradece a todas las editoriales y personas que
autorizaron a CHICKEN SOUP FOR THE SOUL/CALDO DE POLLO PARA EL ALMA
la reproducción de los textos citados.

D.R. © 2018, Editorial Océano de México, S.A. de C.V.
Eugenio Sue 55, Col. Polanco Chapultepec
C.P. 11560, Miguel Hidalgo, Ciudad de México
Tel. (55) 9178 5100 • info@oceano.com.mx

Primera edición en Océano exprés: febrero, 2018

ISBN: 978-607-527-472-0

Impreso en México / Printed in Mexico

Índice

7

El poder de la oración

8

Cuestión de perspectiva

9

Lecciones

10

Fe

Prólogo

Jesucristo dijo: "Mas yo también te digo que tú eres Pedro, y sobre esta piedra edificaré mi iglesia" (Mateo 16: 18). A partir de ese momento, Pedro, Pablo, Lucas y los demás discípulos empezaron a relatar sus historias para levantar esa iglesia, proclamar su fe y compartirla con otros. En la actualidad, más de dos mil años después, cerca de mil católicos hicieron lo mismo al aportar historias para *Caldo de pollo para el alma: Vivir la fe católica*. Impactantes y positivas, esas anécdotas sobre el amor incondicional de Dios muestran el papel que desempeña la Iglesia en la vida personal y profesional de esos individuos.

Esta colección de historias divertidas, conmovedoras y llenas de fe escritas por personas de todas las edades afianzará las convicciones de quienes somos "católicos de cuna" y encenderá la pasión de los nuevos miembros de nuestra familia religiosa. Reconfortantes y llenos de esperanza, estos relatos te levantarán el ánimo y alimentarán tu alma, porque expresan lo que significa ser católico. Saborea cada uno de ellos y busca inspiración y aliento en cada mensaje. Saca fuerza de otros católicos al practicar estas lecciones de fe, esperanza y caridad.

Juntos, los católicos, al igual que Pedro y Pablo, seguiremos respondiendo al llamado de dar a conocer nuestras historias de confianza en Dios, a nutrirnos y sostenernos unos a otros.

Con gran alegría, orgullo y humildad tenemos el honor de compartir contigo *Caldo de pollo para el alma: Vivir la fe católica*.

CAPÍTULO

Sobre el amor

Éste es mi mandamiento: que os améis los unos a los otros

como yo os he amado.

JUAN 15: 12

1

Sólo un minuto, muchacho

Se le llamaba "el desayuno de los veinte mil dólares", o al menos eso fue lo que nos dijeron.

Luego de hacer grandes economías, ahorrar y exprimir mi presupuesto, por fin pude reunir los cinco mil dólares anuales que necesitaba para pagar la colegiatura de mi hijo en la St. Paul's High School, una escuela jesuita. A las mamás de los alumnos por graduarse se nos festejaba el viernes previo al Día de las madres. Y aunque esta celebración era un gran secreto, las mamás que ya habían pasado por ella nos lo habían revelado al oído. Así, las madres de la generación que concluía su último año ya teníamos una idea de lo que nos esperaba, aunque no estábamos del todo preparadas para ello.

> No existe idioma capaz de
> expresar el poder, belleza,
> heroísmo y majestad
> del amor de una madre.
>
> EDWIN HUBBELL CHAPIN

Juntar a ciento cincuenta jóvenes de entre diecisiete y dieciocho años, en un bochornoso día de mayo, ponerles sus mejores prendas, meterlos a un auditorio lleno a reventar y sin aire acondicionado y sentarlos más de tres horas junto a su mamá debía ser un asunto de lo más interesante.

La mañana dio inicio con la ceremonia, una rosa y una caja de kleenex para cada madre. Todos aquellos muchachos –futbolistas enormes, chicos imberbes, hombres listos, jóvenes rebeldes, niños callados– cruzaban en ese instante el arco hacia la madurez. Cada uno dispondría de un minuto frente al micrófono. Un minuto para mirar a su madre a los ojos y hablarle con el corazón. Un minuto para resumir su existencia en palabras que perdurarían para siempre. Un solo minuto para desnudar su alma ante trescientas personas.

Algunos no habían dormido en toda la noche buscando las palabras perfectas, otros llevaban meses trabajando en ellas. Todos estaban tensos, nerviosos y más que un poco petrificados.

Las madres sentíamos su angustia, ¡y se nos empezó a contagiar!

Todas tuvimos compasión por el pobre chico a quien le tocó ser el primero. Con manos sudorosas y voz quebrada, puso en marcha la rueda. Uno por uno, cada muchacho se paraba junto a su mamá, la presentaba llamándola por su nombre y empezaba a hablar. Muchos iniciaban así: "Ésta es mi hermosa madre", y con eso bastaba para que la mayoría rompiéramos a llorar.

Yo escuchaba con atención a cada chico.

"Mamá, yo no quería entrar a esta escuela, porque todos mis amigos iban a ir a escuelas comunes y corrientes, pero te agradezco en el alma que me hayas inscrito aquí. Yo haré lo mismo cuando tenga un hijo."

"Mamá, pasé meses enteros preparando este discurso, pero ahora parece que me será imposible leerlo, porque no puedo dejar de llorar."

"Gracias, mamá, por tantos años de empacar mi lunch."

"Gracias, mamá, por no haberme empacado nunca el lunch, por no haber hecho todo por mí, para que pudiera ser un adulto capaz."

"Gracias, mamá, por haber recorrido miles de kilómetros al volante."

Otros agradecieron a su madre haber renunciado a la mejor pieza de pollo y la mayor rebanada del pastel. Otros más dijeron lamentar las noches en que habían llegado tarde y los toques de queda incumplidos, no haber sido lo bastante respetuosos, o haber dejado en mal estado el baño o la recámara. Algunos extraían hojas arrugadas de su saco, otros hablaban con el corazón. Algunos entonaban canciones especialmente escritas para la ceremonia, otros musitaban las que su madre les había cantado de niños. Un chico entonó: "Tú eres todo para mí…", pero no pudo continuar, pese a lo que no soltó el micrófono, ni se separó de su mamá hasta haber exhalado la última palabra.

El espectáculo era devastador. Sentí como si una madre y su hijo me estuvieran confiando un momento íntimo. Algunos chicos leían textos en prosa; otros, poemas expresamente escritos para la ocasión.

Algunos declamaban citas, y otros simplemente echaban a llorar casi sin pronunciar palabra.

¿Cómo era posible que cada uno de esos momentos pareciera congelarse en el tiempo cuando en realidad transcurría en un suspiro? Cada discurso era único y precioso, conmovedor y sincero: perfecto. Jamás había oído a tantos muchachos decir "mami" sin remilgos, reparos ni inhibiciones, menos aún rodeados por sus compañeros. Algunos terminaban colgándose del cuello de su madre cuando se les atoraban palabras tanto tiempo enterradas, los "Te quiero" nunca antes dichos y abrazos escasamente compartidos. Cada joven-niño-hombre que hablaba era franco, honesto, genuino y, al escucharlo, cada madre sentía, sin duda, que el corazón le daba un vuelco o le dejaba de latir. Las mamás no dijimos palabra alguna esa mañana. Murmurar "Te quiero" fue todo lo que la mayoría de nosotras pudimos hacer. Pero ése no era nuestro día para hablar, sino para escuchar; sólo escuchar.

Una acababa por darse cuenta que lo que su hijo le decía no era lo único importante. Esos jóvenes les hablaban a todas las madres en nombre de todos los hijos. Hablaban por los jóvenes que no podían hallar las palabras, el valor, el momento o el lugar para hacerlo. Por los que querían perdonar, decir "Lo siento", mejorar su relación, volver a empezar, decir a su madre que era su mentora, su guía. Aquello era un *gracias* por cosas que esos chicos no podrían pagar nunca, verdad divina que ellos eran los primeros en reconocer.

Justo entonces, mi hijo se puso de pie. "Mamá, tú y yo intercambiamos a cada rato abrazos y expresiones de afecto, pero enfrente de todos quiero decirte lo mucho que te quiero. Siempre has estado a mi lado y confiado en mí, y siempre me has alentado a no conformarme con menos de lo que merezco o de lo que soy capaz." Tragó saliva. "Eres mi roca, mamá."

Tuve que contenerme para no acunarlo y mecerlo entre mis brazos.

Los sacrificios que cada familia había hecho para mandar a su hijo a esa escuela católica, ya fueran financieros o sociales –aunque muy probablemente de ambos tipos–, así como las preguntas sobre si hacíamos o no lo correcto fueron inequívocamente recompensados ese hermoso día de mayo. Terminados aquellos ciento cincuenta minutos, todos nos reunimos en el patio para orar, y para sembrar un árbol en conmemoración del crecimiento y desarrollo personal que nuestros jóvenes habían experimentado ahí.

El acto llegó a su fin, las palabras se desvanecieron y nuevas remembranzas y proezas se alcanzaron después; pero la intensidad de los sentimientos y los vínculos emocionales y espirituales de ese día no se olvidarán jamás.

En mi opinión, ese desayuno de veinte mil dólares fue una verdadera ganga.

STEPHANIE STAPLES

2

El Twinkie

Era mi séptimo año como maestra de primer grado. Daba clases en la misma escuela privada a la que había asistido de niña, la cual estaba asociada con la iglesia a la que había ido siempre.

Una niña de ese grupo, Abby, había inmigrado recientemente de Grecia en compañía de sus padres y abuelos. Era la única de su familia que hablaba inglés y tenía que traducirles todo a sus papás, incluidas las notas, circulares y boletas de calificaciones de la escuela. Tanta responsabilidad saltaba a la vista en los hombros y cara de Abby, a quien le quedaba muy poco tiempo para poder ser una niña como las demás. Casi no sonreía ni echaba a reír. Nadie quería jugar con ella. No conocía las reglas de los juegos, ni sabía cómo ser amiga, o llamar la atención de sus compañeros. Estaba sola en un grupo feliz, marginada, viendo el mundo desde sus ojos azul claro.

> De cierto os digo que si no os volviereis y fuereis como niños, no entrareis en el reino de los cielos.
>
> MATEO 18: 3

Decidí entonces prestarle más atención que la que pedía el programa. Me concentré en sus habilidades sociales, amistad y confianza. Le enseñé a jugar, a sonreír afablemente, a ser una niña de verdad.

Abby aprendió poco a poco a confiar, sonreír y jugar. Esa primavera por fin había dado el salto y era feliz, en vez de retraerse como tortuga para esconderse en su caparazón. Su trabajo escolar mejoró mucho, y aprobaba todos los exámenes. Incluso hasta se ofrecía a contestar preguntas.

Un día de mediados de marzo, había muchas actividades emocionantes en la escuela. Era día de pizza en la cafetería, y los alumnos de secundaria harían un festival para sus compañeros de los grados inferiores. Además, habría recreo extra, sólo para celebrar la llegada del nuevo sol.

Antes de que sonara la campana, más tarde que de costumbre, Abby puso su lunch sobre su pupitre. Pero entonces sucedió algo terrible, al menos para un niño, el tipo de cosas que pueden predisponerlo contra el riesgo, la confianza y la amistad: ¡alguien robó el Twinkie de Abby!

Me puse furiosa. ¡No iba a permitir que nadie abusara de ella y estorbara su progreso! En ese momento interrumpí las labores e hice que todos guardaran sus libretas, marcadores y crayones, y bajaran la cabeza sobre los brazos. Sin dejar ver mi enojo, pregunté quién había tomado el Twinkie, y exigí que lo devolviera. No habría castigo si lo hacía de inmediato.

Pero nadie lo devolvió.

Algunos chicos dijeron que habían visto a Peter tomarlo, pero creí que era preferible que el propio ladrón confesara. Guardamos silencio quince minutos, pero fue en vano.

Habría entonces un nuevo plan para el día: los niños se llevarían el trabajo escolar a casa, para hacerlo como tarea. No habría recreo; todos nos quedaríamos en el salón, con la cabeza sobre el pupitre. Comeríamos nuestro lunch en silencio. Y no iríamos al festival hasta que el Twinkie apareciera. Aquellos pequeños rostros se llenaron de pena, y a mí se me rompió el corazón. Pero en ese momento había dos lecciones por aprender: que debíamos ser capaces de admitir nuestros errores, y que no teníamos derecho a fastidiar a los demás. Esta experiencia de aprendizaje no venía en ningún libro de texto, pero les serviría a mis alumnos por el resto de su vida.

En teoría era la hora de lectura, pero el grupo seguía con la cabeza gacha, reflexionando y oyendo mi sermón sobre la importancia de la honestidad y de hacernos responsables de nuestras faltas.

La verdad es que estaba sudando. ¿Les causaba un perjuicio antes que un bien a mis alumnos? ¿Exageraba? ¡No!, respondió mi corazón. Lo único que todos queríamos era la verdad.

Pasaron segundos, minutos y, asombrosamente, horas. El festival estaba por empezar. Probé otro regaño, pero nadie dio su brazo a torcer.

Llegó entonces mi asistente de la tarde. Madre de cuatro, se ofreció a sacar a los niños al pasillo uno por uno, para interrogarlos. Supuse que los chicos confiarían más en alguien a quien veían como una figura materna que en una figura de autoridad. Pero como en más de cuatro horas nadie había confesado, también pensé que no había muchas posibilidades.

Llegado el momento de interrogar a Peter, todo terminó en un minuto. Él volvió al salón con ojos anegados en lágrimas y manos temblorosas. Se quedó en la puerta, recargado como si fuera a caerse. Respiró profundamente, tratando de no llorar.

–Yo tomé el Twinkie –dijo en voz baja–. Perdón –añadió, cubriéndose la cara por la vergüenza.

Me puse lívida. ¡Peter nos había hecho perder más de cinco horas! Me dieron ganas de arremeter contra él, de desahogar mi enojo a gritos. Pero el grupo ya sabía lo que pensaba, así que tomé a este "Daniel" y lo arrojé a los "leones", ansiosos de atacar. Que fueran los afectados quienes tiraran la primera piedra.

–¿Alguien tiene algo que decirle a Peter? –pregunté.

Se hizo el silencio por al menos un minuto. Supe que los niños medían sus palabras, escogían sus batallas, recordaban recreos perdidos. Esperé.

Por fin, una niña levantó la mano. Tal vez ella abriría las "compuertas del enojo" de todos. Empujó su silla, se puso orgullosamente de pie y dijo en voz alta:

–Te perdonamos, Peter.

Sus palabras resonaron en nuestra cabeza. Perdón… Una de las últimas cosas que Jesús nos enseñó en la cruz. Perdón.

De repente, los veintiocho niños corrieron hasta Peter, para colmarlo de abrazos, palmadas, vítores y risas. Fue como si el hijo pródigo hubiera regresado a casa.

Había olvidado que Dios salvó a Daniel de los leones, como salvó también al pequeño Peter. Pero a mí me salvó de igual forma, de una vida de enojo. Ese día aprendí que el perdón cura. ¡Qué bien se siente decir "Te perdono", y qué reconfortante es saberse perdonado!

¿Y el Twinkie desaparecido? Abby nunca lo comió. Se lo ofreció a Peter, con un fuerte abrazo y una sonrisa.

HOLLY ENGEL-SMOTHERS

3

Dios está con nosotros

—¡**V**amos, lindura! –le grito–. ¡Toma mi mano!

Me estiro, prendo a Emily de los dedos y consigo extraerla de un mar de adolescentes, todos ellos empeñados en subir a uno de los autobuses rumbo al centro de Roma, en Italia.

—¡Te tengo! —exclamo sonriendo mientras tiro de ella a través de la puerta y la pongo a salvo en el camión.

> Y amarás al Señor tu Dios de todo corazón, y con toda tu alma, y con todo tu poder.
>
> DEUTERONOMIO 6: 5

Pero ¿y los demás? Cruzo rápidas miradas con cada exhausto, pero aún animado, adolescente, haciendo un conteo de cabezas.

-Uno, dos, tres, cuatro, cinco —cuento, recorriendo el autobús con la mirada– ¡y seis!

Perfecto. Todo mi grupo está aquí. El momento es muy emocionante, pero mientras el camión se aleja a sacudidas de la banqueta estamos tan apretados que no puedo moverme un milímetro. Por centésima vez en el día, pienso: "¡Debo estar loco para acompañar a unos adolescentes en un viaje al extranjero! ¡Ya estoy demasiado viejo para esto!".

En tanto que las antiguas ruinas del Coliseo y el Foro romanos pasan zumbando frente a nuestras sucias ventanas, los chicos intercambian baratijas de su país con otros pasajeros, entonando canciones en su idioma.

Es agosto de 2000 y el grupo juvenil de nuestra iglesia ha venido a Roma para sumarse a los dos millones y medio de jóvenes de ciento cincuenta y siete países –de los seis continentes– en la celebración del decimoquinto Día Mundial de la Juventud, que se conmemora cada año. ¡Qué gran reunión de nuestra familia espiritual! Ayer participamos en la Gran Vigilia, en los campos aledaños a la universidad romana de Tor Vergata. Luego pasamos la noche bajo sleeping bags y cobijas, para despertar con los acordes de música coral contemporánea del mundo entero, a los cuales siguió una misa matutina.

Ésta es la sede de la Iglesia primitiva, tierra regada por la sangre de los primeros mártires –los apóstoles Pedro y Pablo, y tantos otros que murieron antes que comprometer su fe cristiana. Hemos venido aquí en el año del Jubileo para seguir sus huellas.

Justo anoche nos apiñamos codo a codo en la Piazza del Popolo, para cantar el tema musical del Día de la Juventud, "Emmanuel". Mis incansables adolescentes, siempre presentes en todos los paisajes, sonidos y aromas de Roma, se sumaron al coro, con ansiosos corazones bien abiertos al don que sólo un "viaje" puede conceder.

Hace cinco noches, a punto de empezar la ceremonia de bienvenida, arribamos expectantes a la Piazza de San Pietro, frente a la basílica. Varias estaciones radiales de AM y FM transmitirían el mensaje papal en veinte idiomas. Mientras los chicos buscaban desesperadamente sus radios en las cangureras, Kelly y Mike me jalaron de la camisa.

–¿Cuál es la estación en inglés? –me preguntaron.

Tras recorrer el cuadrante, Erin fue la primera en hallarla, y gritó:

–¡Noventa y ocho punto cinco de FM!

–¡Desenrollen bien los audífonos! Compártanlos de ser necesario –grité–. ¡Vaya!... Radios para dos... ¡Dará resultado!

Poniéndonos los audífonos, oímos: "Que Jesucristo, el Verbo de Dios, quien los ha llamado de todos los continentes y los invita a convertirse, guíe sus pasos, ilumine su mente y vuelva puro su corazón, para que proclamen con júbilo su Evangelio".

–¿Qué dice? –preguntó Mike en voz baja.

–¡Shhhh! ¡Escucha! –siseó Emily.

"Es el momento de encontrarse con el Cristo siempre vivo en la ciudad de los mártires. Ustedes son herederos de un pasado grandioso. ¡No teman! Abran a Cristo su corazón, su vida, sus dificultades, sus problemas, su dicha. Él sabe todo lo que llevan dentro. Servir a Cristo es ser libres. Jesús desea entrar y vivir en ustedes. Toca a la puerta de su corazón. Cristo los invita a seguir un camino de santidad a la vida eterna. Oren juntos, jóvenes, con el don de la unión. Jesucristo es el mismo ayer, hoy y siempre.

"¿Qué buscan aquí? ¿En pos de qué han venido? Buscan a Jesucristo, pero deben saber que Jesús fue el primero en salir a buscarlos. ¡Celebren este encuentro! Dios obra de manera misteriosa en la vida de todos ustedes. Están llamados a la luz, y son seres humanos destinados a la gloria. Cada uno es precioso para Cristo; él los conoce en lo personal, y los ama con ternura, aun si no se dan cuenta de ello."

¡Qué bellas, profundas y pertinentes palabras, compartidas por el papa Juan Pablo II ya octogenario! Él ama de corazón a todos estos adolescentes. Y ellos lo saben.

Al unísono, como arrastrada por un impulso invisible, la multitud empezó a corear:

—¡Giovanni due Paolo, Giovanni due Paolo…!

Un muchacho burló entonces la seguridad y se arrojó en brazos del papa. Todos vimos maravillados al santo padre abrazarlo y confortarlo. La seguridad no intervino en un momento tan conmovedor.

—¡Mira, está hablando con él! —exclamó Emily, con lágrimas en el rostro—. Lo abraza como si de veras fuera su papá y, y… yo estoy, él está… cada uno de nosotros, todo el mundo, tú, yo, todos vinimos desde tan lejos y… El papa me quiere a mí también, ¿verdad, John? Como Jesús…

—Sí, lindura —susurré—. Nosotros somos su familia, toda la Iglesia, y él nos ama.

Cuando miré a mi alrededor, vi que todos estábamos llorando. Cada uno sentía el abrazo del papa, y comprendimos lo unidos que estamos en esta santa Iglesia —que Dios está con nosotros.

Rodeado de adolescentes ansiosos de palabras que reflejaran lo que ellos sentían, dije:

—¿Acaso no es emocionante saber que Dios los ha elegido a ustedes igual que el papa eligió a ese chico, y que, sin importar lo ocurrido hasta ahora, quiere hacer cosas maravillosas en la vida de cada uno?

Hoy es nuestro último día aquí. Mientras el autobús serpentea por las calles de Roma, en mi corazón resuenan las palabras que hace unas horas pronunció el joven pastor Jim Beckman, quien perdió trágicamente a tres miembros del grupo juvenil de su iglesia en la masacre de la escuela de Columbine. Esta mañana, Beckman retó apasionadamente a nuestros jóvenes a viajar.

—¡Ustedes saben la verdad! —clamó—. ¡Párense y siéntanse orgullosos de su fe! Triunfen sobre sí mismos, acepten el riesgo y lleven al resto del mundo las gracias especiales de Cristo en este año del Jubileo.

—¡Hey, esta es nuestra parada! —grito, cerca del crucero junto a nuestro hotel—. Kelly, Paul, Emily… ¿ya traen todo?

–¡Lo logramos! –exclama Erin–. Ahora, a prepararnos para partir. La peregrinación ha terminado.[1]

–¿De veras? –les pregunto–. ¿O apenas comienza?

JOHN CRUDELE

Nota del editor: Llegar hasta los jóvenes atañe al futuro tanto de su alma como de la Iglesia. Para saber más sobre el Día Mundial de la Juventud y otras excelentes oportunidades de congresos y cursos para los jóvenes católicos, visita www. partnershipforyouth.org

4

La lotería del cielo

Mi esposo creció en el seno de una inmensa familia católica italiana en el sur de Filadelfia, ya que tres familias de tías, tíos y primos vivían en una misma calle en Cross Street, y muchos otros parientes a sólo unas cuadras de ahí. El tío Tony y la tía Grace vivían a un lado de mis suegros, Philip y Rose. Estas dos parejas eran muy unidas, pues el tío Tony y Philip eran hermanos, y la tía Grace y Rose hermanas.

Además de ser enorme y de concentrarse en un radio de tres calles, la familia de mi esposo se distinguía también por otra peculiaridad: poseía una categoría adicional de parientes que otras familias no. Aparte de madres, padres, hermanas, hermanos, tías, tíos, primos y abuelos, tenía una categoría de parientes llamada "los muertos". Los parientes de mi esposo hablaban de los muertos como si aún vivieran, en especial en los días festivos. Una conversación habitual entre Rose y Grace era más o menos así:

Grace: "¿Qué hiciste hoy, Rose?".

Rose: "Fui a comprar de comer, pasé a ver a los muertos y luego hice mi salsa".

> Ponme como un sello sobre tu corazón, como una marca sobre tu brazo: porque fuerte es como la muerte el amor…
>
> CANTAR DE LOS CANTARES 8: 6

Grace: "¿Ah, sí? Pues yo fui a ver a los muertos ayer".

Y, en efecto, cada vez que iba al cementerio con mi esposo, todos los difuntos tenían flores frescas en su tumba, y a veces hasta dos y tres arreglos, dependiendo de cuántos parientes hubieran ido a verlos esa semana.

La familia de mi esposo también se distinguía por tener una regla especial: si un muerto visitaba a alguien en sueños y le decía un número, ese familiar tenía que jugar al día siguiente dicho número en la lotería.

Me enteré de esta regla en 1989. El tío Tony, quien se había hecho cargo del negocio de frutas y verduras de su padre, murió inesperadamente a fines de agosto de ese año. Su muerte fue un golpe muy duro para tía Grace, porque llevaban muchos años de casados y se habían querido mucho. Dos semanas después de la muerte del tío Tony, una noche yo estaba con mi suegra en la cocina de tía Grace cuando de repente esta última dijo:

—¡Qué gran amante era Tony!

El impacto de esta declaración se disipó rápidamente cuando ella añadió:

—La semana anterior a nuestra boda, Tony fue a verme a mi casa todos los días para hacerme un regalo. ¡Qué gran amante era!

Tía Grace se llevó entonces las manos a la cara y rompió a llorar.

Dos meses después, al acercarse las festividades, comprensiblemente la tía Grace estaba un poco deprimida. Además de haber perdido a su esposo, el dinero escaseaba más de la cuenta, y la temporada navideña se acercaba.

Una mañana a fines de noviembre, la tía Grace llegó corriendo muy emocionada a la cocina de mi suegra.

—¡Tony me dio el número anoche!

—¿De qué hablas? —preguntó mi suegra.

—Anoche soñé que estaba dormida en mi cama pero que Tony estaba en el piso de abajo. De repente se pone a gritar: "¡Grace, Grace, hay un extraño en la casa! ¡Llama al 911, llama al 911!". Entonces desperté.

Mi suegra "se pasmó", expresión que ella usaba para querer decir que se quedaba atónita y muda.

Tía Grace continuó:

—¡Esto significa que el 911 es el número ganador de esta noche! ¡Tony me dio el número del sorteo de hoy!

La noticia se esparció entre la familia con la velocidad del sonido, pero como el tío Tony había dicho un número tan ordinario, sólo tía Grace y Johnny Gerace, el mejor amigo de él, jugaron ese número aquel día.

Esa noche estaba cenando en casa de mis suegros cuando dieron las siete. Mi suegra miró el reloj y me dijo:

—El, son las siete. Ve a ver qué número salió.

Como en el sur de Filadelfia las casas son tan pequeñas, apenas si tuve que recorrer diez metros de la mesa de la cocina a la televisión de la sala, pasando por el comedor. Tras encender la tele, la conocida música de la lotería llenó la habitación. Justo en ese momento comenzaban a sacar el número. Volteando a la izquierda, grité:

—¡El primer número es... nueve!

—¡Sin bromas! —respondió mi suegra.

—¡El segundo es un uno! —grité un poco más fuerte.

Para ese momento, mi suegra, mi suegro y mi marido ya habían llegado corriendo a la sala.

—¡El tercero es un... uno! ¡Novecientos once! ¡Novecientos once! —clamé a voz en cuello.

Naturalmente, mi suegra se puso a gritar de emoción, y todos salimos corriendo por la puerta de la cocina, atravesamos el jardincito y entramos a la cocina de la tía Grace. Sentada a la mesa y cubriéndose la cara con las manos, ella lloraba y vociferaba:

—¡Tooonnnyyyy, Tooonnnyyy!

Mientras mi suegra la tomaba de las manos y le sonreía, la tía Grace musitó entre lágrimas ahogadas:

—¡Siempre me daba dinero extra para las fiestas, y sigue encontrando la manera de hacerlo!

Con tantos parientes como vecinos, la casa de tía Grace se llenó de inmediato, el café se hizo y rehizo y la historia se contó y volvió a contar. Los familiares que no vivían a la vuelta de la esquina llamaron por teléfono para felicitar a la tía Grace.

Desde esa noche sé que el amor trasciende el tiempo y el espacio.

ELLEN C. K. GIANGIORDANO

5

El milagro de VoVo

—**A**mor es atención… –me dijo VoVo, postrada en cama, mientras la tomaba de la mano.

VoVo (como cariñosamente llamaba en portugués mi familia a mi bisabuela) estaba muy enferma, y recibía los cuidados de una persona desahuciada en la comodidad de la casa de mis abuelos. Mi abuela me había llamado para avisarme que los doctores creían que VoVo ya no estaría con nosotros mucho tiempo. Emprendí entonces un viaje de doce horas, para verla por última vez. Buscaba sabiduría. Sabía que VoVo guardaba los secretos de una vida llena de significado.

Hija de inmigrantes portugueses católicos, VoVo, nacida en 1907, fue bautizada como Mary Angel Costa. Tenía dieciséis años cuando se casó, y su esposo fue a vivir con ella en casa de sus padres y seis hermanos menores. A los veinticuatro dio a luz a su segunda hija, mi abuela Lorraine.

> Y ahora permanecen la fe, la esperanza y la caridad, estas tres; empero, la mayor de ellas es la caridad.
>
> 1 CORINTIOS 13: 13

La familia inmigrante era emprendedora. Primero puso un negocio de embutidos portugueses. Luego, Mary se asoció con su padre para poner una tienda de abarrotes. Pero cuando la Depresión mostró su feo rostro, en 1929, muchas familias ya no pudieron permitirse la compra de comestibles. El papá de Mary insistió en ayudar, dando crédito a numerosas familias. Él fue el primero en enseñarle que "amor es atención".

...nteresado afecto llevó al desastre financiero cuando esos ...es créditos quedaron sin pagar.

...l desastre no paró ahí. Tras la muerte de sus padres, dos años después, Mary asumió las deudas de su papá, perdió la tienda y se convirtió en madre de sus hermanos. Enfermó de pesar y pasó días horribles en cama, sintiéndose desesperada e indefensa.

En un esfuerzo heroico, se recuperó. Convenció a sus acreedores de que le dieran tiempo para pagarles. Halló empleo en una tienda de dulces, elaborando chocolates decorativos para celebridades adineradas. Con el tiempo, todas las deudas de la familia fueron saldadas. La determinación de Mary salvó a su familia de la quiebra.

—Da gracias por todo, Lauren. Y ama a los demás. Amor es atención —repetía VoVo.

Asentí con la cabeza como si entendiera. Pero ¿entendía? Sentía remordimiento. En comparación con ella, había enfrentado pocas penurias en mi vida. En sus muchas pérdidas, VoVo encontró la fuerza para dar y agradecer las pequeñas cosas. Nunca habló mal de las familias que se negaron a pagarle aun después de superadas sus penalidades. Ver el valor de una mujer frente a la muerte me hizo darme cuenta de que aún tenía mucho que aprender.

—Mi vida fue simple —dijo ella, dejando colgar el rosario entre sus dedos.

¿Simple? VoVo no veía nada heroico en sus esfuerzos por cuidar de su familia. Yo sí.

Recordé entonces la historia que me había contado tantas veces. Su hermana Olivia pasaba por momentos difíciles. Uno de sus dos hijos había muerto a los dieciséis años de edad. Ella se había divorciado, y sus propias dolencias provocaron que se le amputara una pierna. Con corazón abatido, VoVo se puso a pensar qué podía hacer por su hermana. Tenía apenas dos dólares para terminar la semana. No había pan en casa, y la alacena estaba casi vacía. Pero vio que tenía leche y harina, así que decidió hacer su propio pan. Tras forcejear con esa decisión, elevó a Dios una plegaria y deslizó resueltamente sus últimos dos dólares en un sobre dirigido a Olivia.

Cuando vio llegar al cartero, le dio el sobre, y él, a su vez, le tendió unos cuantos. Volviendo sobre sus pasos, comenzó a abrir la primera carta y un cheque cayó al suelo. Lo recogió y, en efecto, ¡era un cheque por diez dólares! VoVo sintió en ese momento que Dios la bendecía por haber hecho lo correcto y ayudar a su hermana.

Ahora, a las puertas del paraíso, alzó un dedo afilado para asegurarse de que yo entendiera sus importantes palabras.

–Da gracias por todo, Lauren. Y ama a los demás. Amor es atención…

Ahí estaba el secreto de una vida llena de significado.

LAUREN AILEEN DAVENPORT

6

Ave María

Era evidente que mi padre llevaba la voz cantante esa mañana de domingo de la primavera de 1948. Yo era un acólito de once años de edad, con camisa blanca y túnica oscura, y tenía la vinajera de agua en la mano cuando él comenzó. Su aguda, suave, clara voz de tenor era cautivadora. Llevaba las voces de la comunidad a nuevas alturas, las inspiraba a alcanzar notas que ignoraban poseer. Tampoco sabían, cuando empezaron a seguirlo, cuán alto podía llegar mi papá. "Ave María."

La iglesia de santa Verónica, en el este de Detroit, Michigan, fue especial ese día. Los demás acólitos, con su atuendo blanco y negro, me miraban y sonreían. Yo desviaba la mirada, pero en secreto me sentía orgulloso y complacido de que mi padre cantara al otro lado de la sacristía.

> Misericordia y juicio cantaré:
> a ti cantaré yo, ¡oh, Señor!
>
> SALMOS 101: 1

Mi papá solía cantar en cuartetos informales con amigos, en picnics de la compañía, en tabernas y salones. Nunca en la iglesia. Así que aquel día la gente volteó desde sus bancas para ver el origen de tan glorioso sonido. La voz de mi padre ya había sido reconocida por buscadores de talento, quienes lo habían invitado a cantar en la inmensa catedral del centro de Detroit. Lo tentaban con promesas de acústica celestial y grandes multitudes. Pero él se negaba a hacerlo. Se sentía indigno de tan gran honor. Lo habían invitado a competir en programas de talento como la *Amateur Hour*, de Ted Mack, y en programas de radio locales en las décadas de 1930 y 1940. Pero papá siempre rechazaba toda invitación a exhibir su talento. Temía perder demasiados amigos.

Ninguno de mis cinco hermanos cantaba junto con él, y tampoco mi madre se le sumó. Mamá estaba sentada entre su hija mayor y papá cuando él puso suficiente energía en su canto por todos nosotros. Otro padre habría podido decir: "Ustedes también deberían cantar. Todos en la iglesia lo están haciendo". No papá. Él cantaba por su vida. "Ave María."

Papá se perdía en su voz y en la extraordinaria sensación y liberación de la letra, mientras celebraba la dicha de su segundo año de sobriedad. Su canto procedía de un lugar muy profundo, entrañable y espiritual en su alma. Y la música que sale del alma es divina.

Mis hermanos permanecieron sentados, los pies colgando a la orilla de la banca, o estirando sus pequeñas piernas y sus pies.

En cierta ocasión, encontré a papá a altas horas de la noche arrodillado junto a una silla en la sala, rezando fervorosamente, mientras apretaba con desesperación las cuentas de su rosario. "Dios te salve María, llena eres de gracia…" Pasaba una cuenta por cada plegaria terminada. Ahora creo de todo corazón que la oración fue lo que le dio la fuerza que necesitaba para dejar el alcohol. No asistía a reuniones. No veía a ningún consejero. No tenía padrino. La oración fue el único programa de recuperación del que mi padre se valió para mantenerse sobrio.

Papá ya no se sentía mal en las mañanas, y esto quería decir que podía ir a trabajar regularmente a la fábrica de automóviles, lo que resultó en el ofrecimiento de un ascenso. Él lo rechazó, explicando, como de costumbre, que perdería demasiados amigos. Sin embargo, la regularidad de sus pagos mejoró nuestro estilo de vida.

Cuando ese memorable día nos llevó a todos a la iglesia en nuestro Hudson 1941 negro, papá rebosaba de los buenos sentimientos que proceden de cantar con el corazón y toda el alma, y entonó su canción favorita: "Eres mi luz, toda mi luz; me haces feliz cuando se cubre el cielo…".

Sospecho que, durante las ceremonias religiosas, papá cantaba su fe. Pero nunca lo dijo.

Tres semanas antes de la navidad de ese año, en su cama, en casa, papá falleció, de cáncer de estómago. Cientos de sus amigos asistieron a su velorio y su entierro.

Papá se fue hace ya mucho tiempo, pero las cualidades espirituales y musicales de su dulce voz de tenor permanecen en mí. Ahora son motivo de leyenda entre sus hijos, nietos y bisnietos. El recuerdo de su canto me consuela cuando mi cielo se cubre de gris. Sé que él está cantando en la catedral celestial de mis sueños, donde hacerlo no le costará ningún amigo.

Cuando mi vida es menos que musical, rezo: "Señor, ayúdame a recordar, por medio del espíritu de papá, que tú eres mi luz".

JOHN J. LESJACK

7

Pasar la prueba del Señor

Mientras visitaba a mis padres en Arizona, mis dos hijas y yo asistimos a la misa de la festividad de la Inmaculada Concepción. Íbamos en el auto camino a la iglesia cuando me percaté de algo que nunca había visto en esa ciudad: una mujer, obviamente indigente, empujaba un carrito de compras, lleno con sus pertenencias. ¿De dónde diablos salió? Me olvidé rápidamente de ella mientras instalaba a mis hijas en la banca de enfrente. Pero al iniciarse el primer cántico, advertí con el rabillo del ojo que la mujer indigente venía a sentarse precisamente junto a mí.

¡No lo podía creer! Aquella persona llevaba unos tenis viejos, sus pantalones y chamarra estaban sucios y deshilachados y, además, tenía el pelo grasoso y despedía un olor muy desagradable. Cuando empezó la misa, no tenía la mente puesta en la palabra de Dios, sino en esa mujer. Todo lo que podía era en el hecho de tener que estar sentada junto a ella,

> Así que no juzguemos más los unos de los otros; antes bien, juzgad de no poner tropiezo o escándalo al hermano.
>
> ROMANOS 14: 13

sostener su mano durante el padrenuestro, e incluso estrechársela para darle la paz.

Justo cuando comenzaba la segunda lectura, mi hija menor me dijo que tenía que ir al baño. En condiciones normales, le habría insistido que esperara, pero tomé eso como una oportunidad para escapar. Luego, todas nos escurrimos hasta la pared del fondo para terminar de oír la misa. Pero una vez más dejé de prestar atención a lo que el padre decía, dando gracias a mi suerte de ya no estar sentada junto a aquella mujer.

Entonces capté unas palabras del padre: "...todos los hijos de Dios". Una ola de calor recorrió mi cuerpo. Me sentí débil y avergonzada.

Esa mujer, sin importar cómo se viera u oliera, era hija de Dios. Podía estar sucia por vivir en las calles, pero su fe era tan firme que había empujado su carrito a lo largo de kilómetros para poder venir a misa. Ella sabía que, pasara lo que pasara, sería bien recibida en la casa del Señor.

Supe así que Dios me estaba poniendo a prueba, y que no estaba a la altura. Había olvidado lo que mis padres y catequistas habían pasado años enseñándome. Y, sobre todo, había olvidado la regla de oro de Dios: tratar a los demás como quieres que te traten. Había tratado a esa mujer como a la peste, como si no fuera nada. ¿Qué ejemplo les estaba dando a mis hijas?

Al levantar la mirada, vi que la comunidad estaba a punto de sentarse. Tomé a mis hijas de la mano y recorrí con ellas el pasillo hasta la banca de enfrente. Pasamos apretadamente junto a la mujer indigente, de vuelta a nuestros asientos a su lado. Pedí al Señor comprensión y sabiduría. Mientras mi cuerpo se serenaba y el estómago dejaba de retorcérseme, mis oídos se abrieron a la palabra de Dios.

Cuando empezamos a recitar el padrenuestro, apreté con fuerza la mano de la mujer junto a mí. Luego le di la paz, como lo hicieron también mis dos hijas. Me paré detrás de ella para recibir el cuerpo y la sangre de Cristo. La vi arrodillarse y rezar con reverencia, como si el Espíritu Santo obrara en su interior.

Salimos de la iglesia y al instante perdí de vista a la mujer. Busqué por todas partes su carrito. Tampoco estaba en la calle que partía desde la iglesia. Era como si sencillamente hubiera desaparecido.

Aquel día fue un verdadero despertar espiritual para mí. La ola de calor que me invadió era el Espíritu Santo obrando en mi alma, ayudándome a pasar su prueba.

JOANNE MANCUSO

8

Decir sí

Mi madre me hizo la pregunta que llevaba más de cuatro años haciéndome todos los domingos:

—¿Quieres ir a misa conmigo?

Creo que me sorprendí más que ella cuando le contesté con un simple "sí".

Durante cuatro años me había resistido a su ofrecimiento con la misma firmeza con que ella lo hacía. Pero había visto que ya no me bastaba con la medicina, otras personas y la independencia. Luego de sufrir una cirugía tras otra para combatir la degeneración de los huesos y tejido

> "Si te has de convertir, oh, Israel", dice el Señor, "conviértete a mí."
>
> JEREMÍAS 4: 1

blando de mis pies y tobillos, sentí que era hora de tomar mis sentimientos, desconcierto y desilusión con todo –Dios incluido– para depositarlos sobre el altar.

Desde mi rebelión de adolescente, había dado en creer que las iglesias estaban llenas de personas sufridas y lastimadas, y que la religión era un mero bastón. Pero en el curso de mi descenso, paso a paso, hacia la discapacidad, supe que esos dos criterios me habían convertido en algo más que una candidata viable: yo era ya una persona destrozada –literal y figuradamente– y, sin sospecharlo siquiera, me había vuelto experta en usar muletas.

Fue mi madre quien me ayudó a bajar del auto ese día. Cuando abrió la pesada puerta de madera de la iglesia, me recibió un fuerte olor a almizcle y el intenso aroma del incienso. Mientras rayos de luz multicolor se derramaban desde los vitrales y la vela del Santísimo refulgía en la débil luz de la mañana, apreté los dedos en las asas de plástico de mis dos largas piernas de aluminio y entré cojeando a la iglesia.

Al sumergir un dedo en el agua bendita, dije para mis adentros: "Bueno, Señor, aquí estoy. Haz tu voluntad en mí". Aunque me costó más trabajo del que esperaba, llegué renqueando a la última fila de la iglesia. Cuando al fin mi cuerpo se desplomó en la banca de madera, ésta crujió y rechinó conmigo. Puse mis muletas en el reclinatorio y, latiendo el corazón con fuerza, dije: "¡Adelante, Señor! Te reto a hacer un milagro en mi vida".

Mientras la misa avanzaba, una reconfortante sensación de familiaridad me impulsó a juntar las manos. ¿A qué se debía que todo en mi vida hubiera cambiado –no más ascenso apresurado de escaleras, juegos de tenis, ni caminatas por la playa–, pero los rituales de la misa siguieran siendo como los recordaba? El Kyrie. El Gloria. La oración inicial. Las lecturas. El salmo responsorial. El aleluya. Cada parte volvía arrolladora y fácilmente a mi memoria. Antes del evangelio, como en un reflejo, me llevé el pulgar derecho a la frente, los labios y el pecho para hacer la señal de la cruz. Y, luego, sin tener que hacer uso del misal, mi voz se unió a la de los feligreses que me rodeaban para recitar –palabra por palabra– el Credo de los Apóstoles, una oración que había sido básica en mi infancia y adolescencia.

Fue durante la consagración, cuando el sacerdote puso sus manos sobre el pan y el vino y todas las cabezas se inclinaron, que alcé la vista sobre las bancas. Miré la hostia. El cura la levantó sobre su cabeza como una luna llena y brillante, hacia el crucifijo que colgaba en lo alto del altar.

"Señor, ¿de verdad me amas?", pregunté en silencio, mirando los brazos abiertos de Jesucristo en la cruz. Esos brazos tiraban de mí. Su murmurada respuesta llegó hasta los confines de mi alma: "Te amo mucho". Con un nudo en la garganta y ojos húmedos, sentí que la rebelión por fin dejaba de atenazarme.

Me gustaría escribir que cuando mi madre y yo salimos ese día de la iglesia, dejé mis muletas, mi dolor se desvaneció de súbito, jamás volví a necesitar una cirugía, dejé de ser una discapacitada y viví feliz para siempre, sana y salva. Pero aún me faltaba un largo camino por recorrer.

Sin embargo, gracias a la intercesión de mi madre, regresé a la iglesia en la que fui bautizada, y entre tanto llegué a un lugar donde comenzaría a profundizar mi fe y confianza. Dios respondió osadamente al reto que le lancé ese día. Hizo un milagro en mi vida, aunque no fue una solución fácil estilo Hollywood. En cambio, al darle finalmente una nueva bienvenida a Dios en mi corazón y en mi vida –al visitar su casa con frecuencia para recibir la preciada sangre y cuerpo de su hijo–, él restableció en mí una necesaria sensación de paz, salud y fuerza para que pudiera continuar mi viaje.

KATHLEEN GERARD

9

Eso lo sé

Sucedió el primer día de guardar luego de mi primera comunión, cuando yo era una alumna católica de tercer año.

En aquel entonces ayunábamos desde la noche previa a recibir la comunión, a la mañana siguiente. La hermana Mary Madonna nos recordó que no debíamos desayunar, porque recibiríamos la comunión en la misa. Cuando la hermana Mary Madonna hablaba, el grupo la oía. Era una monja joven y bella, parecida a Audrey Hepburn. La rodeaba un halo dorado de amor.

La hermana Mary Madonna sugirió que, al llegar a casa, pusiéramos bajo la cama nuestros zapatos del uniforme. Entonces, al vestirnos en la mañana y agacharnos para tomarlos, recordaríamos que nuestras oraciones matutinas debían estar en la misa y que no debíamos desayunar.

Me pareció una gran idea. Cuando llegué a casa, me cambié de ropa y puse mis zapatos bajo la cama.

> Porque el amor de Dios está derramado en nuestros corazones por el Espíritu Santo que nos es dado.
>
> ROMANOS 5: 5

Salí a jugar, comí, hice la tarea, me fui a dormir, desperté, me lavé la cara, me lavé los dientes, desayuné y me vestí. ¡Qué lío al no encontrar mis zapatos! Busqué por todas partes, ¡y me desesperé más al darme cuenta de que el tiempo se me acababa y tendría que irme a la escuela sin el uniforme completo!

Al fin me di por vencida y me puse unos tenis rojos, mientras mi papá me sermoneaba sobre la responsabilidad y la organización.

"¡Vaya!", pensé. "Seguro la ira de Dios me perseguiría todo el día, o al menos la ira de la madre superiora."

En la asamblea matutina recitamos el Juramento de Lealtad, rezamos el rosario y cantamos "Santo, santo, santo", nada de lo cual me ahorró mi primera sanción por no llevar los zapatos indicados. Pero ésa resultó ser apenas la primera humillación del día.

La segunda fue cuando la hermana Mary Madonna preguntó si alguien había desayunado. Yo fui la única que levantó la mano. ¡En ese momento recordé dónde estaban los zapatos de mi uniforme y por qué!

La hermana Mary Madonna se limitó a mover la cabeza, pero a mí me afectó mucho desilusionarla.

Entramos en fila a la iglesia y tuve que sentarme en la sección de las que "no serían recibidas", más alta que la de las niñas de primero y segundo a mi alrededor. Traté de no llamar la atención arrastrando y metiendo mis llamativos tenis rojos bajo el reclinatorio.

Pero entonces llegó el pesar más grande de todos. Cuando la mayoría de quienes estábamos en la misa se acercó a la mesa del banquete de Jesucristo, tuve que quedarme de rodillas en la banca.

Jesús estaba justo ahí. Había venido a verme en persona. Yo lo quería, pero no podía tenerlo. Había sufrido una muerte horrible por mí, y lo único que me había pedido a cambio era no desayunar. Me sentí angustiada, indigna y abandonada. Le había fallado. Rompí a llorar.

Luego, cantando, volvimos en procesión a nuestros salones, y todas las que no habían desayunado (es decir, todas menos yo) recibieron galletas integrales y leche.

Justa penitencia, pensé. Si no había sido digna de recibir a Jesús, sin duda tampoco lo era de recibir las mismas galletas integrales y leche que las dignas.

Entrelacé las manos sobre mi pupitre y traté de no llorar.

—Cindy —me llamó suavemente la hermana Mary Madonna—, ¿podrías venir a mi escritorio, por favor?

El pasillo entre mi asiento y el suyo me pareció más largo a cada paso, y mis llamativos tenis señalaron mi vergüenza con la seguridad de una letra escarlata.

Ella puso una mano en mi hombro. Su largo velo y manga ancha me envolvieron, creando una cortina entre nosotras y el resto del grupo. Me tendió una galleta integral y abrió un bote de leche.

—Te vi llorando en misa, Cindy.

Asentí con la cabeza y sollocé al mismo tiempo. La galleta se me pegó al paladar.

—¿Por qué llorabas? —me preguntó, mientras sostenía el bote de leche para que yo pudiera sorber con un popote.

La miré a los ojos y contesté:

—Porque quería a Jesús.

Sacó un pañuelo almidonado de su manga y enjugó dulcemente mis lágrimas.

—Y Jesús te quería a ti.

Me dio entonces una estampita de Jesús bendiciendo a los niños reunidos cariñosamente a su alrededor y me dijo:

—Mira lo mucho que él te ama. Sí recibiste hoy la comunión, Cindy. Una comunión espiritual. Jesús vino a ti porque lo querías. Él siempre te oye. Oye tu corazón y te responde. Siempre.

En ese momento, el misterio insondable se volvió muy simple.

Simple, total, incuestionablemente, hubiera desayunado o no, Jesús me amaba.

Reí y lloré al mismo tiempo. La hermana Mary Madonna volvió a enjugar mis lágrimas.

—Lo sabes, ¿verdad, Cindy? —preguntó la hermana Mary Madonna, abrazándome.

—Sí, hermana, lo sé.

Mi corazón se abrió a la certeza del amor puro de Jesús, lo que me llenó de una indecible alegría que me ha acompañado desde entonces.

Jesús me ama.

Eso lo sé.

CYNTHIA HAMOND

CAPÍTULO

Ángeles entre nosotros

El Señor, en cuya presencia
he andado, enviará su ángel contigo,
y prosperará tu camino.

GÉNESIS 24: 40

10

Voz de madre

Mi madre murió pacíficamente la noche de un lunes cualquiera. Lo recuerdo porque fue una noche de un lunes como todas, sin el menor indicio de lo que ocurriría.

Cuando llegamos a casa de la escuela, mi hermana y yo hicimos la tarea y la dejamos lista para que papá la revisara y firmara. La cena fue servida y retirada, y luego encendimos la televisión. Yo acomodé la tabla de planchar de tal forma que pudiera ver *I Love Lucy* mientras rociaba de almidón y planchaba las blusas blancas de nuestro uniforme. Después encéré nuestros zapatos azul marino y los puse a secar sobre una hoja de periódico. Todo estaba listo para la misa de mañana. Rezamos junto a la cama de mi madre y nos fuimos a dormir.

Durante la noche oí abrirse la puerta de enfrente. Voces apagadas no llegaron del todo hasta mí, y luego la puerta volvió a cerrarse. Me dormí de nuevo.

> Nunca hubo un corazón realmente grande y generoso que no haya sido también tierno y compasivo.
>
> ROBERT SOUTH

A la mañana siguiente, papá no nos llamó desde el pie de la escalera como de costumbre, sino que entró a nuestra recámara haciendo bromas y jalándonos los pies bajo las cobijas.

—¡Despierten, dormilonas!

Mmmh, oh. ¿Por qué papá se ponía a jugar en una mañana de escuela?

El sol que entraba a raudales por la ventana me hizo saber que ya era tarde. Por lo regular, a estas horas papá ya se había ido al trabajo, y quizá nosotras perderíamos el autobús. Lo miré sin preguntar nada. De pie ahí, sin haberse afeitado ni peinado, permitió que una lágrima resbalara por su mejilla.

–Ya dejó de luchar. Se ha ido a casa. Mamá murió anoche.

¿Dejó? ¿Se ha ido? ¿Murió? Estas palabras rezumbaron en mis oídos. No. ¡No! ¡Mi madre no podía haber muerto!

¡La puerta que yo había oído en la noche! Habían sido, sin duda, los de la funeraria. Sorbiéndose la nariz, papá alborotó mi cabello.

–Vístanse.

Mi hermana, papá y yo nos fundimos en un horrible y maravilloso abrazo. Él parecía optimista.

–La misa de la mañana del martes nos consolará.

Temblando, me erguí, me levanté, hice mi aseo personal y me vestí.

Como alumnas de la escuela parroquial, íbamos a misa todos los martes en la mañana. Mamá nos acompañaba cuando podía. Yo siempre me sentía orgullosa de ella, de que se diera tiempo para orar con nosotras durante la semana. Pocos padres lo hacían. Ella pasaba entre los dedos su rosario, arrodillada en una de las últimas bancas. Yo le daba una palmadita en el hombro cuando mi grupo pasaba a su lado en dirección a los asientos de adelante. Me habían instruido acerca de no voltear una vez empezada la misa, pero siempre sentía una unión profunda al sólo saber que mi madre estaba ahí atrás. Esas mañanas imaginaba, incluso, que podía distinguir su voz mientras todas cantábamos el "Tantum Ergo" o el "Salve Regina".

Cuando papá nos llevó a misa, vi que mi estricta maestra de octavo grado estaba sentada en su habitual puesto de vigía, en la última banca del pasillo central. Mi estómago se tensó cuando papá eligió los asientos justo frente a la hermana.

Ella inclinó solemnemente la cabeza hacia mí, mientras yo hacía una genuflexión a su lado. Sus ojos hablaron en silencio –ella lo sabía.

La misa procedió como siempre. Rodeada ahí por lo conocido… parándome, arrodillándome, contestando, cantando… logré tranquilizarme. Papá tenía razón: esto era reconfortante. Empecé a relajarme, y mi tensión interior cedió. Era cierto que todo estaba bien. Yo estaba a salvo.

Pero entonces, durante las oraciones por los fieles difuntos, el padre lo dijo por fin. Pronunció el nombre de mi madre al pedir por el eterno descanso de su alma. Esto me consternó. ¡El nombre de mi madre en las oraciones por los difuntos! ¡En voz alta! Fue horrible, surreal.

Me ardió el rostro cuando caras boquiabiertas voltearon a vernos… Murmullos punzaron mis oídos. Las rodillas me temblaron. El órgano resonó sutilmente, y todas las voces a mi alrededor se elevaron al unísono.

Suaves, lozanas, melódicas y farfullantes, se mezclaron con los conocidos versos.

Todas menos una.

¡Oh, no! La voz de mi madre. ¡Yo no volvería a escucharla jamás!

Tomando aire como si me ahogara, me agaché para no llamar la atención. Pero mi adolescente y torpe cuerpo se sacudió en la banca. La hermana fue rápida. En un suspiro, me tomó por los codos y me levantó del reclinatorio. Luego me condujo al atrio, dejando cerrada tras de nosotras la puerta batiente.

Ahí me desmoroné entre sus brazos. En la fragante pulcritud de su hábito de sarga, sollocé. Y sollocé. Pasada la crisis, ella tomó mi cara entre sus manos. Sus severos ojos cafés no indicaban condescendencia, ni reproche. Brillaban cálida y afectuosamente bajo lágrimas acumuladas. Con su rostro recién lavado frente al mío, murmuró, mirándome a los ojos, como si yo fuera adulta:

—Debes ser fuerte, cariño. Por tu padre, por tu familia. Ellos necesitan tu fuerza.

Me tendió su almidonado pañuelo azul claro. Cuando titubeé, ella levantó una ceja oscura, así que lo usé para sonarme y enjugar mis lágrimas.

—Ahora, ¡hombros arriba!

Deslizó suavemente su mano por mis hombros, como para levantarlos y erguirlos. Yo me enderecé.

—El amor de Dios te ayudará a superar esto —sus tiernas palabras reanimaron mi espíritu abatido—. Estás bien. Vuelve a tu asiento.

Sus manos resbalaron por los rígidos pliegues de mis mangas. Casi sin sentirlo, la hermana me apretó los dedos. Puso firmemente su mano en mi espalda y me hizo girar de vuelta al santuario, codo a codo.

Yo estaba mortificada y sorprendida. La monja a la que rehuía en los pasillos, por la que sentía inmenso respeto, pero no verdadero cariño, me había tocado y abrazado. Su asombroso apoyo era tangible en el dulce aroma aún presente en mi uniforme. Su afecto fue lo primero en penetrar mi aturdido dolor.

Cuando hice una genuflexión para deslizarme en la banca, no vacilé. No tuve que asirme de nada para no caer. La hermana creía en mí. Había dicho que yo tenía la fuerza necesaria para hacer esto. Y así tenía que ser. Ella lo había dicho. Aspiré la fragancia que emanaba de mis prendas, aún calientes de su abrazo aromático. Ella tenía razón. Yo estaba bien.

MARYJO FAITH MORGAN

11

La muñeca milagro

A fines del verano de 1956, la pequeña granja de mi familia, así como la tienda de muebles de mi papá, fueron subastadas para pagar las grandes deudas de la familia. Mi padre jamás había parpadeado, ni reparado en gastos con tal de que yo pudiera vencer los atroces efectos de la polio. A fin de que yo pudiera volver a caminar, papá descuidó por completo la granja y su tienda. Nunca se alejó de mi lado durante todos los meses de mi recuperación. Y jamás dudó en gastar hasta el último centavo en nuestro poder con tal de hallar la asistencia médica que yo necesitaba. Por desgracia, esto nos hizo perder todas las cosas temporales que poseíamos, con excepción de la ropa que llevábamos puesta.

> El que recibiere en mi nombre
> uno de los tales niños,
> a mí me recibe.
>
> MARCOS 9: 37

Mi padre mantuvo firme su fe cuando nos reunimos en los terrenos de la pequeña granja para realizar la subasta. Comprensiblemente, mi madre estaba fuera de sí, y preocupada en extremo sobre dónde viviríamos y cómo sobreviviríamos. De repente estalló en lágrimas y soltó que todo era culpa mía, por mi polio. Me sentí devastada. Papá me tomó en sus brazos de inmediato y dijo:

—¡Siempre podremos encontrar trabajo y otra casa, pero nunca podríamos remplazar a nuestra Christy!

Fue así como empezó nuestro viaje. Sin dinero para volver a empezar, la familia de mi papá juntó a duras penas la suma necesaria para que pudiéramos mudarnos a Texas, donde un amigo de la marina tenía una tienda de muebles. El señor King le ofreció a mi papá el puesto de gerente de la tienda, y una casita en la que pudiéramos vivir. Un año después, mi madre se sentía nerviosa y odiaba Texas, así que, de nueva cuenta, con la ayuda de la familia y del señor King, juntamos dinero, esta vez para regresar a nuestras raíces.

Al acercarse la navidad de 1958, no parecía que fuéramos a tener una gran celebración. Mamá trabajaba fregando pisos para ahorrar dinero extra para nuestra cena de navidad. Eso era lo que más extrañaba... la mesa de navidad colmada de platillos tradicionales. Por más que algo se interpusiera en nuestro camino, ella estaba resuelta a tener una cena maravillosa con la cual celebrar el nacimiento del Niño Jesús.

Pero incluso una modesta celebración navideña era algo impensable. Claro que, al parecer, los niños nunca abandonan sus sueños, así que al llegar las semanas de Adviento me senté a escribirle una carta a Santa Claus.

Querido Santa:

Aunque ya nunca pasas por nuestra casa, porque somos muy pobres, tal vez tengas una muñeca extra para traerme este año. Si no puedes traerme una muñeca, no importa; pero si pudieras apartar un reloj para mi hermana Peg, una resortera para mi hermano Bill y quizá un hermoso camión de bomberos para mi hermanito, me harías muy feliz. Pero sobre todo, si no puedes hacer eso, por favor tráele un mensaje a mi mamá, para que sepa que Dios nos sigue queriendo y que todo va a estar bien.

Te quiere,
Christy

Esa mañana de navidad, antes de misa nos reunimos junto al árbol, como de costumbre. Y por increíble que parezca, junto a nuestros calcetines llenos de naranjas y manzanas, cada uno de nosotros tenía un regalo cuidadosamente envuelto y dejado bajo el árbol. El de Bill era una resortera, Mikey recibió un camión de bomberos, y Peg un reloj. A mí me tocó la muñeca más bonita que hubiera imaginado nunca. Y mamá recibió una bella tarjeta de navidad.

Años después, supe que Lila, una de las mujeres para las que mi mamá trabajaba, un día la encontró con mi carta, sollozando porque no podría conseguir los regalos que yo había pedido. Lila tampoco era rica;

vivía con Frank, su esposo, atrás de su pequeña zapatería. Aun así, reparó una vieja muñeca que había sido de su hija, y le cosió un elegante vestido de seda con uno de los suyos. Cómo se las arregló para conseguir una tiara, lo ignoro. La muñeca era más bonita que cualquiera que yo hubiese visto en una juguetería. Frank hizo la resortera a mano. El reloj de Peg había sido de Lila, regalo de su primer esposo, muerto en la segunda guerra. El camión de bomberos había pertenecido alguna vez al hijo de Frank, quien lo repintó para Mike.

Pero el mejor regalo de todos, por supuesto, fue la hermosa tarjeta para mi mamá, que decía: "Dios los sigue queriendo, y todo va a estar bien".

CHRISTINE M. TROLLINGER

12

Cristo disfrazado de extraño

U n abril anormalmente nevoso en plena época de Giuliani,[1] mi hija adolescente, Amanda, y yo tuvimos la suerte de hacer un viaje relámpago a Nueva York para ver una obra de teatro en Broadway, durante sus vacaciones de Semana Santa de la escuela. No fue un simple viaje, sino un "asalto" a la Gran Manzana, con todos los gastos pagados por mi trabajo en reconocimiento a un proyecto exitoso, los que incluyeron boletos de avión en primera clase, dos asientos para *El fantasma de la ópera*, cena en el Tavern on the Green y dos noches en el Hotel Plaza. ¡Alguien debió haberles avisado a los incautos vendedores de Manhattan que estábamos por caer sobre su hermosa ciudad para hacer unas compras salvajes!

Como no habíamos ido nunca a Nueva York, familiares y amigos nos recomendaron esconder muy bien nuestros monederos, no ver a nadie a los ojos y comportarnos como brooklinitas avezadas y no revelar nuestra identidad de damas ingenuas procedentes del mismísimo corazón de Norteamérica, las perfectas "fuereñas". Nuestra estrategia fue tener a la mano algo de cambio y dinero

> No olvidéis la hospitalidad, porque por ésta algunos, sin saberlo, hospedaron ángeles.
>
> HEBREOS 13: 2

---

[1] Rudolph Guliani, exalcalde de Nueva York (1994-2001) cuya exitosa gestión estuvo basada en priorizar la lucha contra el crimen, el desarrollo económico y la educación. (N. del E.)

para el taxi, y el monedero bajo el abrigo mientras seguíamos el paso a los neoyorquinos.

El Hotel Plaza resultó ser de contrastes extremos. Afuera, los porteros nos recibieron en la puerta del taxi, haciendo ademanes de bienvenida al más grandioso de los hoteles frente a Central Park. Las calles estaban cubiertas de nieve, y blancas cobijas de alguna institución de beneficencia cubrían, a su vez, a los indigentes, tendidos en los respiraderos para recibir algo de calor. Casi tuvimos que brincar sobre ellos para poder cruzar la acera. ¡Ésta fue una callada pero resonante declaración sobre la riqueza y la pobreza!

Amanda se sobresaltó cuando la apuré a subir las endoseladas escaleras hasta los pasillos de caoba y cristal de nuestro santuario nocturno, lejos de la realidad.

A la mañana siguiente, luego de un vigorizante y costoso desayuno (¡nunca había pagado treinta y cinco dólares por un plato de pan francés!), nos arropamos y salimos con los monederos bien sujetos bajo el abrigo, y los bolsillos llenos de billetes de un dólar y monedas para los indigentes, los cuales parecían mendigar en cada esquina. Fue así como emprendimos nuestro desfile por la Quinta Avenida.

El cambio y los billetes habían sido resultado de arduas negociaciones por parte de Amanda. Ella había decidido que no pasaríamos junto a una sola persona de la calle sin mostrar piedad por quienes no tenían la suerte de habitar en tan espléndidos alrededores. Me agobió con mis propios recordatorios a lo largo de los años de que "la gracia de Dios" puede salvar a cualquiera en un momento dado. Los años que había pasado coleccionando libros de Charles Dickens y arrastrando cada temporada a mis hijos a ver *Canción de navidad* en el teatro local, aparentemente la habían impactado en formas que ahora me eran devueltas con creces. Pájaros huérfanos, perros perdidos, árboles de "Charlie Brown" y juguetes destartalados eran habituales en nuestra casa. Si alguien no tenía adónde ir el día de Acción de Gracias[2], venía a nuestra casa. Mi esposo y yo habíamos tratado de formar hijos con conciencia cívica, respetuosos de la ley y generosos. Y al parecer, lo habíamos logrado.

Lo que sucedió después es realmente inexplicable, pero juro que lo que voy a contar fue cierto.

---

[2] El día de Acción de Gracias (Thanksgiving) es una festividad en Estados Unidos (cuarto jueves de noviembre) y en Canadá (segundo lunes de octubre) que reúne a familiares y amigos en torno a una cena tradicional. (N. del E.)

Echamos a andar, y pronto adoptamos el ritmo que hizo de nuestros "compañeros neoyorquinos" una ola humana de treinta en fondo. La frase "masas amontonadas" adquirió para nosotras nuevo significado, mientras nos apiñábamos entre ellas en los semáforos, diciendo entre risas "¡Aquí vamos!", aunque nos moríamos de frío.

Amanda depositaba monedas tintineantes en cada caja que veía afuera de casuchas de cartón adosadas a edificios de oficinas y escaparates deslumbrantes. Sus bolsillos se vaciaron en las inmediaciones de Macy's.[3] Mientras entrábamos y salíamos de las tiendas, ella me pedía dinero, un dólar tras otro, para cada persona apostada en los respiraderos junto a la que pasábamos. Le di de mala gana mi último dólar, advirtiéndole:

—Eso fue todo. No hay más. Mis bolsillos están vacíos.

Mientras nos acercábamos a otra esquina atestada, pasamos frente a un refugio de cartón con un letrero que decía: "Indigente y con sida". Una figura encapuchada permanecía inmóvil dentro de esa caja, con una cobija que le caía sobre los hombros desde la cabeza inclinada. No veía a los transeúntes. Al pasar junto a ella hacia el semáforo, Amanda rompió a llorar. Le recordé que ya no tenía nada de dinero y, frustrada, me metí las manos en los bolsillos. Sentí que un papel crujía en la bolsa derecha. Mientras esperábamos eternidades a que cambiara la luz, saqué un billete de cinco dólares. ¡Cinco dólares! ¡De ninguna manera! Vi el billete, y luego las lágrimas de mi hija.

—¡Está bien!… Aquí lo tienes.

Rebosaba de alegría al tomar el dinero de mi mano, y desapareció entre la multitud. Yo le grité:

—¡Espera! —temiendo que se desvaneciera en el aire helado que calaba los huesos.

Me volví y corrí hacia ella y la figura en la caja. Para mi asombro, lo vi alzar la cabeza en señal de agradecimiento cuando ella puso el dinero en el bote a su lado. Su rostro, que se diría iluminado, tenía una piel casi transparente, y los ojos azules más claros que pueda imaginarse. Supongo que el cabello bajo la capucha era rubio, pero no lo puedo asegurar. Esos ojos me hipnotizaron. Él pareció atravesarme con la mirada, y el escalofrío que había sentido segundos antes se evaporó con la cordialidad de su expresión. Me sentí en presencia de alguien que no era de este mundo. Mientras me preguntaba cómo le explicaría esto a alguien, una loca

---

[3] Famosa cadena de tiendas departamentales, entre ellas, la de Nueva York ha sido considerada una de las más grandes del mundo, quizá sólo superada por Harrods de Londres y las Galeries Lafayette Haussmann de París. (N. del E.)

idea cruzó mi mente: "Vi a Jesús… en una caja de cartón en una calle de Manhattan".

Tomé a Amanda de la mano, y giramos de vuelta a la esquina. Cruzamos la calle y volteamos una vez más hacia el desconocido.

Pero no había nadie.

Ni la caja, ni el letrero, ni la figura en silencio.

Amanda y yo nos miramos. No hablamos durante varias cuadras.

Por fin, dijimos al unísono:

—¿Lo viste?

Pronto nos vimos subiendo los escalones de la catedral de san Patricio.

—Encendamos unas velas, mamá —me dijo ella—. Es Viernes Santo.

Lo era, y eso fue justo lo que hicimos.

MARLA BERNARD

13

Un regalo por el cual dar la vida

Al asomarnos tristemente por la ventana del cuarto de hospital, árboles desnudos y esqueléticos nos devolvieron la mirada. Hierba verde y flores en botón se ocultaban bajo la sucia y gélida nieve. El cielo gris de marzo se tendía como una manta áspera sobre nuestras cabezas. Parecía que la naturaleza estaba tan triste como nosotros. La vida fuera y dentro de ese cuarto hacía lo posible por persistir.

La abuela llevaba enferma varios años. Tenía esclerosis múltiple, y los médicos no nos daban muchas esperanzas. En esos días no había demasiadas opciones. Aunque ella recibía tratamiento bajo la forma de pastillas, los resultados positivos tardaban en aparecer. Así que seguíamos rezando fervorosamente por ella.

> He aquí que yo envío al Ángel delante de ti para que te guarde en el camino, y te introduzca en el lugar que yo he preparado.
>
> ÉXODO 23: 20

El favor nos fue concedido, ¡y un día nos dijeron que la abuela estaba recuperándose! Mi hermana mayor, quien era muy cercana a ella, se casaría pronto, y anhelaba que la abuela asistiera a su boda. Sus plegarias fueron atendidas, y el día de la boda la abuela recorrió orgullosamente el pasillo enfundada en un vestido largo color rosa, acompañada hasta su asiento, y luego a la recepción.

Pasaron los años y la abuela volvió a sentirse mal. El diagnóstico: leucemia. En ese momento ya no había muchas esperanzas, y se le hospitalizaba con mucha frecuencia. Pero esta vez era diferente. Esta vez sería la última.

La visitaba todos los días después del trabajo. Entonces estaba en la universidad y, simultáneamente, tenía un empleo de medio tiempo. Intentaba ser optimista con ella, pues me daba cuenta que estaba triste y asustada.

–Pronto llegará la primavera –le dije un día–, y vas a sentirte mejor. Todo se pondrá muy bonito.

Se volvió hacia mí como para decir algo, pero desvió la mirada. Supe qué significaba la expresión en su rostro. Pensaba que tendría suerte si llegaba a la primavera.

Ese melancólico día de marzo, casi toda la familia estaba ahí. Mi madre, mis hermanas y mis padrinos estaban presentes. Curiosamente, mi padre, el perfecto ejemplo de lo que significa ser católico, no se contaba entre nosotros, ya que tenía dos empleos de tiempo completo para poder sostener a su familia, uno como maestro en una escuela católica y el otro como conservador de un museo. A menudo me he preguntado por qué Dios no le permitió experimentar lo que sucedió después. Pero supongo que el Señor sabía que él no estaba en necesidad de experimentarlo, porque ya tenía fe suficiente para mover montañas. Lo que ocurrió entonces fue atestiguado por quienes necesitábamos incrementar nuestra fe.

Mientras iba sucumbiendo, mi abuela estaba muy inquieta. Pero de pronto miró a través de esa ventana deprimente y dijo:

–¡Vean nada más qué flores y árboles tan bonitos!

Creímos que deliraba. Pero ella insistió:

–¡Qué hermosos! –exclamó–. ¡Jamás pensé que fueran tan bellos!

Si hubiera estado bajo el efecto de un medicamento, habríamos podido pensar que era la medicina la que la hacía hablar, pero no era así. Nos estaba dando un regalo especial. ¡Iba camino al cielo, y compartía la experiencia con nosotros!

–¡Qué rosas tan bellas! –continuó, asombrada.

Como todos nosotros somos muy devotos de santa Teresa, la Florecilla, esta mención específica de rosas tocó nuestro corazón de manera especial.

–¡Vaya! ¡Hay un enrejado cubierto de rosas! ¡Qué hermosos árboles y flores! ¡Jamás imaginé que esto fuera tan bonito!

Siguió un rato más con vívidas descripciones de las maravillas que veía en su trayecto. Luego alzó la mano, como para cubrirse los ojos de una luz brillante. Parecía fijarse en alguien a quien nosotros no veíamos, prestando atención y asintiendo con la cabeza.

−¿Ves a alguien, abuela? −preguntó mi hermana.

Ella asintió.

−A la Santísima Virgen, ¡y es preciosa!

−¿Ves a alguien más?

−Sí, a Louie −respondió ella, sonriendo.

Louie era mi abuelo, de quien se había enamorado cuando tenía catorce años.

−¡Qué paz tan grande siento! −dijo, suspirando−. ¡Qué paz tan grande!

Siguiendo las huellas de mi padre, yo también soy maestra de una escuela católica. Cada año les cuento a mis alumnos de cuarto grado esta historia del viaje de mi abuela al cielo. Ellos la escuchan con temor reverente y sorpresa. Años después, varios padres me han dicho que sus hijos nunca han olvidado esta historia, la que realmente ha infundido en ellos un hondo sentido espiritual. Espero que haga lo mismo por ti.

DEBRA SCIPIONI

14

Un hogar para la navidad

—¡No me quiero morir! —dijo mi padre, con los ojos llenos de lágrimas.

—¡Es injusto! ¡Estás lleno de vida! ¡Te necesito! —grité, enfadada.

En junio le habían diagnosticado cáncer terminal de estómago. Los médicos le daban dos meses de vida.

Papá siempre sonreía y bromeaba con quienes estaban a su alrededor. Comenzó a leer la Biblia todos los días, diciendo que tenía que compensar el tiempo perdido. Rezaba continuamente, y nos decía cuánto amaba al Señor. Se atrevió a pedirle a Dios varias cosas: ver casado a su hijo, y pasar tiempo de calidad con todos sus descendientes. El Señor cumplió sus deseos.

Al acercarse la temporada navideña, papá se debilitó, y pasaba más tiempo durmiendo. Quería pasar sus últimos días en casa y, con la ayuda del hospital, vio cumplido su deseo. Mi madre, mi cuñada y yo cuidábamos de él. Aprendimos a ser sus enfermeras, a controlar el aparato que verificaba sus signos vitales, a administrar medicinas y a proporcionarle alimento.

> La tierra no tiene dolor
> que el cielo no pueda curar.
>
> TOMÁS MORO

La navidad siempre había sido nuestra época predilecta. Esta vez fue diferente; parecíamos autómatas. Mis pensamientos no me dejaban en paz. ¿Qué regalo podía hacerle a papá que él apreciara en sus últimos momentos? Intentaba pensar en cosas que le brindaran comodidad. No podía soportar la idea de que la navidad llegara y yo no tuviera nada especial que darle. ¿Llegaría a la navidad? Recorrí centros comerciales, llorando decepcionada. Nada parecía apropiado. Firme en mi fe, le pedí que Dios que me llevara hasta el regalo indicado.

Una mañana, la respuesta llegó mientras conducía. Fui a visitar entonces al cura de nuestra parroquia y le pedí que oficiara una misa de navidad en casa de mis padres. Renuente, respondió que ese día era el más atareado del año para él. Yo insistí en que esa misa sería el único regalo que confortaría a mi papá. Luego sugerí adelantar la misa al día de nochebuena. El cura aceptó oficiar ese día a las dos de la tarde. Quedé encantada y me sentí lista para la navidad. Tenía la conciencia tranquila; supe que ése era el regalo correcto. A papá le agradó saber que tendría su misa especial de navidad.

El 24 de diciembre, el teléfono sonó a las cuatro de la mañana. Era mi madre, para decirme que fuera pronto a casa; papá agonizaba. A una hora de distancia, mi esposo y yo corrimos a vestirnos y partimos. De camino pasamos a recoger a Jamie, mi hermano. Cuando llegamos, papá estaba postrado en cama. Entraba y salía de un estado de trance. Sostenía una profunda conversación con alguien invisible y hablaba un idioma desconocido. Nunca habíamos experimentado algo así. Rodeándolo fuerte con mis brazos, le dije lo mucho que lo quería. Él sacudió la cabeza, salió de su trance y murmuró:

—Yo también te quiero.

—Gracias por esperarme, papá —le dije llorando.

Él replicó con severidad:

—No hay de qué preocuparse. Aún no estoy listo —como si supiera cuándo llegaría su momento.

Me senté en la cama junto a él, abrazándolo fuerte como si así pudiera impedir que me dejara. Nunca me alejé de su lado ese día. Se oían villancicos al fondo mientras leíamos juntos la Biblia.

A las dos llegó el cura, con una monja. Mamá les informó que papá podía morir de un momento a otro. Cuando el cura entró a la recámara, los ojos de papá brillaron. Sonrió y estrechó las manos del padre; lo estaba esperando. El padre inició la misa con todos nosotros reunidos alrededor de papá. Mi hermano, mi esposo y yo nos sentamos en su cama. Otros miembros de la familia, como mi mamá y el hermano de papá, estaban de pie en la pequeña habitación. Mi papá volvió a hablar en lenguas durante casi toda la ceremonia. Luego, cuando el padre llegó al padrenuestro, nos acompañó y rezó en voz alta. Después de que todos recibimos la comunión, él recibió los santos óleos.

Terminada la misa, papá sonrió y movió la cabeza en muestra de agradecimiento. Algunos de nuestros familiares salieron de la recámara, y mi madre acompañó al padre y la monja a la puerta. Volvimos a poner los villancicos a bajo volumen.

Papá fijó la mirada arriba del tocador frente a su cama y gritó:

—¡Mamá!

Le dijimos a mi madre que entrara al cuarto. Tras una larga pausa, él dijo:

—Ya estoy listo.

Levantó las manos como para alcanzar a alguien. No separaba los ojos de su visión. Su cuerpo sufrió una sacudida, y entonces su alma lo dejó. Nos dimos cuenta de que llamaba a su madre. Ella había venido a reunirse con él para su viaje al cielo.

El Señor pidió a papá que pasara con él la navidad. Y papá había recibido el regalo de navidad perfecto, el más reconfortante... para todos nosotros.

JULIENNE MASCITTI

15

La mecedora

Flo y Bob recibieron con gusto en su casa a Joyce, su hija, que estaba embarazada, y a Ed, su esposo, cuando se mudaron desde otro estado.

Ed pronto encontró un trabajo bien remunerado como electricista, y la pareja estaba feliz de hallarse de nuevo en su ciudad natal esperando a que naciera su primera hija. A Flo le agradaba cocinarles y ayudarles, pues le recordaba a su madre, que había muerto cuando ella tenía apenas dos años. ¡Cuánto le habría gustado abrazar a su primera nieta!

> Desde que la cosa se hizo, estuve ahí; y ahora el Señor me ha enviado, con su espíritu.
>
> ISAÍAS 48: 16

Joyce entró en trabajo de parto a primera hora de la mañana. Nichole Marie Mitchell nació sana y feliz. Cuando Flo vio a su hija acunarla en sus brazos, extrañó todavía más a su mamá.

Flo ayudaba a Joyce a cuidar de Nichole; la bañaba, la arrullaba, le daba de comer, y disfrutó de ella los tres meses que vivieron a su lado. Nikki era una hermosa bebé que dormía bien casi todas las noches.

Una noche, cuando Nikki tenía cerca de un mes de nacida, de pronto le dio por llorar. Flo sabía que Joyce estaba exhausta, así que se levantó para atender a la bebé. Mientras se ponía la bata, el llanto cesó; oyó que la mecedora rechinaba ruidosamente sobre el piso de madera.

En la mañana, mientras Flo preparaba el desayuno, Joyce le dijo:

—Gracias, mamá, por haberte levantado anoche a atender a Nikki.

–No me levanté, Joyce. Oí la mecedora, y supuse que tú la habías arrullado hasta que dejó de llorar. ¿No fuiste tú quien la meció?

Joyce sacudió la cabeza con incredulidad.

–¡Esto es imposible! Si no fuimos Ed, papá, tú ni yo, ¿quién meció anoche a mi bebé?

Flo sonrió.

–Me imagino que fue su bisabuela.

Floriana Hall

16

Un día de Acción de Gracias para recordar

Mi esposo se había llevado el auto para ir a ver un trabajo, y yo me quedé en el área de descanso con nuestros seis hijos. Los entretuve jugando y leyendo. Pedí de corazón que mi marido consiguiera ese empleo, y que toda esta locura terminara. Cuando regresó y cerró de golpe la puerta del auto, supe que no traía buenas noticias.

El alma se me cayó a los pies cuando me contó que se habían presentado veinte personas, y que le habían dado el trabajo a otro.

Esa noche había cena gratis en una iglesia de Portland, así que nos apuramos a lavar a los niños en los baños. Todos nos subimos a nuestro maltrecho automóvil, con el escape sostenido por un gancho de ropa y el radiador vuelto a llenar con agua. Pensé en lo bueno que

> Hasta esta hora hambreamos y tenemos sed, y estamos desnudos, y somos heridos de golpes y andamos vagabundos.
>
> 1 CORINTIOS 4: 11

sería tener una cena caliente todas las noches, en vez de sándwiches de salchicha. A nadie le estremece una cena caliente, pero como nosotros no teníamos casa, sabíamos que era todo un manjar. Así que esa noche comimos toda la sopa, pollo, papas y pan que pudimos, como si fuera posible almacenarlos para aprovecharlos después. Cuando nos disponíamos a irnos, pedí el pan sobrante, como muchos otros indigentes sin hogar. Ahí sólo servían una cena a la semana, y yo hubiera querido que fuera todos los días.

Como lo hacíamos a diario, esa noche leímos la Biblia a la luz de una lámpara de mano. No creo que hubiéramos podido resistir de no haber sido por la palabra de Dios que leíamos antes de dormir. Palabras como "nunca te dejaré ni desampararé". Cuando no tienes hogar, es como si fueras invisible para el resto del mundo. Empiezas a sentir como si estuvieras solo en este mundo inmenso.

En la mañana estábamos igual de cansados que cuando nos acostamos. No es nada fácil para ocho personas dormir en un auto. Es difícil no sentir frío con las pocas cobijas que compartíamos. Nos subimos al auto y nos fuimos a recorrer los tiraderos. Llegamos atrás de las tiendas y registramos los tiraderos en busca de comida. Hallamos fruta magullada y algo de pan que no estaba del todo mohoso. En días buenos, muchas veces encontrábamos donas y otras delicias. Pero estando ahí, no podía menos que sentirme abatida por tener que pelear nuestra próxima comida con moscas y gusanos. "Dios, dame fuerza", decía una y otra vez.

Como mi esposo salía a buscar trabajo todos los días, mis hijos y yo recorríamos la ciudad recogiendo latas y botellas para cobrar el depósito. A veces juntábamos suficientes para conseguir un poco de jugo y una bolsa de galletas con la cual acompañar nuestras salchichas.

Cuando nada de esto funcionaba, mi esposo y yo nos parábamos con un letrero que decía: "Trabajaremos por comida". Era vergonzoso, y nos daba mucha pena. Yo nunca volteaba a ver a nadie, pretendía estar en otra parte y que eso no estaba pasando. Algunas personas nos arrojaban comida y nos gritaban cosas horribles. Pero teníamos que sobrevivir, y por el bien de nuestros hijos hacíamos lo que fuera para poder darles de comer.

El día de Acción de Gracias estaba cerca. Ya hacía más frío en las noches, y la pasábamos mal tratando de retener el calor. Mi esposo seguía sin tener trabajo, y no sabíamos cómo reunir dinero suficiente para pagar una renta, lo mismo que el depósito que pedían en todas partes. Todo parecía irremediable.

Hicimos planes para ir al único lugar en el que habría cena del día de Acción de Gracias para los indigentes, pero el auto se descompuso. Mi esposo intentó arreglarlo, pero fue en vano. Nos tendríamos que quedar en el área de descanso. Quise darme por vencida, y creí que no llegaría al día siguiente.

La noche anterior al día de Acción de Gracias, acosté a mis hijos y me senté en la banca con mi Biblia y la lámpara de mano. Al principio no podía leer, porque estaba llorando, y tenía la mente ocupada con lo que íbamos a hacer entonces. Pedí ayuda, y he de haber hablado con Dios un par de horas antes de irme a dormir con mi familia al auto.

A la mañana siguiente, día de Acción de Gracias, mientras mi esposo hacía un nuevo intento por arreglar el auto, un camionero que lo vio se acercó a preguntar si podía ayudarle. Mi esposo le dijo que la batería no servía, las bujías no reaccionaban, y algo sobre el radiador. El hombre nos dijo que no podríamos conseguir partes ese día, así que habría que esperar hasta el siguiente. Mi esposo se tragó su orgullo y le dijo que de todas maneras no podíamos darnos el lujo de reparar el auto. El señor dijo que no importaba, y que al día siguiente regresaría con las partes a las diez de la mañana.

Ése fue el comienzo de lo que yo llamo un día de Acción de Gracias de milagros.

La gente se paraba a nuestro lado con comida y mantas, además de ropa. Una mujer llevó una colcha de retazos que ella misma había hecho y nos la regaló. Una familia nos trajo jamón, pan y un galón de leche. Dos ancianas nos dieron un poco de dulce hecho en casa y dos pays de manzana. Hasta la fecha no sé cómo tanta gente supo que estábamos ahí. Sencillamente no podíamos creer que todos estuvieran dispuestos a compartir lo suyo con personas desconocidas y sin hogar. Mi esposo y yo les agradecimos lo mejor que pudimos, pero nuestras palabras no eran gran cosa que ofrecer a cambio de la enorme compasión con que nos colmaron.

Después de cenar, un hombre le habló a mi esposo de un empleo del que se había enterado, y le dijo que fuera a investigar después de las festividades. Qué milagroso había sido ese día, me dije.

Aquella noche no podíamos dormir de tan agradecidos que estábamos. Recé y le di gracias a Dios porque sabía que había respondido a mi oración y enviado a todas y cada una de las personas que nos ayudaron. Al día siguiente regresó el camionero y el auto volvió a arrancar. Él nos abrazó y se marchó.

Hoy ya podemos compartir con otros lo que tenemos en el día de Acción de Gracias. Ahora somos nosotros quienes llenamos ese vacío.

Ya podemos sumarnos a ti para tratarnos unos a otros con amor y bondad.

JUDY ANN EICHSTEDT

17

Ángel en la línea

En retrospectiva, no estoy tan segura de que mi consejera telefónica haya sido (o, más bien, sea) un ángel. Pero cualquiera que sea su categoría angélica oficial, sin duda es un ángel para mí. Recuerdo claramente las circunstancias y detalles en torno a nuestra primera conversación…

Acababa de volver a casa, luego de cerca de seis meses en un hospital de rehabilitación, tras dos operaciones en la médula espinal. Se suponía que esas operaciones iban a reparar tres discos de mi cuello, pero me habían dejado paralizada varios meses de los hombros para bajo. Seguía mejorando, pero el progreso era lento; me sometía a terapia física cinco días a la semana.

> Quizá los ángeles tengan una esfera de acción más amplia y formas de servir más nobles que las nuestras, pero para ellos y nosotros la verdad y el bien son una y la misma cosa.
>
> E. H. CHAPIN

Junto con Walter, mi esposo, hacía cuanto podía para que las cosas volvieran a la normalidad, en la medida de lo posible. Pero ahora descubría que eso no era tan fácil como esperaba. Me preocupaba sobre todo hacer lo correcto para Jeffrey, nuestro hijo, de cinco años de edad. Él era tan joven, y ya había pasado por muchas cosas. Yo quería hacer "lo correcto", pero no sabía qué era esto. Eso me empujó a llamar al centro de salud mental del condado, ubicado casualmente en mi ciudad, aunque en el extremo contrario de donde vivía. Sin poder conducir aún, no podría ir a ninguna cita con un orientador. Pero como me urgía obtener ayuda, llamé de cualquier forma, lista para todos los obstáculos que se presentaran.

Marqué al conmutador, previendo las interminables rondas de espera o transferencia a "alguien que le puede ayudar". Así que imagine mi sorpresa cuando, luego de apenas uno o dos timbrazos, una voz cálida y amistosa me contestó diciendo:

—Salud mental del condado... ¿En qué puedo servirle?

—Espero que pueda —respondí—. Necesito hablar con alguien acerca de qué puedo hacer por mi hijo.

No di muchos detalles, suponiendo que tendría que repetirlos un sinfín de veces hasta encontrar un orientador. Pensaba ahorrarme datos hasta entonces.

—Puede hablar conmigo —dijo gentilmente la voz—. Dígame su nombre.

—Me llamo Donna —contesté lentamente, casi sin poder creer que hubiera encontrado ayuda tan pronto, sin tener que marcar una extensión, sin que me hicieran esperar, o sin que me transfirieran ni siquiera una vez.

—Y yo me llamo Norma —repuso.

—Ése es un nombre fácil de recordar; mi madre se llama así.

Mi incredulidad aumentaba a cada momento. Ni entonces ni en ninguna de nuestras conversaciones telefónicas subsecuentes se me ocurrió preguntarle a Norma cómo se apellidaba. Ella era simplemente "Norma".

Le hablé entonces de mis operaciones de la médula. Le dije con toda franqueza que, aunque mi salud mejoraba, distaba mucho de ser buena, y que esto me deprimía enormemente. No sabía cómo impedir que Jeffrey sintiera ese mismo temor.

—Qué alegra que haya llamado —me dijo—. Ha sufrido mucho. Entiendo lo que dice sobre su operación de la médula; soy enfermera titulada.

¡Por fin había encontrado a alguien no sólo dispuesto a escucharme, sino capaz de entender el lado emocional tanto como el aspecto médico de mis preocupaciones! ¡Éste era un raro hallazgo en verdad!

Recuerdo que, en esa primera llamada, Norma me dijo:

—No olvide que, pese a todo lo ocurrido, debe ser firme y sólida para Jeffrey. Hágale ver que hace todo lo que puede para mejorar, por él y por usted misma. Él la quiere y la necesita.

—Gracias, Norma, gracias por escucharme. ¡Se lo agradezco mucho!

—De nada, Donna.

Colgué y di gracias a Dios por haber encontrado una consejera tan amable y cordial con la que podía hablar fácilmente de asuntos muy personales.

Un momento que perdura en mi mente es el de un día en que le confesé a Norma que no entendía por qué Dios había permitido que nos sucediera esto a mi familia y a mí, en especial al pequeño Jeffrey, y que me sentía culpable por pensar así. ¡Estaba tan confundida!

Nunca olvidaré las palabras de Norma ese día:

—No te preocupes, Donna. Culpamos a Dios de demasiadas cosas. Él ya está acostumbrado a que lo culpemos de cosas que suceden en la Tierra. Dios entiende tu frustración, y tu enojo también.

Eso era lo que necesitaba oír, ¡y precisamente en ese momento! ¡Qué consuelo me dio saber que Dios no estaba molesto conmigo! A la larga, pude superar esos pensamientos, gracias a la atención personal de Norma. Ella era mi amiga, y parecía saber qué sentía Dios por mí.

Llegó entonces el día inevitable.

Había pasado un mes desde mi última conversación con Norma, el periodo más largo entre nuestras llamadas. Quise llamarle para decirle que seguía esforzándome y progresando en mi terapia. Conforme avanzaba, mi angustia y depresión disminuían, tal como ella me había dicho. Poder platicar con ella también fue un factor importante en la reducción de mis preocupaciones por Jeffrey. Él nos ayudaba a Walter y a mí a salir adelante (principalmente siendo él mismo), y se estaba convirtiendo en un muchacho sensible a quien le gustaba ayudar a la gente. Las cosas lucían mejor para la familia entera.

Quería que Norma supiera el gran impacto que tenía no sólo en mí, sino también en Walter y Jeffrey. Su influencia era prácticamente milagrosa, tanto como nuestro primer encuentro telefónico.

Marqué el número que me comunicaba con la persona que me había ayudado sin haberme dicho nunca su apellido, sin haberme cobrado jamás por sus consejos, ni por tomarse tiempo para escucharme. Pero esta vez no fue Norma la que contestó, sino otra voz.

—Salud mental del condado… ¿En qué puedo servirle?

Pedí hablar con Norma, suponiendo que me transferirían a su extensión. Pero lo que oí enseguida me desconcertó.

—Lo siento, pero aquí no hay ninguna Norma. ¿Cuál es su apellido?

—No lo sé. Nunca me lo dijo. Pero he hablado con ella en este número varias veces.

—Lo siento, aquí no hay nadie con ese nombre ni lo ha habido, al menos desde que trabajo aquí.

Agradecí a la recepcionista su atención y colgué, tratando aún de ordenar en mi cabeza el más reciente giro en los acontecimientos. Estaba un poco confundida, pero esto acabó por convencerme de que Norma era un ángel. No sé dónde está ahora, pero estoy segura de que en este instante está ayudando a alguien en un momento de necesidad.

DONNA LOWICH

Caldo de Pollo
para el Alma

3

CAPÍTULO

Al cuidado de mi hermano

Y respondiendo, el rey le dirá:
"De cierto os digo que en cuanto lo hiciste
a uno de estos mis hermanos pequeñitos,
a mí lo hiciste".

Mateo 25: 40

18

"¿Puedes pedir por mí, amigo?"

Sentía lástima por mí misma. Estaba pasando por un divorcio y me había mudado de mi casa junto al mar en el sur de California, al este otra vez, para estar cerca de mi familia. Llevaba un par de meses de haber regresado cuando mi madre sufrió un infarto y

Gozosos en la esperanza, sufridos en la tribulación, constantes en la oración.

ROMANOS 12: 12

murió. "¿Cómo pudo escoger para hacerlo justo el momento en que más la necesitaba?".

Sólo sentía oscuridad, aun bajo el radiante sol de la mañana camino a la biblioteca. Mi padre, devastado por la muerte de mamá, me necesitaba más que nunca. En medio de mi desesperación, había empezado a ocuparme también de otros ancianos del área, comenzado mi propio negocio y trabajando seis días a la semana.

Al acercarme a la puerta del edificio, vi a un hombre sentado en una banca de piedra afuera de la biblioteca. Fumaba un cigarro. Su ropa estaba sucia, su cara sin lavar, ni afeitar, y despedía un olor a nicotina rancia. Cuando me aproximé, él me dirigió la palabra:

—¿Podría darme un dólar, señora? —me preguntó, con relativa amabilidad.

Me detuve, renuente a pasar a su lado sin responder. Las emociones me embargaron luego de meses de desgracias, y le asesté una rápida respuesta:

—Le daré el dólar, pero tendrá que ganárselo.

Él me miró fijamente, como si yo hubiera dicho una insensatez. No le di oportunidad de preguntarme qué se suponía que debía hacer.

Haciendo todo lo posible por no tirar los libros, hurgué en mi bolsa y saqué un billete de un dólar. Al dárselo, le dije:

—Realmente he tenido un mal día, así que tendrá que rezar por mí.

Una expresión afectuosa traslució en su rostro marchito.

—De acuerdo, ¿pero usted también rezará por mí?

¿Qué le pasa al mundo? Él ya tenía su dólar. Yo no creía tener nada que darle a nadie, pero ahí estaba alguien pidiéndome algo.

—Está bien —contesté—. Rezaré por usted.

Pensé que con esto quedaba resuelto el asunto, así que me volví para retirarme.

—¿Rezará por mí ahora mismo?

Sus dulces palabras flotaron en el aire, deteniendo mi mundo. Los libros que cargaba estuvieron a punto de caérseme cuando lo oí. ¿En qué se estaba convirtiendo esto? Pero en mi interior escuché la voz callada de Dios hablando a mi corazón. Supe que había dicho que rezaría, y ahora se me ponía a prueba.

—De acuerdo —dije, sentándome en la banca—. Voy a rezar por usted.

Sin decir más, él se quitó el cigarro de la boca, se agachó y aplastó la punta encendida en la tierra bajo la banca. Luego metió lo que quedaba del cigarro en la bolsa de su andrajosa camisa. Retirando la sucia gorra de su cabeza, dejó la banca y se arrodilló junto a mí. Cerró los ojos y esperó a que yo empezara a rezar.

Hasta la fecha no sé qué pensaría la gente que entraba y salía de la biblioteca al verme ahí rezando por ese hombre humilde y desharrapado arrodillado delante de mí. A mis ojos, él no era ya un mendigo, sino un ayudante enviado por Dios. Al pedirme dinero y retarme a hacer alto y orar, algo sucedió. Él me dio mucho más de lo que yo hubiera podido darle nunca.

Han pasado los años y las heridas han cerrado. Nuevas heridas van y vienen, pero la lección que aprendí ese día quedó impresa en mi alma para siempre. Muchas cosas maravillosas en la vida no llegan envueltas en los paquetes que imaginamos. Dios se sirvió de un carpintero, no de un rey, para salvar al mundo.

Si yo pudiera hacer volver el tiempo y ser más sabia de lo que era, ¿acaso no habría sido yo quien le hubiera dicho a ese hombre harapiento: "Amigo, ¿puedes orar por mí?".

KATE PRADO

19

El último de mis hermanos

U n guatemalteco y yo viajábamos a pie por las montañas. Debido a nuestra carga y la pendiente, nos detuvimos bajo un árbol de mango a descansar entre las casas de carrizo de un pueblito. Pronto se nos acercaron niños curiosos, ajenos al mundo de la televisión, las caricaturas y los columpios. Eran los niños descalzos de las casas de carrizo y piso de tierra. Sentí la expectación de un cuento… así que les conté la de la "Rana bocona", a la que reaccionaron con inusual alegría.

> Los niños son apóstoles de Dios, enviados día tras día a predicar amor, esperanza y paz.
>
> J. R. LOWELL

Luego de pelar naranjas que sacamos de nuestras mochilas, las compartimos con las dos docenas de niños hasta quedarnos con apenas una mitad. Entonces vimos a la tímida, una niña de siete años y ojos redondos, medio oculta detrás de una desmoronada pared de adobe. A ella le dimos la media naranja restante.

Nos dio las gracias, tomó aquella mitad, la partió en dos y le dio una mitad a su hermano y otra a su hermana, aún más tímida y escondida que ella. Nos volvió a dar las gracias y se fue sin nada para ella misma… y sin que nosotros pudiéramos darle nada más.

Un año después, en la misma zona, me encontré en medio de una familia cuyo padre estaba gravemente enfermo. Sentados en el piso de tierra de su casa de paja llena de humo, rezamos juntos por el padre.

Me quedé con la madre y media docena de niños, y platicamos y rezamos hasta que oscureció.

No me di cuenta de que ella se arrastraba hasta mis rodillas, pero recuerdo haber querido decirle a la niña que no se preocupara, porque las cosas mejorarían. Sin embargo, yo sabía que no era cierto. La verdad es que lo más probable era que empeoraran. Quise decirles a sus hermanos que irían a la escuela, y que su padre viviría, y que tendrían mucha comida, y…

Eso me hizo recordar los panes de trigo que llevaba en la mochila. Sabía que era habitual que estas familias no tuvieran nada que comer, así que tendí unos panes a la madre y le di el último a la niña en mi regazo. Para mi sorpresa, me dio las gracias, tomó el pan, lo partió y les dio a su hermanito y su hermanita sentados junto a nosotros. Y aunque no quedó nada para ella, no esperó nada más.

Por eso la reconocí… por la forma en que dio las gracias, tomó el pan, lo dividió y lo compartió.

DAVE HUEBSCH

20

Pasé la noche en un albergue

El padre Henry es experto en hacer que la gente se sume a proyectos que no quiere hacer. Y, realmente, a mí ése no me agradaba nada. Acepté de mala gana trabajar en el albergue temporal del salón de nuestra iglesia.

Imágenes de sucios vagabundos con uñas asquerosas aparecieron en mi mente. Visiones de drogadictos nerviosos bailaron ante mí. Instantáneas de borrachos tomando en bolsas de papel de estraza pasaron por mi cabeza.

Pero lo que vi en el albergue fue mucho más inquietante.

Antes de entrar siquiera, la punta brillante de un cigarro llamó mi atención en la oscuridad junto a la puerta. Un hombre, encorvado para protegerse del frío, estaba fumando. Inhaló hondo, tiró la colilla al suelo y la aplastó con un tenis sucio.

"¡Ay, Dios!", pensé. "Aquí vamos."

El hombre dijo con voz animada:

–Tú has de ser mi relevo nocturno. Ya puedo irme a casa.

Era el voluntario del turno vespertino.

Adentro, Charles, el jefe de voluntarios, me dijo:

–Tenemos diez huéspedes esta noche, los hombres de este lado y las mujeres de ese otro.

> Jesús derriba los prejuicios divisores de la nacionalidad y enseña el amor universal, sin distinción de raza, mérito o rango. Nuestro prójimo es todo aquel que necesita ayuda.
>
> J. C. GEIKIE

"¿Mujeres? ¿Qué hacen mujeres aquí?"

En mi mente, sería más fácil desentenderse de los indigentes si eran diferentes a mí. Si podía desdeñarlos por ser responsables de su destino, sería más fácil ignorarlos. Mis razones eran éstas: si ese hombre se rehabilitara, dejara el alcohol o tomara su medicina para los nervios, no estaría en la calle. Pero todas mis fantasías acerca de que todos los desamparados eran adictos, borrachos o enfermos mentales estaban a punto de hacerse añicos.

Mientras nuestros huéspedes dormían, Charlie y yo platicamos, hicimos café y leímos. En la madrugada, él se quedó dormido, sin soltar su periódico.

Dos huéspedes fueron tambaleantes al baño y regresaron a la cama.

Como a las cuatro alguien iba arrastrando los pies, y vi que un hombre se dirigía al café recién hecho. Al principio pareció ser lo que yo esperaba… un hombre lerdo y débil que caminaba inseguro.

Se acercó a mí y me dirigió una hermosa sonrisa.

—Soy George, y si vivo cuatro días más, habré llegado —anunció.

—¿Adónde? —pregunté, imaginando un récord de sobriedad.

—¡A mi cumpleaños número setenta y cuatro! —exclamó radiante.

"No es mucho mayor que Hal", pensé, refiriéndome a mi esposo, quien no lucía, se movía, ni actuaba en absoluto como George. La vida dura te envejece.

Vio una baraja en una mesa. Como si fuera un niño buscando a alguien con quién jugar, me dijo:

—Si te gustan las cartas, conozco un juego. Es muy fácil. Tomas cinco y ganas seis.

"¡Qué tontería más absurda! ¿Cómo puedes tomar cinco y ganar seis?" Pero me sorprendí diciendo:

—Hecho.

Él repartió cinco cartas para cada quien y dijo que tomara una del monte para obtener la sexta.

—El primero en juntar tres pares gana —explicó—. Sigo despertando a las cuatro porque trabajé en una granja, y después en un camión de basura, toda mi vida. Por más que trato, no puedo dormir hasta tarde.

—Sé lo que dices. Yo trabajé el turno matutino durante veinte años. Ahora trabajo el vespertino, pero tampoco puedo dormir hasta tarde —le conté.

Mientras jugábamos, él parecía mi querido tío Paul, más que uno de "esos indigentes". Sonrió con timidez al descartarme y ganar una mano.

Luego se cubrió la cara con fingido pesar cuando yo gané. Reímos y nos dimos de codazos mientras la suerte se turnaba entre nosotros.

George veía seguido su reloj. Dijo que un muchacho le había pedido que lo despertara para ir a trabajar. "¿Los indigentes trabajan?" George despertó al hombre aquel a las cinco en punto.

El tipo, un hombre acicalado, salió de puntitas de un cubículo y corrió a lavarse y vestirse.

Cuando regresó, le ofrecí una taza de café.

–No, gracias, señora; el café nunca me gustó.

–¿Té? –dije.

–Eso sí, muchas gracias.

Luego una joven se escurrió al baño con una pila de ropa limpia y bien doblada en los brazos. "¿Dónde consiguen ropa limpia los indigentes?", me pregunté.

Le tendí al joven el almuerzo en bolsa de papel estraza que otros voluntarios habían preparado.

–¡Qué amable! ¡Gracias! –dijo, como un enfermo al que se le donara un riñón–. Cuando ella salga, dígale por favor que estoy calentando el auto –añadió.

"¿Los indigentes tienen auto?"

Cuando se fueron, una joven malencarada salió de los dormitorios, rezongando para sí.

Dos veces le dije "Buenos días", pero no contestó.

Bueno, eso era lo que esperaba... inadaptados, sin roce social, cuya familia no los aceptaría porque son imposibles de tratar.

Se sentó a darle sorbos a su café y mirarme de soslayo. De repente vociferó:

–¿Estuviste despierta toda la noche mientras dormíamos?

–Sí –respondí amablemente–. Llegué a medianoche.

Ella dijo entonces, con agradecimiento sincero:

–¡Qué maravilla! Gracias por estar aquí y cuidarnos.

Cuando despertaron, los demás huéspedes se condujeron como si visitaran mi casa. Algunos se entretuvieron con el noticiario de la mañana. Otros sorbían su café en silencio, soñolientos. El resto se reunió alrededor de la mesa, a desayunar y platicar.

Un adolescente salió del cuarto de los hombres. "¿Qué hace aquí un adolescente?", me pregunté, pero no tuve oportunidad de hacerlo en voz alta. Él se acercó y le palmeó la espalda a mi camarada de naipes.

–Adiós, papá. Hoy fue mi último día aquí.

George se paró trabajosamente y tendió una mano artrítica al muchacho. Luego salió con él, y se quedó afuera, bajo el frío, agitando la mano hasta que el autobús del chico se perdió de vista.

La gente de la mesa intercambiaba palabras suaves, bromas inocentes y discusiones serias sobre las noticias de la mañana. Elogiaron a los cocineros por las deliciosas crepas y el cereal de avena y arándano hecho en casa.

Los voluntarios del turno matutino llegaron y nos acompañaron a desayunar. La mujer frente a mí se inclinó y rezó antes de comer. Ni siquiera yo acostumbraba ese gesto.

Al recorrer la mesa con la mirada, el último mito se derritió como mantequilla sobre mis *panqués dólar de plata*.[1] No había en ese grupo ninguna cara conocida. Pero yo no sabía quiénes eran los voluntarios y quiénes los indigentes. Ahí sentada buscando pistas, me di cuenta de una cosa: en la mesa no había ninguno de "ésos". Era una mesa rodeada por todos "nosotros".

Lo único que me hace diferente de "esa gente sin techo" es el techo.

JOYCE SEABOLT

---

[1] Silver dollar pancakes. Llamados así por tener el diámetro aproximado de un antiguo dólar de plata. (N. del E.)

21

Hermanos en la Zona Cero

Combatiendo el agotamiento y la náusea inminente, salí trastabillando de
la sala de reconocimiento de la im-
provisada morgue junto a los escombros del
World Trade Center. Había sido un largo día, y
me urgía descansar.

> No hay hermandad
> de hombres
> sin la paternidad
> de Dios.
>
> H. M. Field

En el recinto de junto estaban dos jóvenes
curas católicos recién llegados, que parecían
muy intimidados. Apenas mayores de veinte, era fácil suponer que estaban recién ordenados, y, como todos, sumamente afligidos por lo que
sucedía en aquel lugar de horrores indecibles. Sentí lástima por ellos.
Sitios como ése destrozan cruelmente lo que pueda quedar de inocencia
juvenil. Yo había perdido la mía en Vietnam más de treinta años antes,
y me invadió una enorme compasión por ellos. Estábamos en medio de
una verdadera pesadilla.

Arrastrando los pies, me dirigí a su lado.

—Hola, padres. ¿Cómo están?

Mirándose uno a otro, uno de ellos contestó, nervioso:

—Nos mandaron a impartir el sacramento de la extremaunción, y a
dar consuelo.

Al verlos a los ojos, advertí que estaban agobiados, y con razón. Todos lo estábamos.

Volteando a la sala de reconocimiento, temblé al pensar que en algún
momento tendrían que entrar ahí. Eran de la misma edad que mi hijo, y

deseé protegerlos. En esa sala había algo para lo cual ningún seminario podría haberlos preparado.

Yo llevaba varios días trabajando entre los equipos forense y médico. El aire pútrido de la morgue era viscoso, por el calor y la humedad de fines de verano en Nueva York. Pese a mi máscara contra riesgos biológicos, el hedor de la muerte atacaba mis sentidos, y mi mente se sobrecogía a la vista de los miembros en descomposición de mis compatriotas en las mesas de acero inoxidable.

Un día, un bombero parado junto a mí sollozó en silencio, y me aproximé a él para rodear sus sucios hombros con una mano enguantada. Al voltear y ver "capellán" en mi casco, me agradeció sin palabras y un movimiento de cabeza, a través de ojos enrojecidos y llenos de lágrimas. Acababa de traer los restos fragmentados de otro bombero desde las ruinas humeantes. Intercambiamos unas cuantas palabras; no hizo falta más.

Concluido el reconocimiento, los restos fueron cuidadosamente vaciados en una bolsita protegida. La doctora me miró y dijo suavemente:

—¿Capellán?

Sus ojos, que resaltaban sobre su máscara, parecían decir: "Hicimos todo lo humanamente posible. Ahora recurramos a Dios." Viendo que había un cura para dar los santos óleos y un rabino para recitar el kaddish, ambos participamos en el ministerio. Sin evidencia forense para determinar la religión, intentamos cubrir todas las posibilidades, por el bien de la familia.

Como parte de un ritual reiterado, una bandera estadunidense fue desdoblada, y manos cubiertas por guantes ayudaron a tapar la camilla que portaba a nuestro hermano. Metimos esmeradamente los bordes de la bandera bajo la camilla, como una madre que abrigara a su hijo en el lecho. Yo oré: "Gracias, Padre, por una vida dada por salvar a otros. No hay amor más grande que ofrendar la propia vida…".

Bomberos y oficiales levantaron con delicadeza la camilla. Encabezando la pequeña procesión, salí a la calle, hacia una ambulancia en espera. Cuando el féretro cubierto por la bandera quedó expuesto a la vista, cientos de personas que estaban ahí trabajando interrumpieron de inmediato sus actividades, formaron filas y adoptaron la posición de firmes. Sólo el ruido de los generadores eléctricos rompía el silencio. "¡Saludar!", gritó alguien. Llorando, hice el saludo, y me moví a un lado mientras metían la camilla a la ambulancia. Todos guardaban silencio, manteniendo el saludo al camarada caído. Las puertas se cerraron, y la ambulancia se alejó lentamente, hacia las calles oscuras. Alguien gritó por último: "¡Firmes!", y todos regresaron a su trabajo.

Me volví hacia los dos sacerdotes frente a mí, sintiendo pena por ellos.

–Padres –les dije–, su servicio a nuestro Señor en este lugar espantoso es muy honorable. –Mirándose nuevamente uno a otro, parecieron relajarse un poco cuando proseguí–: Con su permiso, me gustaría orar por ustedes.

Sorprendidos, abrieron mucho los ojos, pues sospecho que es raro que alguien se ofrezca a rezar por un cura. Después de todo, se supone que ellos son quienes deben asumir la pesada carga del ministerio. Pero esa noche, los ministros necesitaban aliento.

–Sí, gracias; eso sería muy amable de su parte –dijeron titubeantes.

Arrodillándome frente a ellos, tomé sus manos y comencé a orar:

–Por su fuerza para enfrentar los retos de servir en este sitio, te pedimos, Padre celestial, que protejas y des la seguridad de tu amor a estos hermanos nuestros, para que puedan brindar a otros el consuelo de Cristo. Te pedimos que les concedas ser instrumentos de tu gracia más allá de lo que pueden pedir o imaginar. Señor Jesús, permite que tu rostro sea visto en el suyo mientras ejercen en tu nombre su ministerio.

La presencia de Dios pareció llenar aquel recinto. Empecé a sollozar, a causa del dolor contenido de los días previos. Cuando volteé hacia ellos, vi que también los dos padres lloraban. En forma espontánea, todos nos levantamos para fundirnos en un abrazo de unidad cristiana en el Espíritu. En este lugar de sufrimiento, estábamos juntos en Cristo. Esos jóvenes y valientes sacerdotes –dispuestos a llegar hasta las entrañas del infierno para servir a su grey– fueron esa noche verdaderos héroes para mí. Y a los ojos del Padre celestial también.

Al salir a la densa oscuridad antes de que amaneciera, intenté vislumbrar las estrellas, cuya esfera titilante suele darme consuelo. Al no ver ninguna por el fulgor de los reflectores, miré la montaña de acero retorcido y humeante, así como las ondulantes nubes de humo que se elevaban desde la "pila". Herreros cercenaban el cascajo con sopletes, haciendo brillar fuentes de chispas. Agradecí en silencio que las estrellas aún resplandecieran en algún punto en lo alto. Un nuevo día amanecería pronto para todos nosotros.

No te demores, Señor Jesús.

Bruce R. Porter

22

La iglesia en Juárez

llegamos a la ciudad fronteriza de El Paso, Texas, una calurosa tarde de junio. El sol y el cemento convertían en un horno la estación de autobuses del centro de la ciudad. Miré el puente, a una calle de distancia, por el que atravesaríamos la frontera, hacia Ciudad Juárez. Habíamos venido a construir dos hogares para dos familias que vivían en ruinosas casas de cartón.

Esa semana mi grupo, de treinta personas, entre ellas nuestro párroco, sufriría a diario bajo un calor terrible, sudando y trabajando, colocando ladrillos y cemento. Aunque no hacíamos más que construir los hogares de dos familias pobres, parecía que estos amables mexicanos nos recibieran en casa. Nos dieron alojamiento, cocinaban todas nuestras comidas, nos protegían y estaban al pendiente de que tuviéramos todo lo necesario durante el día. En suma, hicieron lo que Cristo nos llamó a hacer a todos en Mateo 25: 35: "Fui huésped, y me recibiste".

> Si Dios es nuestro padre, el hombre es nuestro hermano.
>
> ALPHONSE DE LAMARTINE

El padre de una de las familias trabajaba en la ciudad, y la mamá y cuatro niños nos miraban con timidez mientras laborábamos. El mayor tenía un brazo atrofiado y una especie de lesión cerebral. No podía hablar, y los más chicos estaban atentos a él y lo cuidaban. Percibimos la emoción en su rostro mientras veían que su casa cobraba forma. Nos ayudaban en las importantes tareas de traer herramientas, ir por agua y darnos palabras de aliento en español que sólo algunos de nosotros entendíamos.

Desde la árida ladera en la que trabajábamos, miré al otro lado del río Bravo. Vi los resplandecientes edificios de cristal, la agitada carretera interestatal, las amplias calles y casas grandes, el bullicio de una economía floreciente en abierto contraste con el polvoriento barrio en el que nos encontrábamos. Pero vi, asimismo, que estos juarenses eran ricos también –opulentos en comunidad, sostenidos por la profunda y perdurable fe de que todos los días estaban en manos de Dios, quien los redimiría y haría milagros en su favor. En los barrios pobres de Juárez no había ideas laicas, ni principios accidentales o casuales para nada. La gracia de Dios está en todo lo que ocurre ahí cada día, y nuestro pequeño grupo fue el milagro de ese día.

En algún momento, unos niños del vecindario vinieron a invitarnos a jugar futbol con ellos. ¡Ja! Bajamos gustosos a la cancha de tierra, como ovejas al matadero, mientras los mejores futbolistas del mundo tramaban nuestra desgracia. Aguantamos una hora antes de implorar misericordia y retirarnos a nuestro refugio, con agua caliente en las regaderas y con televisiones, para lamer nuestras heridas y consolarnos con la idea de que, después de todo, ellos tenían la ventaja de estar en casa.

Seguimos levantando las paredes, poniendo ventanas, formando la corona de cemento que mantendría todo unido y, por fin, el quinto día pusimos el techo.

El último día, incorporamos la entrega de las llaves de las casas a una breve liturgia. Entonamos canciones y pusimos a los pies de las dos familias los regalos que habíamos llevado: la imagen de la Virgen de Guadalupe, una Biblia y un crucifijo. También les dimos comida –aceite, harina, azúcar– y juguetes para los niños, así como abrazos para quienes nunca volverían a ser los mismos… o sea nosotros. El amor entre los dos grupos era palpable, y todos derramamos lágrimas. Al mirar a los ojos al sonriente muchacho con la mano atrofiada y labios mudos, vi los ojos de Cristo que me contemplaban. Sentí tal calidez en mi corazón que se me olvidaron todos los penosos días de trabajo, dolor de músculos y sed.

Al final de la ceremonia, pedimos a Dios que bendijera las casas. Miré a mis gentiles y nuevos amigos y oí a Jesús decir: "Éste es mi cuerpo". Y cuando esa noche leí acerca de la terrible violencia y asesinatos ocurridos ese fin de semana en Juárez, oí a Jesús decir: "Y ésta es mi sangre".

Regresamos al lugar donde nos habíamos hospedado y celebramos nuestra última cena. La mayoría ansiábamos volver a casa, con nuestra familia y la vida que habíamos dejado atrás. Pero, algunos, definitivamente no queríamos marcharnos.

En la mañana recogimos nuestras cosas y nos encaminamos a la frontera. Tuvimos que esperar dos horas en las largas filas de personas que querían cruzar hacia Estados Unidos. Mientras aguardábamos, un vendedor de periódicos nos dijo en español al pasar a nuestro lado: "¡Buenas personas!". ¡Qué maravilla decir y oír algo así!

Por fin llegamos a Estados Unidos, donde regresar a nuestra cultura pareció un choque más fuerte que haber ido a los barrios pobres de Juárez. Todos estaban muy ocupados, corriendo, con el tiempo contado. Al voltear a la frontera y la cerca, reflexioné en que en el reino de Dios no hay muros. De hecho, las dos casitas que construimos ya habían derribado una parte de él.

BEN LAGER

23

Amor de hermano

Una mañana de la primavera de 1967, mis padres recibieron un telegrama del Departamento de Estado en el que se les avisaba que Tom, mi hermano menor, había desaparecido en acción en Vietnam. Un segundo telegrama reportó que Tom había sido localizado, pero se encontraba en situación crítica.

Poco después, un oficial y un capellán de la marina llegaron hasta la puerta de mis padres para informarnos que Tom había muerto a causa de sus heridas.

> En esto hemos conocido el amor, porque él puso su vida por nosotros; también nosotros debemos poner nuestra vida por los hermanos.
>
> 1 JUAN 3: 16

En las veinticuatro horas siguientes, nuestro mundo se cayó a pedazos. Líneas telefónicas que atravesaban el país comenzaron a difundir la noticia. Le avisamos a mi hermano Bill, quien también había pasado su tiempo reglamentario en la marina y entonces cursaba su segundo año en la Texas A&M University, donde estudiaba ingeniería. A larga distancia, compartimos con él nuestro inimaginable duelo.

A la mañana siguiente, mis padres recibieron una llamada de Japón: "¡Soy yo, Tom!". Mi hermano explicó que su muerte había sido un error administrativo, y que estaba sano y salvo, y en recuperación. Cuando se repusiera de sus heridas, volvería al frente de guerra.

En ese momento, Bill, mi hermano mayor, decidió posponer sus estudios y regresar a la marina. Pidió servir en Vietnam para estar junto a Tom, a quien esperaba convencer de que solicitara una transferencia, conforme a la resolución Sullivan. Esta resolución permite a los soldados pedir que se les releve de misiones peligrosas si más de un miembro de su familia sirve en la zona de guerra. Bill siempre se había hecho cargo de sus hermanos, y estaba decidido a hacerlo de nuevo. Quería librar de riesgos a Tom prestando él mismo servicio en Vietnam.

Claro que Tom no iba a aceptarlo. Estaba resuelto a mantener el curso y cumplir su deber hasta el final. Pero pese a la posibilidad de que Bill no pudiera persuadirlo de abandonar Vietnam, siguió adelante con su reincorporación, para al menos poder estar cerca de su hermano y cuidar de él.

El día en que Bill partió, y justo antes de que atravesara la puerta, papá le tendió su insignia del Sagrado Corazón y le dijo:

–Hijo, quizá esto no detenga una bala, pero puede mantenerte a salvo en el camino. Recuerda que es tan valioso como la fe que pongas en él. Si lo usas como un mero objeto y no sigues a Cristo, no te servirá de nada. Recuerda lo que importa… confiar en Cristo y seguirlo. Él te hará volver sano y salvo a casa. Ésta es toda la protección que necesitas.

Después de reentrenarse, Bill aterrizó en Vietnam el 21 de agosto. Lamentablemente, justo ese día Tom recibió nuevas heridas, esta vez de gravedad. Su unidad móvil anfibia chocó con una mina terrestre, y él sufrió quemaduras severas en la explosión. Bill logró localizarlo en un hospital en Dong Hoa un par de días después de su llegada. Pero, por desgracia, dada la gravedad de las heridas y el riesgo de contagio, no le permitieron ver a Tom antes de que se le transportara para someterlo a tratamiento. Lo único que pudo hacer fue pararse fuera de su cuarto y pedir rápidamente que se recuperara. Luego se reportó en su puesto en Da Nang.

Para no preocuparnos, Bill nos escribió para decirnos que se le había asignado a un despacho en Da Nang, como oficinista. Bromeaba diciendo que su gran afán de servir se había visto reducido a revolver papeles. Así era nuestro Bill, siempre protegiendo a los demás de temores y preocupaciones. Su maniobra funcionó, y lo creímos totalmente a salvo. Así que concentramos nuestras inquietudes y oraciones en la curación de Tom, y en apoyarlo durante su recuperación.

El 28 de septiembre, los marines hicieron una nueva visita a la casa de mis padres. Pero esta vez no habría ninguna llamada subsecuente para enmendar el error. Informaron que el 21 de septiembre, durante un patrullaje nocturno, la unidad de Bill había caído en una emboscada. El fuego cruzado de cohetes y morteros reclamó la vida de todos los miembros de esa unidad. Bill logró sobrevivir lo suficiente para que otra unidad lo encontrara. Recibió los santos óleos y pudo confesarse antes de expirar a causa de sus heridas. Su insignia del Sagrado Corazón acompañaba a la carta.

Papá había tenido razón. Aun en lo más hondo de la selva vietna- mita, Cristo cumplió la promesa de su Sagrado Corazón, y permitió a nuestro Bill volver al hogar.

CHRISTINE M. TROLLINGER

24

"¿Qué tal si...?"

Trabajaba en el sector de alta tecnología de Ottawa cuando me mandaron a tomar un curso de una semana sobre base de datos en el centro de la ciudad.

Cada día de esa semana, disfruté de un agradable paseo informal por el centro de Ottawa durante mi hora de comida, para liberarme de la complejidad del curso. Dos días antes de que éste terminara, y mientras daba mi paseo, percibí un terrible hedor a orina, procedente de un mendigo que acababa de pasar junto a mí. Mi primera reacción fue de repugnancia, mientras me alejaba de él. Pero luego, por una inexplicable razón, decidí sentarme cerca de él y observarlo. En el centro de aquella ciudad abundan los indigentes, pero algo me dijo que no quitara la vista de ése en particular.

> Debemos amar a los hombres pese a que parezcan indignos de nuestro amor.
>
> WILLIAM SHAKESPEARE

Lo que vi enseguida me conmocionó. De pie junto a un escaparate, el hombre sencillamente permitió que la orina escurriera por sus pantalones. Primero me consterné, pero luego sentí compasión, al percatarme de que lo más probable es que hubieran echado a ese hombre de todos los establecimientos, y no fuera bienvenido en ninguna parte en tales condiciones.

Qué triste, pensé, ver a un hombre maduro llegar al punto de ya no cuidar de sí mismo, y probablemente tampoco tenía a nadie que viera por él. ¡Qué bajo y rechazado debía sentirse! Pero a pesar de ese perceptible pesimismo, aún tenía fuerzas para seguir un día más.

Pasé de sentirme asqueada y aturdida a sentirme agobiada por la tristeza.

Al comprender que era probable que ese hombre tuviera hambre, frío, corrí al restaurante de comida rápida más cercano, donde compré un tazón de caldo de pollo caliente, un sándwich y una taza de café. Vacilante, me aproximé a él, preguntándome cómo reaccionaría. Al ofrecerle la comida, mi miedo desapareció cuando la recibió de buena gana. Apenas alzó los ojos para encontrar los míos. Luego me dio un modesto "gracias" y una sonrisa de agradecimiento.

Vi mi reloj y me di cuenta de que mi clase vespertina estaba a punto de comenzar. Corrí al edificio donde tomaba el curso, a un par de calles de ahí.

Esa tarde, todas las sofisticadas herramientas y disertaciones sobre base de datos me parecieron completamente irrelevantes. Me descubrí divagando y pensando en aquel hombre y el misterio de su vida. No era ésa la primera vez en que yo ofrecía comida a una persona indigente, pero algo en este hombre me atrapó de forma extraña.

Esa noche tuve un sueño muy vívido. Veía a mi padre como el rechazado por su familia y la sociedad. En mi sueño, era él quien vivía en las calles buscando y olisqueando, igual que el hombre al que había visto. El sueño parecía muy real, lo mismo que mi frustración y sensación de impotencia para enderezar a mi papá y devolverle su familia y autoestima.

Despertar de esa terrible pesadilla fue un gran alivio. ¡Todo había sido un sueño! Sin embargo, no dejé de pensar en él a lo largo del día.

¿Qué tal si eso le había sucedido realmente a mi papá, o a otro de mis seres queridos? ¿Qué tal si el hombre al que había visto el día anterior había perdido a alguien que amaba, y a quien echaba mucho de menos?

Sentí la urgencia de hacer algo. Algo que ayudara a ese hombre a creer que podía volver a empezar, algo que le permitiera recuperar su autoestima.

En un instante, tuve una visión muy clara de lo que haría.

Durante mi hora de comida, el último día de mi curso, le compré a ese hombre un "kit de cuidado personal", con un peine nuevo, espejo, rastrillo, jabón, cortaúñas, loción para después de afeitar, una toalla, ropa interior, calcetines, pantalones, camisa, algo de comida y bocadillos y una tarjeta especial. Presa de un impulso increíble, metí todo en una bolsa con cierre, incluida la tarjeta que había escogido para él. Ésta contenía una cita bíblica con un mensaje reconfortante de que Dios nunca está lejos y su amor es eterno.

Esperaba con ansia el fin de mi curso. No dejaba de ver la hora, preguntándome si volvería a ver a aquel hombre. ¿En hora pico? ¿A quién pretendía yo engañar? ¿Qué posibilidades tenía? ¡Él podía estar en cualquier parte!

Pese a todo, supe que tenía que intentarlo. Si no lo encontraba, hallaría a alguien a quien pudieran servirle todas esas cosas.

Una inexplicable sensación de que alguien me guiaba se apoderó de mí. Sin oponer resistencia, eché a andar en dirección contraria a la zona donde había visto al hombre el día anterior. Recorrí unas calles y apresuré el paso, decidida, preguntándome mentalmente si en realidad iba en la dirección correcta. Pero seguí avanzando. Estaba ya a unas calles de donde había empezado, y entonces me dije que, si al llegar a la esquina siguiente, no lo veía, me daría la vuelta y tomaría el camión de regreso a casa.

Cuando llegué a la esquina, un escalofrío recorrió mi espalda.

El hombre al que buscaba estaba en ese crucero.

Pensé qué decir. Hice una pausa. Y luego me acerqué y le pregunté:

—Disculpe, ¿cómo se llama usted?

Volteó y dijo con voz apagada:

—Danny.

Saqué una pluma de la bolsa y escribí su nombre en el sobre de la tarjeta que había elegido para él. Cuando se la di junto con la bolsa de regalos, le dije:

—Danny, su ángel de la guarda me mandó aquí. Esto es para usted.

Sus ojos se iluminaron, y su sonrisa lo dijo todo.

—Gracias, gracias, gracias —repetía mientras se asomaba ansiosamente a la bolsa, como un niño al abrir un regalo de cumpleaños. Después se alejó a toda prisa.

Me sentí bendecida y llena de una alegría increíble.

Nunca volví a ver a Danny en las calles del centro de Ottawa. A menudo me pregunto cómo estará. Pido por él, y le deseo una vida mejor, llena de dignidad, respeto por sí mismo y amor a Dios.

Y me pregunto: "¿Qué tal si…?".

MIRIAM MAS

25

Día de Acción de Gracias en Rumania

Me preparé para sentirme especialmente nostálgica mientras se acercaba la temporada de fiestas. Habían pasado pocos meses desde mi traslado a Bucarest, Rumania, y sólo once desde la revolución de 1989 que había terminado con el régimen comunista en ese país. Nueve estadunidenses trabajábamos como misioneros en la capital. Habíamos ido a llevar un mensaje de esperanza a estudiantes universitarios.

> Ante todas las cosas, que se hagan rogativas, oraciones, peticiones, hacimientos de gracias, por todos los hombres.
>
> 1 TIMOTEO 2: 1

Como equipo, tuvimos que planear intencionalmente cómo hacer divertidas las fiestas. Forjaríamos nuevos recuerdos. Después de todo, ya éramos una familia.

Los días eran cada vez más fríos, y la grisura exterior coincidía con mi estado de ánimo. Ahí la vida era rústica. No teníamos calefacción; agua sólo una hora al día, y muchas ratas. Desde que llegamos, apenas habíamos recibido correspondencia una sola vez. Ya había luido esas cartas de tanto leerlas. Extrañaba a mis familiares y amigos. Extrañaba Estados Unidos.

Nuestro equipo hizo planes para celebrar el día de Acción de Gracias el sábado, dos días después de la festividad estadunidense. Wendy había llegado días atrás con una maleta cargada de latas de calabaza, maíz y chícharos destinadas al día de Acción de Gracias. Marian compró en la panadería pasta ya amasada para hacer panecillos, así como la tarta del pay de calabaza de Wendy. Vicki y yo encontramos papas arrugadas y de ojos grandes en el rudimentario mercado al aire libre. Pero ninguna de nosotras pudo hallar, por ningún lado, el platillo faltante. Cuando balbucí como el ave en el mercado, supe que, en rumano, "pavo" se dice *curcan*. Todos los interrogados dijeron que no había *curcans* en Bucarest. Y si por fortuna encontrábamos carne, sería de puerco.

Pensamos entonces sustituir el pavo por pollo, pero todos estaban demasiado flacuchos. Solíamos bromear diciendo que los rumanos mataban a sus pollos dejándolos morir de hambre. Un pavo sería lo único apropiado para nuestro banquete de Acción de Gracias.

Mi compañera de cuarto, Vicki, y yo rezamos todos los días durante la quincena previa al día de Acción de Gracias: "Padre, sabes que esto no es nada de importancia, pero también sabemos que nos amas y te gusta darnos buenos regalos. En tu Palabra nos dices que pidamos, así que eso es lo que estamos haciendo. Te pedimos, por favor, que nos proporciones un pavo".

Al anochecer, estudiantes de países árabes iban de puerta a puerta en los dormitorios de los estudiantes extranjeros vendiendo de todo, desde ropa térmica hasta tacitas para café. Cada vez que llegaban, ofrecían mercancía diferente. A ese momento lo llamábamos "la hora de las compras para el hogar".

La noche anterior a nuestra Acción de Gracias, oímos que alguien tocaba a nuestra puerta. Vicki se paró de un salto, expectante. Dos jóvenes árabes estaban ahí, con una voluminosa bolsa de lona.

En mi limitado rumano, les pregunté qué vendían.

Uno de ellos contestó. Lo que dijo no sonó como *curcan*, pero no pude entenderle, a causa de su confuso acento. Mas eso no importó, porque supe al instante qué querían vendernos. Conocía los caminos de Dios, y había experimentado tantas veces ese tipo de coincidencias que acabé por aprender a preverlas.

El otro chico metió la mano en la bolsa, y mi corazón dio un vuelco. De ella sacó… un balón de futbol.

—¿Eso es todo? –pregunté aturdida.

Sí, eso era todo lo que tenían.

Contuve mis ardientes lágrimas. Mis esperanzas habían sido paradas en seco.

Me metí al baño a llorar a solas. "Señor, ¿acaso fue mucho pedir? Hemos renunciado a muchas cosas por estar aquí. ¿También tendremos que renunciar al pavo?."

Al día siguiente, el grupo comenzó a reunirse en el cuarto de Mark y Wendy para nuestra cena de Acción de Gracias. Además de los estadunidenses de nuestro equipo, también habíamos invitado a varios estudiantes rumanos, todos ellos recién comprometidos a seguir a Cristo.

Un florero de crisantemos se alzaba al centro de la mesa de servicio, cubierta de encajes. Uno por uno, todos contribuimos con un platillo, en esmaltadas cacerolas desportilladas. Nadie tenía platones bonitos. Pero a nadie le importó.

Daniel y Marian eran los únicos que faltaban. De repente, oímos una chicharra trompetear una tonada procesional. Escabulléndome hacia la puerta, ¡llegó Daniel cargando una cazuela con un rechoncho pavo! Ni Santa Claus con un costal habría podido tener una mejor bienvenida.

Bombardeamos a preguntas a Daniel. Había conseguido un pavo en trueque la noche anterior, con uno de sus múltiples contactos. Marian y él habían decidido sorprendernos. Lo consiguieron.

Nuestro pavo no llegó como esperábamos. Pero eso no importó: lo tuvimos. Mi reacción de desaliento de la noche anterior no impidió que Dios fuera generoso con nosotros.

Al congregarnos alrededor de la mesa, John explicó a los rumanos el día de Acción de Gracias original. Les contó que los peregrinos quisieron dar gracias a Dios por permitirles pasar el primer invierno en su nuevo territorio, y compartir su dicha con sus nuevos amigos. Nosotros también lo haríamos. Señaló que la Biblia nos dice que debemos recordar lo que Dios ha hecho por nosotros, y agradecer sus bendiciones. Y luego nos dio la oportunidad de recordar en voz alta.

–Yo agradezco este pavo –dijo alguien–. Demuestra que Dios cuida de los más pequeños detalles que tocan nuestra vida.

Los rumanos aportaron su opinión.

–Tengo una nueva vida en Cristo.

–Doy gracias a Dios de que los haya enviado a ustedes a hablarnos de Jesús.

–Por fin tenemos libertad, y eso es algo precioso.

Su alegría me volvió a recordar mi propósito al estar aquí: valorar cada sacrificio de mi espartana vida.

Todos nos tomamos de la mano y dimos gracias a Dios por su bondad.

El cuartito rebosaba de sillas de respaldo duro. Muchos nos sentamos con las piernas cruzadas en la cama matrimonial, para comer en platos que no hacían juego y con cubiertos que sabían a estaño.

Jamás tuve un día de Acción de Gracias mejor. Nuestro pavo, un regalo llegado de las manos de Dios, sabía divino. Supuse que nuestra fiesta sería fatal, pero, en cambio, creó nuevos recuerdos.

Ahora que he vuelto a Estados Unidos, extraño Rumania. Ni siquiera hoy, tantos años después, ningún día de Acción de Gracias puede compararse con aquel en Bucarest.

TARYN R. HUTCHINSON

Caldo de Pollo
para el Alma

4

CAPÍTULO

Cita divina

*Y el Dios de paz que sacó de los muertos a nuestro Señor Jesucristo,
el gran pastor de las ovejas, por la sangre del testamento eterno,
os haga aptos en toda obra buena para que hagáis su voluntad.*

Hebreos 13: 20-21

26

El accidente

F ue, después de todo, una equivocación. Había sido una de mis
peores noches como médico residente. Ingresaron tantas personas
que prácticamente perdí la cuenta, y apenas pude seguir el paso
de las necesidades de mis pacientes, y mucho menos de los enfermos a
cargo de los compañeros a los que cubría. Me urgía terminar de examinar
los resultados de los laboratorios y
ordenar pruebas para después correr a
preparar el informe para el turno de la
mañana.

> Muéstrame, oh, Señor,
> tus caminos;
> enséñame tus sendas.
>
> SALMOS 25: 4

Más tarde, hacía cuanto podía por
vencer la fatiga y terminar mis rondas
cuando recibí el mensaje de reportarme en radiología de inmediato.

"¡Grandioso!", pensé. "¿Y ahora qué está mal?" Pero al llegar, fui objeto repentino de felicitaciones y palmadas en la espalda.

–¡Excelente hallazgo! –me dijeron.

–Mira eso –dijo uno de los radiólogos, señalando una serie placas
del aparato gastrointestinal que colgaba del visualizador–. Un pequeño
tumor intestinal, ¡la apariencia clásica!

Me quedé atónito, sin la menor idea de lo que decían. Tomé el expediente para hojearlo. En efecto, yo había ordenado ese estudio, pero
ése no era mi paciente. Comprendí entonces lo ocurrido. En mi prisa por
estar al pendiente de todo la noche anterior, ¡había ordenado una estudio
gastrointestinal para el paciente equivocado!

Al examinar el expediente, supe que el enfermo era un cura, director de una universidad católica local. Había presentado tos y fiebre, lo mismo que malestares generales, así que, como era común en esos días, se le admitió en el hospital para evaluarlo. Cuando la radiografía reveló un cáncer intestinal, se le operó al día siguiente. El cirujano me mandó llamar a la sala de operaciones para hacérmelo saber:

–Salvaste a este hombre. Nunca antes había podido cortar uno de éstos en sus inicios.

Me sentí demasiado confundido para decir algo, así que asentí cortésmente con la cabeza y me retiré. No le dije a nadie lo que había pasado.

El ritmo frenético de la residencia médica volvió a imponerse, y el incidente se olvidó pronto.

Una semana después, recibí un mensaje del piso de cirugías. Cuando llamé, una enfermera me informó que un paciente quería hablar conmigo. Le dije que no tenía pacientes ahí. Ella contestó:

–Es un sacerdote, e insiste en hablar contigo.

Me quedé helado, y sentí un profundo vacío en el estómago.

Casi en estado de trance, llegué al cuarto. Cuando entré, tuve un súbito impulso de arrojarme a los pies del enfermo y decirle: "¡Perdóneme, padre, por haber pecado!", pero en vez de eso me presenté tranquilamente y me senté junto a su cama. Era un hombre de apariencia distinguida cercano a los sesenta, tenía ojos penetrantes que parecieron ver directamente el fondo de mi alma.

–¿Fue usted quien ordenó ese estudio para mí?

Bajé la cabeza, sin decir nada.

–¿Por qué? –preguntó.

–Fue… un accidente –tartamudeé.

Le conté todo, y desahogarme me hizo sentir un hondo alivio, porque al fin había podido hablar con alguien. Él palideció y no dijo nada un largo rato, sumidos los dos en un silencio total. Al final comentó:

–En los últimos meses sufrí una crisis espiritual. Empecé a cuestionarme cómo había pasado mi vida, y también la esencia misma de mis creencias. Me ofrecieron un puesto importante, pero no me sentí capaz ni digno de él. Luego comencé a sentirme enfermo, e iba a rechazar el ofrecimiento –hizo una pausa–. Tras la operación, los síntomas han desaparecido. Ahora sé qué debo hacer. Como puedes ver, hijo mío, no creo en los accidentes. Cuando vinieron por mí para hacerme ese estudio, supe que algo estaba mal, pero sentí que debía ir.

Pareció enderezarse en la cama, y su voz cobró fuerza.

–Un día antes había pedido una señal que me guiara, y ahora sé que fuiste elegido como su instrumento.

Mientras él hablaba, sentí que se me erizaban los cabellos de la nuca, y que me invadía una sensación extraña.

Me quedé pasmado, sin saber qué decir, ni qué pensar. El cura sonrió.

–Esta conversación te perturba, ¿verdad?

Le hablé entonces de mi conflicto interno, tratando de conciliar la razón y la fe en el contexto de mi propia tradición religiosa.

–¡Ah! –contestó–, uno de los suyos se las vio con esas preguntas hace mucho tiempo. Voy a dártelo a conocer.

Mi radiolocalizador sonó en ese momento. Al levantarme para irme, él me pidió que esperara un instante y me sentara en su cama. Puso su mano sobre la mía y dijo:

–Le doy las gracias con las palabras que su gente alguna vez nos enseñó. Que el Señor lo bendiga y lo guarde, y que su rostro brille para usted y le sea propicio, para que él eleve su semblante sobre usted y le dé paz…

Meses después me llamaron al servicio de correos del hospital, para recoger un paquete que acababa de llegar de Europa. Me sorprendió ver que provenía del Vaticano. Al abrirlo, descubrí que era de aquel mismo cura, sólo que en lugar de padre ahora su título era el de monseñor, asistente especial del papa. Adentro había una breve nota que decía: "Así como usted me ayudó una vez en mi confusión espiritual, espero que esto le ayude en la suya". El mensaje acompañaba a una hermosa traducción encuadernada de la obra monumental del gran médico y filósofo Maimónides sobre la lucha entre la fe y la razón, *Guía de perplejos*.

Salí al pequeño jardín para pacientes junto a la entrada del hospital, me senté, oí el dulce canto de las aves y percibí el aroma de los capullos en flor en el aire claro.

Sentado, el libro entre las manos, me perdí largo rato en mis pensamientos.

Tal vez sea verdad que los accidentes no existen.

BLAIR P. GRUBB

27

Algo sobre Tessa

Cuando estudiaba el segundo año de primaria, asistía a una escuela católica privada. La disciplina en la década de 1960 era estricta, por decir lo menos.

El castigo físico, los viajes a la oficina del director y estar en la esquina del salón eran un régimen muy conocido para mí. En las reuniones, la monja le decía a mi mamá: "Su hija es como una canica en una lata, ¡dale, dale y dale!". En el mundo actual, tal vez me habrían catalogado como una niña con trastorno de déficit de atención. Aunque parecía tener dificultades para concentrarme, no era una niña irrespetuosa, ni abrigaba mala voluntad contra la autoridad.

Una compañera de mi salón parecía tener más dificultades. Al igual que yo, era poco femenina, y muy terca. Se llamaba Tessa. Me superaba en castigos, y todos le rehuían. Yo oía decir a sus espaldas que era "una díscola, y muy pobre". No sabía cómo podían decir eso, puesto que todas usábamos uniforme, así que entre nosotras la ropa no era símbolo de categoría. Supongo que oían cosas de sus padres, pero a los míos no les gustaba el chisme. Por consiguiente, para mí era un misterio cómo las demás sabían que Tessa era pobre, y por qué eso influía en su opinión sobre ella.

Un día, Tessa llegó a la escuela con invitaciones para su fiesta de cumpleaños. A mí siempre me emocionaba ir a fiestas, y ésa no fue la

Así habló el Señor de los ejércitos, diciendo: "Juzgad juicio verdadero, y haced misericordia y piedad cada cual con su hermano".

ZACARÍAS 7: 9

excepción. Al llegar a casa les pedí permiso a mis padres para asistir, y me lo dieron. El fin de semana siguiente, mi papá me llevó a una tienda a buscar un regalo. Le insistí en que debía ser algo especial.

En aquellos tiempos, los regalos de otros niños en fiestas de cumpleaños eran modestos, como una cuerda para saltar o bolos de boliche. Aunque en mi familia éramos siete, vivíamos bien, pero no éramos extravagantes en el área de los regalos. Sólo los recibíamos dos veces al año, en navidad y nuestro cumpleaños, y por lo general eran algo que necesitábamos, no que quisiéramos. Lo que queríamos teníamos que ganárnoslo.

Dicho esto, cuando mi padre y yo fuimos de compras, vi un precioso juego de té de auténtica porcelana china. Y, cosa rara en mí, me prendé de él y supe que tenía que conseguirlo para Tessa. De alguna forma convencí a mi papá para que lo comprara. Hice una tarjeta, envolví el regalo y llegó el gran día.

Mi papá siguió las indicaciones de la invitación. La casa de Tessa estaba en el centro de la ciudad, no lejos de la escuela. Papá me dejó en la puerta. Me dijo que me divirtiera, y que me recogería hora y media después.

Toqué a la puerta, y cuando se abrió por encima del rostro sonriente de Tessa, aromas deliciosos de algo horneado me rodearon. Luego, al cruzar la puerta, me sorprendió la austera desnudez de la habitación. En nuestro vecindario imperaba la tendencia a alfombrar de pared a pared. El piso de la casa de Tessa era de madera, con apenas un tapete en medio de la sala. No había televisión, y muy pocos muebles. El único objeto decorativo era un crucifijo que colgaba de la pared. La gran mesa del comedor era de triplay y un par de caballetes. Pensé que el arreglo era bonito con lo que parecía un mantel de crochet hecho a mano.

Sólo estaban sus hermanos y sus padres. Al mirar alrededor, me di cuenta que era la primera en llegar. Tessa y yo platicamos y bromeamos un rato hasta que fue evidente que yo era la única que aceptó su invitación. Me asombró que no lo tomara a mal. Luego, todos nos sentamos a disfrutar de un festín de delicias caseras.

Había un ánimo ligero mientras expresábamos nuestros deseos de cumpleaños para Tessa, y mientras veía el único presente en la mesa, di gracias a Dios por haberme inspirado a hacer un buen regalo. Lágrimas de alegría brotaron de los ojos de Tessa cuando abrió su juego de té. Su familia se quedó boquiabierta.

—Gracias —dijo—. Nadie me había regalado nunca algo tan bonito.

En ese momento, también brotaron lágrimas de mis ojos, porque jamás había visto a alguien revestirse de algo tan bello como la gratitud.

Pero cuando regresamos a la escuela, Tessa conservó su gusto por la esquina del salón. Las demás seguían evitándola, y hasta la fecha sigo sin saber por qué.

THERESE GUY

28

Sólo escucha

Lancé un sonoro suspiro cuando vi que Paul, mi hijo de ocho años de edad, salía corriendo a perseguir al perro. Rezongando para mis adentros, imaginé a nuestro labrador negro de cuarenta kilos de peso atravesando el vecindario a toda velocidad, y asustando a viejitas y niños inocentes.

Revolví de nuevo la cena de mi hijo en la estufa, subí un poco la flama, con la idea de acelerar el proceso. Por enésima vez vi el reloj de la cocina y me di cuenta, igual que la última vez, que ya se me había hecho tarde. Sintiéndome más que un poco culpable, hice una mueca al imaginar a mi siempre puntal esposo esperando a que terminara de arreglarme… otra vez. Teníamos que llegar a una cena en menos de una hora, y yo seguía en bata, el pelo recién lavado envuelto en una toalla. Para tranquilizar mi conciencia, recordé que el teléfono sonó toda la tarde, lo cual definitivamente contribuyó a mi retraso. Tener en casa un negocio de velas era una excelente manera de ganar dinero extra, pero sin duda producía también conmoción extra en la temporada de fiestas, entonces en su apogeo.

> No todo el que me dice: "Señor, Señor", entrará en el reino de los cielos, mas el que hiciere la voluntad de mi Padre que está en los cielos.
>
> MATEO 7, 21

Si podía dejar a fuego lento esos tallarines, podría ponerles la tapa e irme a arreglar. Subí un poco más la flama. Justo entonces, Jerome, mi hijo mayor, recibía diez cajas de velas que el empleado de UPS se disponía a descargar en el piso de mi cocina. Suspiré otra vez sin recato y entorné los ojos, sabiendo que esas diez cajas tendrían que ser etiquetadas y marcadas antes de poder guardarse. "Tendré que hacerlo mañana", pensé. "Los clientes van a tener que esperar."

Así que para no avergonzarme ni conmocionar al empleado de UPS, huí de la cocina y me puse a buscar al perro desde la ventana de la recámara. Mientras escudriñaba con impaciencia el patio, una vocecita se coló en mi mente: "Llámale a Laura". Sacudiendo la cabeza, ignoré la idea, dejé de buscar y me puse a extender mi ropa en la cama.

"Llámale a Laura." Esta vez enfrenté la idea. "¿Laura? ¿Quién es Laura?".

La madre de Ryan, el niño nuevo del salón de Paul. Ellos habían jugado juntos una vez, pero en realidad yo había hablado muy poco con ella... sobre todo breves conversaciones amistosas al cruzarnos en el estacionamiento de la escuela. Mientras estiraba mis pantimedias, recordé por qué había dejado a Paul ir a casa de Laura después de que la conocí... había sido su sonrisa, y su rostro amable. Parece una ingenuidad, pero es verdad. Sólo supe que ella era una buena mujer, lo cual me hizo experimentar una profunda paz. Recordé que días antes conversé brevemente con Laura en el corredor de la escuela. "Tendremos que vernos alguna vez. Te llamaré", le dije; ambas teníamos prisa después de clases.

"Llámale a Laura", repitió la voz en mi cabeza. Di un tirón a mis pantimedias y juré llamarle pronto y fijar una fecha para comer o hacer algo divertido. "Llámale a Laura."

—Está bien, Señor, la llamaré después. ¡Ahora no tengo tiempo! —dije en voz alta.

Justo en ese momento, un intenso olor a salsa de espagueti quemada llegó a mi nariz.

—¡Oh, noooo! —exclamé, pensando que la guarnición de la hamburguesa estaba a punto de convertirse en hamburguesa flameada.

Corrí hasta la cocina, donde tropecé con el rimero de cajas. Tras bajar rápidamente la flama de la hornilla, desprendí los tallarines que se habían pegado en el fondo de la cacerola.

—¿Y ahora qué? —refunfuñé cuando Roy, mi hijo de dos años, me jaló de la bata.

—¿Me lees un libro, mamá?

Conseguí sonreírle a medias y contesté:

—¡Ahora no puedo, cariño! Mamá está muy ocupada en este momento.

"Llámale a Laura."

–¡Señor, por favor!… Le hablaré mañana… Te lo prometo.

Pero mientras estas palabras escapaban de mis labios, supe la verdad: Dios estaba tratando de decirme algo. Esta clase de mensajes internos ya me había ocurrido antes, y sabía que no debía ignorarlos.

Habiendo puesto la cena bajo control, acomodé a Roy sobre mi cadera y fui a buscar el teléfono inalámbrico. Cuando lo encontré, lo tomé indecisa. ¿Qué iba a decir? "Hey, Laura, soy Liz… ajá, la mamá de Paul. ¿Te acuerdas de mí? Bueno… acaba de suceder algo muy extraño… Dios me pidió que te llamara." Pensaría que estaba loca o algo así.

Suspiré y me puse a buscar el número, al tiempo que ponía un video de Barney para entretener a Roy. Después, mientras con una mano empezaba a aplicarme el maquillaje, con la otra marqué el número de Laura. Cuando oí que llamaba, me puse nerviosa, porque no sabía qué iba a decir. Quizá fuera mejor que colgara.

–¿Sí, hola?

La aplicación del maquillaje se detuvo y tragué saliva antes de decir:

–Hola, Laura. Soy Liz… la mamá de Paul. ¿Cómo estás?

No recuerdo qué contestó, porque me llevó un segundo darme cuenta que lloraba. Le pregunté la razón, y me explicó que su primer embarazo se había malogrado. (Había tenido la fortuna de poder adoptar a Ryan.) Peor aún, acababan de informarle que se había desarrollado un cáncer poco común en el útero, quizá mortal.

De repente, mi apuro me pareció una insignificancia. Dejó de importarme si llegábamos tarde a la cena o si alguien llamaba a la perrera municipal antes que pudiéramos encontrar al perro. Dejó de preocuparme que las velas tuvieran que estar guardadas antes que los clientes llegaran. Apreté el teléfono y cerré los ojos, rezando en silencio.

Cuando fue mi turno de responder a la dolorosa confidencia de Laura, dije:

–Siento mucho por lo que estás pasando, pero debes saber que ya puedes dejar de llorar, porque Dios se tomó el cuidado de insistir en que debía llamarte esta noche. Creo que él quiere que sepas que está presente y al control de tu situación. Le importas mucho, y no te abandonará.

Después le conté sobre el caos en medio del cual me había aventurado a llamarle. Reímos un poco, y luego hablamos en serio de la verdad… Era indudable que Dios la había puesto en mi corazón por un motivo. Yo lo sabía… pero era más importante que ella también lo supiera.

A partir de entonces nos hicimos buenas amigas, y compañeras de oración. Como la mayoría de la gente que lidia con una enfermedad o una crisis, Laura pasó por momentos difíciles, en los que sintió miedo.

A veces temía por ella. En esas ocasiones, recordábamos el día en que Dios había susurrado su nombre en mi corazón.

Por cierto… la cena quedó en su punto, el perro volvió solo y estuve lista minutos antes de que llegara mi esposo.

Y Laura ha sanado por completo.

ELIZABETH SCHMEIDLER

29

Nuestra temporada de fe

Aunque mi carrera en la banca era económicamente satisfactoria, ese trabajo nunca me agradó. Regulaciones obligatorios, fórmulas de calificación y rechazos de crédito parecían siempre demasiado fríos y, bueno… hasta calculadores. Entonces no es de sorprender que, apenas cuatro años después de haber aceptado ese empleo, haya empezado a ver con envidia la carrera docente que había elegido Julia, mi esposa. Aun así, cambiar de carrera a una edad avanzada era completamente imposible. Dejar un puesto seguro y regresar a la escuela implicaba más fe de la que yo tenía.

Pero Dios seguía hablándome mediante una extraña sensación de añoranza. Me descubrí observando a Julia sonriendo cuando calificaba trabajos hasta altas horas de la noche.

Una noche de invierno la encontré molesta por el mal desempeño de un alumno, que incluso empeoraba.

> Y no os conforméis a este siglo, mas reformaos por la renovación de vuestro entendimiento, para que experimentéis cuál sea la buena voluntad de Dios, agradable y perfecta.
>
> ROMANOS 12: 2

—Baxter empezó muy bien el año, pero su trabajo ha bajado muchísimo.

La noche siguiente, cuando llegué a casa, Julie me recibió en la entrada.

—¿Me llevas a casa de Baxter?

Acepté a regañadientes y comenzamos nuestro viaje. La casa de Baxter estaba al menos a treinta kilómetros de donde vivíamos, y fue difícil hallarla en la oscuridad. Dejamos la autopista y dimos tumbos en una calle vecinal hasta un angosto camino de terracería.

Ante nosotros se alzaba una vieja y desgastada camper, sin luz y apenas visible bajo la oscuridad invernal. En lo que podría llamarse el patio frontal, aunque en realidad era un claro en el bosque, cuatro niños en edad escolar recogían laboriosamente leña. Uno vaciaba queroseno en una linterna, y otro acariciaba a un perro sarnoso. Un niño gordo en overol corrió hacia el auto y saludó efusivamente a Julie.

—Mi mamá no está, señora Chapman, así que no puede entrar. Pero podemos recibirla aquí afuera.

Mi esposa platicó encantada durante diez minutos, y no hubo necesidad de que entrara. Había visto justo lo que había supuesto. En el silencioso viaje a casa se enjugó una lágrima.

—El aprovechamiento de Baxter era bueno a principios del otoño, cuando los días son más largos. Pero ahora, en la oscuridad, no ve lo suficiente para hacer su tarea.

Al volante, bajo la noche de Arkansas, supe que había descubierto lo que Dios me había llamado a hacer.

Al terminar ese mes, me despedí de mis amigos en el banco. Luego, Julie y yo batallamos dos años y medio para llegar al final del mes, mientras yo asistía a la universidad.

A la larga, nuestra perseverancia dio fruto, y me ofrecieron mi primer contrato como maestro. Al cabo de mi primer día, cargué orgullosamente la lista de mi nuevo grupo para que Julie la viera. Ahí, entre los nombres de mis alumnos de séptimo grado, estaba uno que ambos reconocimos: Baxter. Él había tenido la fuerza necesaria para persistir, y finalmente había llegado a la secundaria... casi igual que yo.

Baxter y yo nos hicimos amigos de inmediato. Él era un chico muy afable de sonrisa permanente, y aunque su capacidad era muy inferior a la de muchos de sus compañeros, siempre hacía su mejor esfuerzo.

Pero entonces sucedió algo extraño. La navidad estaba cerca, y yo encargué a mis alumnos escribir un ensayo: "¿Para mí que significa la navidad?".

La composición de Baxter me sorprendió. Con grandes letras de imprenta y un montón de errores, su trabajo desbordaba sinceridad.

¿Para mí que significa la navidad?

Unos sabios oyeron que un nuevo rey nacería en Belén y atravesaron el bosque buscándolo, y siguieron una estrella hasta llegar a un granero donde el bebé ya había nacido. Cuando lo vieron, supieron que era Jesús, y lo veneraron y adoraron, porque sabían que ese bebé recostado en un pesebre sería el rey de reyes.

Cuando hice una pausa, Baxter señaló rápidamente:
—Sigue a la vuelta.

Los sabios se asombraron por todo lo que habían visto esa noche y mientras regresaban a su casa hablaron de las cosas grandiosas que habían visto. A mitad de camino, uno de ellos volteó hacia los otros y dijo: "¿Hey, saben qué? Éste debe ser un día de fiesta". Y desde entonces lo es.

Baxter exhibió su simple y amigable sonrisa.
—¿Tú crees esto, Baxter? ¿Que Jesús es el Hijo de Dios y que fue enviado para salvarnos?
Baxter pareció incómodo, y pasó su peso de un pie a otro.
—No estoy seguro, señor Chapman. A veces voy a la iglesia, y eso es lo que dicen. ¿Cómo se puede saber algo así con toda seguridad?
—Debes tener fe en que es cierto, Bax —contesté, señalando mi pecho—. Y cuando tengas fe lo sabrás, porque la sentirás en el fondo de tu corazón.
Ese día, cuando Baxter se marchó, sentí un nuevo propósito en mi vida, del que no me había percatado hasta entonces. Y supe de corazón que estaba justo donde Dios quería que estuviera.
Seis semanas más tarde, poco después de las vacaciones de navidad, Baxter se acercó a mi escritorio. Esta vez llevaba un Nuevo Testamento, que abrió en una página visiblemente señalada, con un versículo subrayado: "Porque Dios amaba tanto al mundo que le dio a su único hijo, y quien crea en él no morirá, sino que tendrá vida eterna".
Murmuró emocionado:
—Me dieron esto en la iglesia, señor Chapman, el día en que fui salvado. Dicen que puedo quedármelo.
Aunque estreché su mano y palmeé su espalda, me fue imposible expresar la felicidad que sentí.

Ha pasado más de una década desde que Baxter entró a mi primer salón de clases. Como maestro ya experimentado, he aprendido que los alumnos quedan de pronto a nuestro cargo, comparten con nosotros una parte de su vida, y, gracias a ese tiempo compartido, alteran nuestra vida para siempre.

Hace dos años, me dolió recibir la noticia de que Baxter había muerto en un accidente automovilístico.

A veces, en la tranquilidad de una noche de principios de invierno, cuando conduzco por calles sinuosas, recuerdo cómo un muchacho llamado Baxter, gracias a su fe, halló la fuerza necesaria para cambiar una camper destartalada por una mansión en el cielo.

Y en lo más profundo de mi corazón, tengo la certeza, por mi propia fe, de que volveré a verlo algún día, sólo que esta vez será en compañía del rey de reyes.

¿Y sabes qué?

Un día así debería ser un día de fiesta.

HUGH CHAPMAN

30

El hombre detrás
del plan de juego

La noche del Sábado Santo, el resplandor de una fogata iluminó los rostros de quienes se habían reunido fuera del templo del beato Juan XXIII para el sacramento del bautismo. Sonny Lubick se frotó los ojos y vio que James Ward, su entrenador defensivo, se inclinaba sobre la fogata y encendía una vela. Sonny, junto con todos los demás padrinos, familiares y entusiastas, siguió a los candidatos, la luz de cuyas velas llevó la luz de Jesús hasta la oscura iglesia.

James Ward había observado a Sonny Lubick durante tres años, admirando siempre el compromiso con la fe, el carácter, los estudios y el futbol americano, en ese orden, del entrenador principal. Así que cuando decidió convertirse al catolicismo, le pidió a Sonny que fuera su padrino.

> La hermandad entre los hombres es parte integral del cristianismo, no menos que la paternidad de Dios.
>
> LYMAN ABBOTT

Sonny, el mejor entrenador de futbol americano en la historia de la Colorado State University (CSU), no pudo asistir a muchas de las sesiones nocturnas de instrucción de los candidatos, ya que coincidieron con el periodo más intenso de la temporada. Pero solía reunirse con James antes de la comida, momento en que compartía con él su fe y antecedentes.

–Supongo que soy un católico común y corriente –le dijo–. Me inculcaron la religión mis padres, mi abuela y las monjas.

Había crecido en un pequeño suburbio de Butte, Montana, que sostenía nueve escuelas primarias y doce iglesias católicas. Aun así, y dado que su padre era minero del cobre y su madre mesera, una educación católica parecía imposible en su caso. Sin embargo, su madre habló con los directivos de una de esas escuelas para que aceptaran a Sonny por 2.50 dólares al mes, en vez de la colegiatura mensual de cinco.

Más tarde, contra el deseo de su padre, Sonny escogió la pequeña preparatoria católica y no la pública, la cual tenía dos mil alumnos. De los ochenta graduados de su grupo, al menos diez se hicieron curas o hermanos. Muchos otros fueron médicos. "Los tontos nos volvimos entrenadores", decía en son de broma.

Como entrenador de futbol americano, a Sonny no le era fácil asistir a misa, aunque en diez años sólo faltó una vez.

En sus quince años como entrenador de la CSU, durante la temporada, se reunía todos los lunes a las siete de la mañana con el capellán del equipo así lloviera, tronara o relampagueara. Hablaban de los problemas, y luego oraban juntos.

Los miércoles en la mañana, a las siete, Sonny, el capellán y seis o siete de sus quince entrenadores se reunían a estudiar la Biblia. Estos últimos se turnaban para ofrecer su casa la noche de los jueves para celebrar ceremonias religiosas ecuménicas. Por lo general, en ellas participaban entre veinte y treinta jugadores, de un total de sesenta. Las esposas de los entrenadores llevaban galletas u otros bocadillos.

Otra ceremonia, celebrada antes de abordar el autobús el día de juego, atraía a muchos más jugadores.

–Entre más importante era el partido, más jugadores llegaban a orar –refirió Sonny–. Supongo que creían que podían resolver por sí solos los partidos poco importantes. Pero –insistió–, nunca pedimos ganar. Pedíamos protección… que nadie saliera lastimado.

Esas ceremonias eran el "pegamento que mantenía unido al equipo, ganáramos o perdiéramos", dijo. La actitud de los asistentes se contagiaba a los jugadores que no participaban.

Los domingos eran de arduo trabajo tanto para el equipo como para los entrenadores. Sonny ajustaba los horarios para que coincidieran con las ceremonias. Si un jugador no llegaba a entrenar a tiempo a causa de algo de la iglesia, no había consecuencias.

Sonny concentraba su habilidad en obtener lo mejor de cada jugador. El talento era importante, pero también el carácter. Entre un atleta con carácter y otro con talento, prefería al de carácter. Enseñaba a su equipo a jugar, pero también hacía énfasis en sus estudios. Rara vez perdía a un jugador debido a malas calificaciones, y eso era sin los asistentes académicos que hoy emplea la mayoría de las universidades.

Sonny visitaba la casa de cada jugador, a quien solía recordarle:

–Prometí a tus padres que cuidaría de ti, así que quiero evitar problemas antes de que ocurran. Y no puedo hacerlo si tengo que monitorear el consumo de drogas o pagar una fianza para sacar a un jugador de la cárcel.

–Cuando yo sea el entrenador principal –le dijo James Ward–, espero mostrar la misma fe, compasión y amor por mis semejantes, jugadores y entrenadores que tú, Sonny.

La vigilia de Pascua del Sábado Santo procedió, y, con ojos húmedos, Sonny vio a cada uno de los miembros de la comunidad encender una vela. Luego se unió a James al frente de la asamblea. Entre el olor a incienso y el suave fulgor de las velas, colgó una cruz del cuello de James. Puso una mano en su hombro mientras el sacerdote lo ungía con aceite.

Sonny Lubick había dirigido muchos equipos, ganado y perdido campeonatos, conferencias y guerras fronterizas. Se le habían rendido honores como entrenador y padre del año.

Pero el mayor honor que había recibido, dijo, fue participar en el plan de juego que condujo a su amigo y coentrenador a la fe católica.

LINDA L. OSMUNDSON

31

¡Abandona el barco!

Abrí mi Biblia en el pasaje que buscaba: "Y andando Jesús junto a la mar de Galilea [...] vio otros dos hermanos, Santiago, hijo de Zebedeo, y Juan su hermano, en el barco con Zebedeo, su padre, que remendaban sus redes, y los llamó. Y ellos, dejando luego el barco y a su padre, lo siguieron" (Mateo 4: 18-22).

Ojalá yo pudiera ser tan resuelto como Jacobo y Juan. "Dejando luego el barco y a su padre, lo siguieron." Ojalá pudiera ser tan seguro como ellos... "Dejando luego el barco...".

Una vez saqué la pierna de mi bote, pero lo primero que pensé fue si me hundiría o no.

Mi decisión de responder al llamado de Dios y hacerme diácono no fue un triunfo glorioso en mi vida, sino un intento torpe y desesperado de hallar tierra firme antes de saltar y nadar a la playa. Quería respuestas. Quería una definición concreta de cuál sería mi papel como diácono.

> Díceles Jesús: "Mi comida es que haga la voluntad del que me envió, y que acabe su obra".
>
> JUAN 4: 34

Tras cuatro años de formación en el diaconado y cursos paralelos de maestría en estudios católicos en la University of Saint Thomas, en Saint Paul, no pude hallar la definición concreta que tan desesperadamente buscaba.

Escribí mi carta de renuncia al programa.

Antes de ponerla en el correo, hice una cita para comer con el diácono Riordan, director del clero de la diócesis, para explicarle mi frustración. Luego de más de treinta años como orador profesional y estratega de negocios ayudando a ejecutivos de grandes compañías a definir su futuro, me parecía incongruente dar este paso sin saber exactamente adónde me llevarían los días próximos. Nunca había entrado a un curso, ni hablado en público sin saber con precisión qué hacía. Esta ignorancia sobre dónde estaba y lo que haría como diácono era demasiado perturbadora.

¿Qué quería Dios que hiciera en cuanto estuviese fuera del barco?

Pero ahí me tienen, en la mesa con el diácono Riordan, dispuesto a rendirme tras cuatro largos años de estudio y compromiso.

Le solté mi inseguridad, mi necesidad de definir el papel que Cristo tenía para mí después de la ordenación, mi necesidad de una definición concreta. El diácono Riordan escuchó todo con respeto, me animó con preguntas y luego hizo una larga pausa.

—Thom —me dijo al fin–, la cuestión no es tener una definición concreta sobre lo que Cristo quiere que hagas o seas. Es una cuestión de confianza. Tu confianza en él, tu confianza en que has sido llamado, tu confianza en su designio para tu vida –se limpió el mentón con la servilleta–. Piensa en eso y llámame en un par de semanas, para decirme qué decidiste.

Nos levantamos de la mesa sin decir nada más.

No fue coincidencia que mi colega oradora y amiga en Cristo, Naomi, me llamara entonces. Por alguna razón, ella siempre sabía cuándo necesitaba aliento y apoyo. Aunque proveníamos de confesiones diferentes, compartíamos la misma comunidad de fe. Compañeros de profesión, pero discípulos unidos por nuestro salvador, nos animamos y retamos muchas veces uno a otro a lo largo de los años. En repetidas ocasiones, ella me había desafiado:

—Thom, ¿qué vas a hacer con tu fe?

Vertí ante ella mi corazón, mi confusión y mi alma. Ella me escuchó con la compasión de siempre.

—Thom —comenzó–, Jesús dijo: "Síganme, y yo los haré pescadores de hombres". Así que se supone que debemos seguirlo, y él hará lo demás, darnos fuerza. ¡Así lo hizo, en verdad! También con Pedro, el pescador. ¿Recuerdas que Pedro estaba molesto por haber estado pescando toda la noche sin atrapar una sola presa? Entonces se encontró con Jesús, el maestro pescador, y ocurrió el milagro… ¡las lanchas casi se hunden por la pródiga bendición de Dios!

Comencé a entender lo que Naomi quería decirme.

Ella concluyó:

—Cuando Jesús llamó a Jacobo y a Juan, y ellos dejaron su barco, no tenían idea de qué les esperaba, pero lo siguieron de todas formas… Confiaron en el plan que Jesús tenía para ellos.

Ella estaba en lo cierto. El diácono Riordan también. Todo estaba en confiar en nuestro Señor. Desde siempre supe que él me llamaba a servir en su Iglesia. ¿Por qué exigía saber los detalles en vez de confiar sencillamente en él?

Confiando en que él haría de mí lo que yo debía ser para él, reanudé mis estudios, y fui ordenado el 29 de septiembre de 2006.

Pero ése fue sólo el principio de la siguiente fase de formación.

Curiosamente, fui asignado a una parroquia muy distinta de la que esperaba. Éste fue un gran regalo para mí, porque me condujo a una nueva etapa de formación, el largo camino con Cristo. Porque pronto llegaría otra asignación… junto con noches sin dormir en oración, y los esfuerzos y exigencias de una confianza aún mayor y una fe más profunda. Me asignaron a una iglesia en el centro de Minneapolis. Sólo entonces empecé a percatarme de cómo me atraía Dios a los dones que él me daba, en vez de hacerlo hacia las habilidades que yo había desarrollado en mi práctica durante todos esos años. Dios reunió todas las experiencias de mi vida, mientras yo exploraba la Escritura con los desamparados, los triunfadores, los trabajadores y los ejecutivos. Mi maravillosa comunidad es servir como Cristo, en el centro de la ciudad, a todo el pueblo de Dios: los perdidos y los encontrados.

Dios tiene un propósito para mí… y para todos nosotros… en su plan. Cuando al fin confié en él y dejé de intentar hacer un plan por mí mismo, resultó que el suyo era mucho más grande de lo que yo habría podido imaginar.

Así que abandoné el barco al instante.

REVERENDO THOMAS J. WINNINGER

32

Lazado por el rosario

David Twellman, pastor de cuarenta y tantos años de edad, dirigía una floreciente iglesia metodista a las afueras de Dallas. Contaba con dos maestrías, una estadía en la marina, un doctorado en ministerio y, finalmente, un matrimonio y un par de hijos. Bien informado y devoto, de ingenio seco y temperamento estudioso, estaba muy bien instruido en la Biblia, y pasaba largas horas concentrado en el estudio y preparación de sus sermones dominicales.

A mediados de la década de 1990, el doctor Twellman se hallaba en la cima de su carrera, ocupado en predicar, enseñar, aconsejar y ser todo para todos. Para ser "todo" para su grupo juvenil, se las vio negras, teniendo que cumplir una promesa de asistencia récord. Acudía a un sinfín de reuniones y degustaba todos los platillos imaginables. Su comunidad lo adoraba, y él a ella. Muy respetado entre los líderes de su credo, ascendía rápido en las filas de la Iglesia.

> Y sabemos que a los que a Dios aman, todas las cosas les ayudan a bien, a los que conforme al propósito son llamados.
>
> ROMANOS 8: 28

Su vida era grata, salvo por un pequeño problema… que comenzaba a sospechar que era católico.

Era una idea inquietante para un hombre que había pasado gran parte de su vida en la "zona bíblica" estadunidense y escuchado su parte de retórica anticatólica. Creía estar al tanto de todas las razones para rechazar la doctrina católica: los reclamos de la "verdadera presencia", la autoridad papal y la curiosa devoción a la Virgen María eran apenas algunas de ellas. Pero descubrió que entre más se empeñaba en no pensar en el catolicismo, más lo hacía. Al paso del tiempo, el pastor Twellman se vio husmeando, de modo culpable, en libros católicos, y –en ocasiones sorpresivas– hasta defendiendo posturas católicas en discusiones teológicas. Teóricamente, por supuesto. No tenía nada de malo hacerla de abogado del diablo, ¿verdad? Aun así, se preguntaba qué ocurría. ¿Por qué la inquietud? ¿Por qué esa lucha mental por cuestiones relativas a la verdad? ¿De dónde salía esa creciente atracción por todo lo católico? ¿Sería que Dios quería decirle algo?

Un anochecer, salió de trabajar y siguió su ruta habitual a casa, que pasaba junto a una iglesia católica. Pero esa noche, en vez de pasar de largo, se sintió atraído como un imán por ese templo; su auto pareció llegar solo al estacionamiento. Era la hora del crepúsculo cuando el pastor Twellman se acercó a la iglesia y, pese a la hora, la encontró abierta. Tiró de la pesada puerta y entró a un lugar sereno y fragante. Cerca del altar, vio la lámpara sagrada arder junto al tabernáculo. Sintiéndose jalado por éste, cayó de rodillas al instante. El tiempo se detuvo. Sólo Dios y David Twellman saben qué fue exactamente lo que pasó ese día en la quietud del corazón de este hombre, pero fue algo profundo, real e inolvidable. Él sabía todo acerca de la enseñanza católica de la presencia real de Jesucristo en el sagrado sacramento, pero en ese momento lo experimentó. Se supo en presencia de Dios.

Ignoraba cuánto tiempo había transcurrido, pero cuando por fin se puso de pie, se dirigió a la casa parroquial, en la puerta de a lado, y tocó. Abrió un anciano sacerdote. Era obvio que preparaba su cena. David se presentó, y confesó apenado:

–Creo que debo ser católico.

El bondadoso sacerdote buscó entonces en su bolsa y apretó un rosario en la mano de su visitante.

–Reza el rosario –le instruyó–. La Virgen María te guiará hasta su hijo.

El pastor se fue y subió a su auto. "Esto ha de ser algo católico", pensó mientras contemplaba las cuentas negras. Aun así, camino a casa se detuvo en una tienda de artículos católicos y compró un manual para rezar el rosario. Éste pronto comenzó a ser parte de su vida diaria de oración. Él se enteró de que el Ave María es una oración con profundas raíces bíblicas. Que rezar el rosario es sumergirse en una profunda meditación sobre la vida de Cristo. Rezaba y rezaba. Y entre tanto, sucedió algo casi milagroso: el rosario se volvió un lazo que lo prendió y tiró de él en dirección al corazón de Cristo… y a la Iglesia católica.

A esto le siguió una conversación con un teólogo católico, y pronto el pastor Twellman[1] se sentaba en un aula para ser introducido en la eclesiología, el estudio de los orígenes, significado y estructuras de la Iglesia católica. Así las cosas ocupaban el lugar que les correspondía. A partir de entonces, David siguió aprendiendo más sobre su nueva fe, y en 1999, una gloriosa mañana de domingo, el expastor protestante declaró: "¡Por fin voy a dejar de protestar!".

Entró a la Iglesia católica y recibió a Nuestro Señor en la sagrada comunión por primera vez. Miraba la cercana imagen de la Madre bienaventurada, que le recordó que se encontraba en casa. El rosario, siempre en su bolsa, había hecho justo lo que el anciano sacerdote anunció.

La Virgen llevó otra alma hasta su hijo.

EILEEN LOVE

---

[1] *Nota del editor*: Hoy el doctor Twellman es un católico fiel, profesor de estudios bíblicos en el Institute for Pastoral Theology de la Ave Maria University. Su esposa e hijos también se convirtieron.

33

El corsage de orquídea de mamá

Canon City, Colorado, se jacta de tener una población católica tan grande que varios nichos del edificio del antiguo banco de Main Street dan cabida a estatuas religiosas. Una de ellas es de la Virgen María. Hace años, sucedió algo muy especial en relación con esa estatua.

Todo empezó porque, como hija de un padre enfermo y una madre que había trabajado como sirvienta para sostenernos, yo siempre había soñado con comprarle a mamá el hermoso *corsage* con una orquídea que ella merecía para el Día de las madres. Pero tuve que esperar a crecer y hacerme enfermera para poder comprarle siquiera unos claveles.

Pero fue hasta que crecí y me hice enfermera cuando pude comprarle, por el momento, algunos claveles.

Para el Día de las madres, luego de mi primer ascenso, yo vivía en Arizona, y le compré a mamá el *corsage* de mis sueños de infancia... una enorme orquídea del género *corsage* cuyos aterciopelados pétalos rosa púrpura descendían como una fuente sobre una malla blanca y un listón lila. De acuerdo; era un poco recargado para una mujer menuda como mamá, pero entonces no pensé en eso. Sólo pensaba en que ella lo recibiría en su pequeño departamento que daba a Main Street, y en la dicha que le causaría verlo.

Sólo que mamá no se escuchó dichosa sino consternada. Me dijo que era el *corsage* más bello que hubiera visto, y me dio las gracias; pero supe que algo no andaba bien. Cuando se lo pregunté, no pude oír su respuesta, por culpa de un molesto ruido en su línea telefónica. Mamá me explicó que tenía que ir a cerrar la puerta de las escaleras del pasillo. Cuando regresó, dijo:

—Es Jack, mi vecino, tirando al basurero sus botellas de licor ya vacías —y suspiró—. Ese viejo vaquero se ha convertido en un borracho desde que murió su esposa y él se mudó a la ciudad. Es espantoso, y nadie puede hacer nada. Lo hemos intentado todo.

Cuando volví a llamar su atención sobre el *corsage*, su voz parecía tensa.

—No debiste hacerlo, de veras —dijo—. Es demasiado bonito y elegante para que se lo ponga una burra vieja y gorda como yo. No me voy a sentir bien con él.

Me dolió tanto oír eso que tuve que hacer un esfuerzo para no llorar.

—¡Mamá! —interrumpí—. ¡Eres una persona tan maravillosa como esa orquídea! Por eso siempre quise que tuvieras una. Prométeme que te pondrás mañana el *corsage* de mis sueños, porque eres la mamá más fabulosa de todo el mundo.

Se hizo un largo silencio.

—¿Mamá?

—Está bien, cariño —consintió al fin—. Te lo prometo. Te agradezco el detalle, querida, y que me quieras tanto me hace sentir muy bien.

Después de que colgamos, se me ocurrió que ese sueño infantil sobre mi mamá era más en mi beneficio que en el suyo. Me avergoncé de estarla obligando a cumplir mi sueño de niña. Volví a llamarle para decirle que no se pusiera el *corsage*, pero ya no estaba en casa.

Tampoco pude localizarla antes de la misa del día siguiente. Ella me llamó después de comer. Su voz era desbordante:

—¡Cariño —dijo—, esa orquídea es tan hermosa que resulta celestial! ¡Gracias!

—¿Entonces sí te la pusiste y te gustó? —se hizo un largo silencio—. ¿Mamá?

—La verdad, Jeanne… no me la puse. Pero antes de que te enojes, déjame decirte que cumplí mi promesa. ¡Esa orquídea la trae puesta la mamá más fabulosa del mundo!… ¡La Madre de Nuestro Señor! ¿Recuerdas la estatua de la Virgen en el nicho al otro lado de la calle? Bueno, fui allá en la madrugada y pegué la orquídea en el hombro de la Virgen. Puedo verla desde aquí, y ése es su verdadero sitio. Para serte franca, intenté ponérmela anoche… pero mi hombro es muy pequeño para ella, cariño. ¡No sabes la alegría que me da que esa orquídea luzca en el hombro de Nuestra Santa Madre!

—¡Sí, claro! —alcancé a decir.

Ninguna de las dos volvió a hablar del asunto durante las conversaciones telefónicas de los meses siguientes entre Colorado y Arizona. Mamá siempre rebosaba noticias, como la de que su vecino Jack se mantenía sobrio. Ambas nos preguntamos qué lo había hecho cambiar.

En agosto, cuando visité Canon City, Jack bajaba su basura un día en que mamá y yo subíamos nuestras compras de la despensa. Mientras él se quitaba su raído sombrero vaquero, nos detuvimos en las escaleras a conversar. Su rostro enrojeció un poco cuando dijo:

—Ya olvidé esos días, ahora ya no tengo que esconder mi basura bajo la escalera. No tengo que ocultar esas ruidosas botellas.

Mamá dijo que eso era maravilloso, y Jack repuso:

—¡Claro que lo es, señora Murray! ¿Jamás le conté de la señal que me hizo dejar de beber?

—¿Cómo? No, no lo hizo —respondió mamá—. ¿Qué pasó?

—Fue esta primavera… el Día de las madres. Ahora sé que parece completamente absurdo, señora Murray, pero le juro que yo lo vi. ¡La estatua de la Virgen, al otro lado de la calle, tenía puesto un inmenso *corsage* con una orquídea el Día de las madres! Supe que eso era una señal para que dejara de beber, y no tomo una gota desde entonces —sonrió avergonzado—. ¿Cree que estoy loco?

Mamá, quien al igual que yo, había mantenido hasta ese instante un boquiabierto silencio y seguía cargando la bolsa de la despensa, cobró vida.

—Sé que no está loco, Jack —contestó ella—, y debe estar en lo cierto de que fue una señal, porque veo un milagroso cambio en usted.

Él sonrió satisfecho al pasar a nuestro lado escaleras abajo.

Tanto mamá como Jack han muerto. Pero ese *corsage* con la orquídea siempre trae a mi mente un hermoso recuerdo… El de una madre que aceptó dignamente un regalo, que en realidad no quería, y lo convirtió en un milagro.

JEANNE HILL

34

Lo que el miedo se llevó

"Si Dios te da un don, debes de compartirlo con los demás. ¡Nunca permitas que el miedo te impida compartir un don de Dios!"

¿Qué? Regresé de golpe a la realidad, mientras oía al padre Greg pronunciar el resto de su homilía. Madre de tres hijos en edad escolar, en misa yo caía a menudo en un estado de ensueño tan pronto como oía las palabras "Siéntense, por favor."

Ya estaba alerta cuando el padre proclamó: "Quiero repetirlo para que todos lo entiendan: si Dios te da un don, debes aprovecharlo al máximo. ¡Jamás permitas que el miedo se interponga en el camino de aceptar un don de Dios y compartirlo con los demás!".

> Entonces dijo Sara: "Dios me ha hecho reír, y cualquiera que lo oyere, se reirá conmigo".
>
> GÉNESIS 21: 6

Supe que ése era un medio que Dios utilizaba para dirigirse a mí, pero ¿cómo sabía él que me seguía escondiendo? Había dejado el campo de la comedia hacía más de un año. No pude soportar el pánico escénico. Pensé que podría camuflarme junto a las demás mamás de jugadores de futbol y fingir que nada había sucedido. Estaba en negación de que aquélla era una de las grandes alegrías de mi vida. Diecisiete años de funciones en todo el país habían estado llenos de aventuras y buenos momentos, pero dejé que el miedo me venciera. Así que dejé el asunto. Me había escondido y guardaba silencio. Pero ese día en la iglesia Dios me atrapó y me hizo volver a la realidad, ¡y vaya que habló fuerte!

"¡Nunca permitas que el miedo se interponga en el camino de aceptar un don de Dios y compartirlo con los demás!"

Dios me estaba hablando sobre mi don para hacer reír. Encuentro humor en todo. El humor es mi forma de lidiar con el sufrimiento y la pena que imperan en nuestro mundo actual, así como con la tensión que implica formar una familia. Humor = dolor + tiempo. Conozco bien la fórmula. Si le damos una oportunidad el humor nos rodea por todas partes. En mi clase de oratoria del colegio, compartía mis percepciones de la vida siempre que podía. Mis compañeros de la Woodlands Academy of the Sacred Heart me nombraron la "Payasa del Salón" en nuestro anuario. Lo tomé como un honor, porque entonces era muy tímida y callada.

En la universidad mantuve a raya mis sueños. Mi padre me advirtió que seguir la carrera de teatro me dificultaría encontrar un trabajo "real". Fue hasta que me gradué y descubrí la improvisación en un curso de capacitación de la Second City de Chicago, cuando supe que había hallado mi verdadero destino. Era emocionante estar rodeada por otros espíritus creativos a los que les gustaba encontrar lo gracioso en la vida diaria. Asistí a clases y me convertí en actriz cómica. Dos años después acepté otro reto: actuar sola. Me dirigí al Zanies Comedy Club y me subí sola al escenario por primera vez. Estaba aterrada, pero me sentía como en casa. En secreto, me sentía consumida por el pánico escénico. Era algo paralizante.

Diecisiete años de funciones no acabaron con mis nervios. Como sabía cómo conducirme, nadie sospechaba de mis inseguridades. La noche en que filmé mi segmento de Showtime's Comedy Club Network en Zanies, en Chicago, me sentí agobiada. Había bajado tanto de peso en los últimos seis meses que me veía demacrada. Estudiaba mi imagen en el espejo. "Ésta no puede ser una manera sana de vivir", pensaba. "¿Por qué me estoy haciendo esto?" Y la respuesta era siempre la misma: "Esto es lo que me hace vibrar". Dentro de mi cuestionamiento, tenía una visión de la actriz que podía ser.

La grabación de Showtime marchó bien, pero tuvo un costo. Estaba emocionalmente agotada y seguía bajando de peso. Me harté y me di por vencida en la pelea. Dejé que el miedo ganara. Renuncié. Me oculté de mis sueños.

Nadie comprendía por qué había huido de algo que me gustaba tanto. Nadie lo entendió. Pero ese día Dios me encontró escondida en su iglesia. Tenía influencia en el padre Greg y la usó. La seriedad de este mensaje era innegable. Supe que era mejor escucharlo.

Comencé a pedirle a Dios que disipara mi miedo. Le pedí valor para reencontrarme con la actuación. Y, por increíble que parezca, mi temor fue aminorando poco a poco. Finalmente, reuní valor para volver al escenario. Sin embargo, esta vez trataría otros temas. Haría bromas sobre la locura de formar una familia. Hablar de mis hijos me confortaría.

Una noche de sábado, estaba a punto de salir al escenario en la St. Mary's Parish de Buffalo Grove, Illinois. Me moría de ganas de que comenzara el espectáculo. Me sentía feliz de saber que el ánimo en la sala estaba por subir, subir y subir. Noté que la señora que había programado mi aparición estaba muy inquieta mientras cuidaba los detalles… gafetes, anuncios, llegadas de última hora. Era la primera vez que programaba una función cómica para un evento de la parroquia. ¿El público lo aprobaría? ¿Alguien se sentiría ofendido? ¿Yo era graciosa?

No pude evitar sonreír al pensar que estaba en ese sitio para hacer el bien. Esos buenos parroquianos reirían, cantarían y relatarían sus historias personales antes que terminara esa noche.

En cuanto empezó a sonar la música introductoria, la sala se llenó de energía. Subí bailando al escenario. Tome un bote con ropa lavada y me mezclé entre el público repartiendo camisas, suéteres y pantalones, y pidiendo a mis nuevos amigos que me ayudaran a doblarlos.

—¡Estamos juntos en esto! —grité.

Una mamá embarazada alzó una blusa muy bien doblada y proclamó:

—A estas alturas, yo ya debería ser muy buena para esto.

¡La fiesta estaba comenzando apenas!

Una vez que enfrenté mis temores, encontré realización en el hecho de compartir el don que Dios me había dado para la comedia y la risa. Había descubierto mi lugar, y mi nerviosismo era ya sólo un recuerdo.

Mi espectáculo en St. Mary's llegó a su fin por todo lo alto. Supe que estaba viviendo mi sueño, y me sentí agradecida por eso. Una señora de edad se me acercó mientras yo cruzaba la sala y me tendió una de sus frágiles manos. Sus ojos estaban llenos de lágrimas, aunque sonreía como una niña de regreso de una fiesta de cumpleaños.

—Desde que mi esposo falleció, me he aislado, y no salgo mucho. Esta noche sentí el impulso de darme una oportunidad. Me da mucho gusto haber venido a su espectáculo. Muchas gracias; ¡nunca había reído tanto en años!

Con estas palabras, me sentí colmada. Di gracias al cielo por el valor para "no dejar nunca que el miedo se interponga en el camino de aceptar un don de Dios y compartirlo con los demás".

SALLY EDWARDS

Caldo de Pollo para el Alma

5

CAPÍTULO

Milagros

Sólo hay dos maneras de vivir:
una, como si nada fuera un milagro;
la otra, como que todo lo es.

ALBERT EINSTEIN

35

El milagro de Medjugorje

A lo largo de mis noventa años de vida, siempre he sido muy devota de la Virgen María. No creía que la Virgen fuera capaz de responder a mis plegarias, pero sí de interceder por mí ante su hijo, Jesús. Y mientras me hacía cargo de ocho hijos, ¡necesitaba toda la intercesión que pudiera conseguir! Acudía a ella con frecuencia, de madre a madre. Una imagen de la Santísima Virgen ocupaba un lugar destacado en la alacena, adornada con flores frescas, sobre todo en mayo.

Sabía que la Virgen se les había aparecido a unos jóvenes en Lourdes, Francia, y a niños en México. Luego, en la década de 1980 leí nuevas historias de la aparición de la Virgen a jóvenes en Medjugorje, Bosnia. Intrigada por

> Los milagros —ya sea proféticos o de otro tipo— siempre ocurren en asociación con un mensaje celestial, y Dios los estima como un sello o endoso del mensajero y su palabra.
>
> ALOYSIUS MCDONOUGH

ese milagro moderno, compré libros sobre el tema, me suscribí a *Medjugorje Magazine*, asistí a seminarios sobre el asunto… y compré un boleto para Bosnia.

A los ochenta años de edad, con problemas de espalda y una leve afección cardiaca, no sabía si podría subir la montaña, sólo sabía que debía ir… estar ahí… para ver dónde se había aparecido la Virgen.

No iba con la idea de ver un milagro, aunque muchos lo han hecho. Abundan los relatos de curaciones y conversiones milagrosas.

Mi tour llegó a Medjugorje ya tarde una húmeda noche de noviembre. A la mañana siguiente supimos que nuestro viaje se había aplazado, debido a la lluvia y las pendientes resbalosas. Un joven que ya había estado ahí en dos ocasiones dijo que no podía esperar más... e inició el ascenso por el largo camino montañoso.

Entonces dije:

—Yo también.

Así, con más determinación que fuerza, emprendí la subida. Me sorprendió que el sendero fuera de piedras afiladas. Paso a paso, escalé lentamente, rebasando a una mujer aún mayor que yo arrodillada en fervorosa meditación... y también a media docena de niños pendencieros que corrían y gritaban con alegría. Ellos me rebasaron después, aunque más adelante me los volví a encontrar, rezando tranquilamente de rodillas.

En menos de dos horas llegué a la cima de la montaña, sin aliento, sorprendida y reverente justo al lugar donde se apareció la Virgen. Me arrodillé bajo la llovizna e hice lo que siempre hago... orar por sus hijos.

La bajada fue más difícil que la subida. Cada paso en las escarpadas piedras me desgarraba, en mi intento por hallar un suelo firme. La lluvia arreció mientras atravesábamos las desconocidas calles de la ciudad. Regresé con mi tour empapada, pero maravillada no sólo de haber escalado, sino también de haberlo hecho sin mis dolores de costumbre. "Quizá éste fue el milagro", reflexioné.

El día siguiente fue como cualquier otro en la Bosnia destrozada por la guerra, pero era día de Acción de Gracias en Estados Unidos... y nuestra guía había planeado celebrarlo en Medjugorje. En cada uno de sus viajes, el personal compraba y repartía alimentos y provisiones entre los más necesitados en la comunidad. La docena de miembros de nuestro grupo ofreció contribuir a ese fondo y ayudar con las entregas.

Nuestro enorme autobús se detuvo en la tienda, y el pedido de bolsas de bienes fue cargado atrás. Contamos con cuidado veinticuatro grandes bolsas, como las de la basura. La iglesia y el gobierno locales habían hecho una lista de las veinticuatro familias más necesitadas, y el autobús se encaminó a compartir el día de Acción de Gracias con ellas.

La primera parada fue una casucha casi completamente destechada. Mis nuevos amigos y yo pasamos junto a deteriorados muebles puestos en el patio y entramos a la habitación única que compartía una familia de cuatro. Riendo, sonriendo y llorando, la anciana pareja aceptó los alimentos y abastos. Dos muchachos con ropa raída, pero limpia dieron las gracias mientras su hermanito se prendía de la pierna de la abuela, quejándose y gimoteando. Los padres habían sido torturados y asesinados por el enemigo, nos explicó nuestra guía. Aun así, la familia nos despidió jubilosa nos abrazó, y nos dirigimos a la parada siguiente.

El chofer parecía haber memorizado la ruta y las escalas de tantos viajes anteriores. En la siguiente casa desvencijada, una arrugada mujer cubierta con una pañoleta nos saludó agitando la mano desde su maltrecho portal. Cuando el grupo entró, ella tomó entre sus manos la cara de cada uno de nosotros y nos besó, agradeciéndonos en su lengua nativa. Nosotros nos apretamos en uno de los dos cuartos que quedaban de pie en esa casa, que alguna vez había tenido tres recámaras. Ella rezó ahí, aunque no para sí misma, sino por nosotros, sus visitantes.

Luego el conductor se detuvo en una casa en ruinas al fondo de un callejón, y antes de que nuestra guía terminara de decir: "Ellos no están en nuestra lista esta vez", un hombre y dos chicos corrieron hacia el camión, batiendo palmas de alegría. A instancias de nuestra guía, el autobús se alejó, dejándolos con apariencia de desconcierto y rechazo.

—¿Acaso no podríamos dejarles un poco de comida? —reclamé cortésmente mientras veía a aquella familia despedirse con tristeza.

—Sólo tenemos veinticuatro bolsas —explicó la guía, la garganta cerrada de pesar—. Otras familias esperan lo que llevamos. Lo prometimos.

Todos quedamos acongojados hasta que el chofer paró en otro hogar deshecho por la guerra. Ahí, una pareja que parecía mayor que yo cuidaba de dos hijos adultos, quienes padecían una devastadora enfermedad muscular. Sin embargo, su fe y alegría superaron a las nuestras mientras apiñaban al grupo en su diminuta cocina para orar… y compartir los alimentos que la anciana nos había preparado.

Así continuó el día, casa tras casa, familia por familia, todas ellas físicamente arruinadas pero espiritualmente ricas.

—¡Veinticuatro! —dijo la guía al marcar el último nombre de la lista después de la última parada.

—No, veintitrés —corrigió alguien—. Queda una bolsa.

Aturdido, el grupo se volvió hacia la parte trasera del autobús, donde, efectivamente, quedaba una bolsa de comida.

—Todos contamos tres veces las bolsas y a las personas en la lista —dijo uno de nuestros compañeros.

—No había ningún error —añadió la guía, quien agregó radiante—: ¿Acaso hay panes y pescados en esa bolsa?

Todos nos quedamos viendo confundidos, después sobrecogidos y, finalmente, exultantes, gritamos a coro:

–¡Vamos!

Entonces el autobús regresó a la ruinosa casa al final del callejón, y el hombre y los chicos salieron corriendo, como si nos esperaran.

Berniece Duello

36

El rosario blanco

Mi padre murió un día de "sagradas expectativas", el primer día de Adviento, fecha en la que habría asistido a la iglesia para prepararse para la llegada de Cristo. Papá iba a misa todos los domingos y días de guardar, obedecía los diez mandamientos y siempre llevó una vida modesta y honrada. Antes de morir, recibió el sacramento de la unción de los enfermos, y fue entonces cuando confió al sacerdote su preocupación por su hija "descarriada": yo.

Lo velamos en la funeraria el día de la Inmaculada Concepción. En una sala íntima, cálidamente iluminada, una docena de familiares nos reunimos en torno al ataúd abierto de mi padre, vestido con traje gris,

> Todo creyente
> es un milagro de Dios.
>
> GAMALIEL BAILEY

camisa blanca y corbata color vino. El rosario de madera que yo le había dado cuando mamá murió entrelazaba sus manos unidas.

Mi prima Gayle, de Dakota del Norte –la católica "devota" le decían todos–, llegó preparada para dirigir el rosario. Nos ofreció dos rosarios extra, uno blanco y el otro café, que puso en la mesa frente a nosotros.

—Cuando terminemos –explicó–, meteré el rosario blanco en la bolsa de tu padre. Así, cuando él vuelva a ti… y confío en que esto ocurrirá… sabrás que tu papá está en el cielo.

Durante mucho tiempo no había sostenido un rosario católico, pero bajo el influjo de la inconmovible fe de mi prima y segura de que el rosario blanco estaba imbuido de una fuerza divina, lo tomé de la mesa y sentí sus cuentas diminutas entre mis dedos.

Gayle decidió evocar los misterios gozosos, reflexiones destinadas a hacernos "penetrar en las causas últimas y el significado profundo de la alegría cristiana".

–Dios te salve, María, llena eres de gracia… –comenzó.

–…Santa María, madre de Dios –respondimos–, ruega por nosotros los pecadores ahora y en la hora de nuestra muerte.

Mientras rezábamos el rosario en la serenidad de la funeraria, recordé la noche que falleció papá. Mis hermanas, mi hermano y yo nos estábamos quedando en el hospicio donde lo habían trasladado tres días antes. Esa noche me tocaba estar con él, aunque para entonces ya había perdido el conocimiento y no reaccionaba a nuestra presencia. A las diez de la noche, mis hermanos se habían marchado a casa. Estaba sola con papá en la silenciosa habitación de aquel lugar, oyendo su trabajosa respiración y los estertores de su garganta. A veces sacudía los brazos o agitaba su cabeza. Otras, arrugaba la frente, señal, según los folletos del hospicio, de que quizá desembrollaba conflictos mentales o espirituales irresueltos.

De pie junto a su cama, pensé en la conversación que él había tenido con el cura en el hospital, en la cual le dijo que yo había dejado el catolicismo por el budismo. Después le dije a mi padre que no se preocupara, que budistas y católicos íbamos a dar al mismo sitio.

–Eso espero –me contestó– porque quiero volverte a ver.

Yo también quería volver a verlo, en un lugar más allá de diferencias y malos entendidos religiosos, más allá del sufrimiento de la edad, la enfermedad y la muerte.

Mientras veía acumularse tensión en su rostro, temí que estuviera batallando con las implicaciones de nuestras divergentes opiniones religiosas en alguna recóndita región de su psique. Así que saqué mi rosario budista, una sarta de ciento ocho abalorios de cristal, y aunque me sentí absurda y cohibida, me incliné a su lado y me puse a recitar el Ave María en voz alta.

Dicen que el sentido del oído es el último en desaparecer, y que incluso en estado inconsciente una persona aún puede oír. Esperé que eso fuera cierto. Pero no advertí señas visibles de que papá oyera mis rezos. Murió cinco horas después.

Gayle terminó los cinco misterios gozosos y le devolví el rosario blanco. Tal como lo prometió, lo introdujo en el bolsillo de mi padre. Lo enterramos al día siguiente, cerca de mamá.

El domingo después del entierro, mis primos regresaron a Dakota del Norte. El lunes, mis hermanos y yo reiniciamos la desagradable tarea de examinar las pertenencias de nuestros padres para decidir qué tomar, regalar o guardar. Mi madre era una coleccionista consumada, y entre sus muchos tesoros había una caja enorme de joyería de fantasía que pretendía usar en sus proyectos de manualidades... bandejas con cuentas de plástico, juegos de abalorios, viejas cajas de caramelos y cajas de zapatos, llenas todas ellas de aretes, pulseras, collares y arreglos de cuentas. Al tiempo que levantaba cada par de viejos aretes de clip, cada prendedor, collar y pulsera, les preguntaba a mis hermanos:

–¿Alguien quiere esto?

Luego de una hora de clasificar, y harta de tomar decisiones irreversibles de por vida, mi hermana dijo:

–Guardemos todo y ocupémonos de su destino después.

El día de Nuestra Señora de Guadalupe, "la Virgen a la que le rezamos en el velorio", me diría después mi prima, volví al departamento de mis padres y me puse a abrir de nuevo todas las cajas de cuentas, dulces y zapatos. Separé los prendedores bonitos, las piedras semipreciosas de las de plástico y aparté las cadenas con broches buenos de los rotos.

Por fin llegué a la última caja de zapatos. Al levantar la tapa, encontré otra pila de collares revueltos. Hundí los dedos en el montón y tomé un puñado, para ver si valía la pena guardar alguno. Al fondo, bajo de una hebra desordenada de diamantes de imitación y sartas de perlas falsas, brilló algo conocido... de color blancuzco, las diminutas cuentas ensartadas en una cuerda de algodón, la cruz... ¡era idéntico al que mi prima había metido en la bolsa de papá!

Saqué el rosario blanco bajo el montón y lo sostuve en mi palma como una joya invaluable. Con lágrimas de alegría, me asomé a la ventana, para deleitarme en la maravilla de las señales sagradas.

Cuando acabó el Adviento, ya había contado la historia del "rosario blanco" a todos mis amigos, parientes y conocidos. La magia del rosario comenzaba a operar en lo profundo de mis regiones psíquicas. En nochebuena, al salir de la fiesta en casa de mi hermana y dirigirme a la mía, reflexioné en la misa de medianoche, lo sagrado de la horas venideras y la fe católica de mi papá. Él habría querido que yo celebrara la verdadera navidad. Siempre me preguntaba: "¿Los budistas creen en Jesucristo?".

Salí de la autopista y me encaminé a la catedral de Santiago. Si encontraba dónde estacionarme me quedaría; si no, bueno...

La iglesia había dispuesto muchos lugares para estacionarse. Mi destino estaba fijado. Durante las siguientes tres horas me deleité en grupos corales, conjuntos de alientos, órganos de tubos y solos de ópera, todo lo cual anunciaba el sagrado nacimiento de Jesús. Después que el arzobispo elevó la hostia y bendijo el vino, la procesión de devotos se puso de pie para recibir el cuerpo y la sangre de Cristo, los coros cantaron "Noche de paz" y yo "penetré el significado profundo de la alegría cristiana".

Cuando llegué a casa eran las dos de la mañana, pero no estaba cansada. La celebración del nacimiento de Cristo me llenó de energía, y presentí la posibilidad de nuevos comienzos. Miré mi altar budista, donde había puesto el rosario blanco y una foto de papá. El rosario blanco rodeaba la foto como un marco protector.

Mi proceso de reconciliación había comenzado.

JOAN D. STAMM

37

El ángel de Jennifer

Después de dar a luz, Jennifer, mi hija, se quedó sola y adolorida en la unidad de cuidados intensivos del hospital. Tras una cesárea de urgencia, padecía los efectos de una toxemia y eclampsia que podían ser mortales, y sus riñones no respondían. Jake, su bebé, de apenas kilo y medio de peso, fue llevado a una unidad prenatal en un hospital a tres horas de ahí. El médico pidió que el padre acompañara al bebé.

Más tarde, la enfermera de guardia entró al cuarto de Jennifer para avisarle que su hermano había ido a verla para saber cómo estaba.

—Me dijo que no se podía quedar, porque tenía prisa —explicó—. Jennifer, veo que aún está aturdida.

> Si es cierto que el mundo es el medio de la acción personal de Dios, los milagros son del todo normales.
>
> D. E. TRUEBLOOD

Le seguiré contando de esa visita cuando se sienta mejor.

Bajo los efectos de los analgésicos, el vientre de Jennifer dejó de vibrar y ella cayó dormida. Tres horas más tarde, regresó la misma enfermera, esta vez con un teléfono inalámbrico bajo el brazo.

—Jennifer, quise traerle un teléfono para que pueda hablar con su hermano. Me gustaría mucho que le avisara que ya está mejor antes de que me vaya. Le prometí que le recordaría a usted que le llamara.

—No tengo ningún hermano.

—Su apellido de soltera es Harris, ¿no es así?

-Bueno, sí...

–Tal vez no se acuerde, pero un hombre como de la edad de usted entró ayer a medianoche y pidió verla. Se parecía a usted y dijo llamarse John Harris. Quería asegurarse de que estaba bien.

Palmeando la mano de Jennifer, continuó:

–Le expliqué que usted estaba en cuidados intensivos y que no se permitían visitas. Le aseguré que se encontraba estable, y le informé que su sobrino había sido llevado a una unidad especial para bebés prematuros. El señor Harris me dijo que entendía, y que no podía quedarse. Sólo deseaba que su hermana supiera que no estaba sola.

–¡Ahora recuerdo! –exclamó Jennifer, intentando sentarse en la cama–. ¡Tuve un hermano, pero murió al nacer! Le pusieron John.

Jennifer sintió su estómago tensarse de dolor. Sonrió débilmente, y se tendió de nuevo en la cama, donde volvió a caer dormida.

Confundida, la enfermera sacudió la cabeza. Mientras verificaba el pulso de Jennifer, le dijo que le dejaría el teléfono, por si cambiaba de opinión y quería hablar más tarde con su hermano.

Mi esposo y yo llegamos por fin a California dos días después de que Jake nació. Jennifer nos contó lo ocurrido… que su "ángel-hermano" la cuidó hasta que su padre y yo llegamos.

Nuestra familia se regocijó al saber que Dios protegió a Jennifer justo cuando más sola se sentía, enviando a nuestro John a su lado.

PAULETTE L. HARRIS

38

Señora bonita

El zumbido del filtro HEPA[1] y el bip continuo de seis bombas de infusión conectadas al corazón de mi hijo casi me impidieron escuchar su murmullo.

—¿Viste a la señora bonita, mamá? ¿La viste?

A Cameron le habían diagnosticado leucemia mieloblástica aguda en junio de 1997, un mes después de salir de la preparatoria. Dos trasplantes de médula y una resección pulmonar después, estábamos en el pabellón 9200 del Duke University Hospital. Dos días antes, los médicos me habían dado la terrible noticia de que mi hijo se estaba muriendo. No había nada más que todos los doctores del mundo pudieran hacer, excepto aliviar su dolor con morfina.

> Santa María, madre de Dios,
> ruega por nosotros los pecadores
> ahora y en la hora
> de nuestra muerte. Amén.
>
> DEL AVE MARÍA

Había oído decir que, con narcóticos, algunos pacientes tienen alucinaciones. Y en efecto, Cameron había intentado llamar a su lado a su perro, Sebastian, muerto el año anterior. Una vez lo descubrí comiendo un cono de helado imaginario, revoloteando la lengua para sorber las gotas de menta y chocolate caídas en su brazo.

Pero hoy parecía distinto.

---

[1] HEPA (High Efficiency Particulate Air), filtros de fibra de vidrio de alta eficiencia utilizados en el ámbito médico para evitar infecciones. (N. del E.)

Pensé que Cameron dormitaba cuando, de repente, abrió los ojos y comenzó a alisar las blancas sábanas del hospital.

Siempre al pendiente, me paré de un salto del reclinatorio-silla-cama que había sido mi base de operaciones y corrí a su lado. Él seguía alisando las sábanas.

—¿Estás bien, Cameron? ¿Necesitas algo?

—Es hermosa. ¿No la ves?

Miré a mi alrededor, pero no vi nada.

—¿Qué ves, Cameron?

—A esa señora... María.

—¿María, tu abuela, Nana?

Mi madre se llama María, y ambos siempre habían sido íntimos, pero mamá estaba en Wisconsin, pues era el turno de visitar a mi padre y quedarse hasta el fin.

—¿Ves a Nana?

—No.

Cameron seguía insistiendo en alisar las sábanas, aunque ahora casi las acariciaba.

—Me dijo que se llama María. Dice que todo está bien. Es muy bella. Lleva puesto un vestido blanco, muy largo, que cubre toda la cama.

Sin dejar de alisar las sábanas, su rostro se relajó, y él se tendió de nuevo sobre las almohadas del hospital.

—¿Viste a la señora bonita, mamá? ¿La viste? —murmuró.

Asentí con la cabeza; un mero reflejo en ese momento. Algo para darle a Cameron un momento de paz.

He oído decir que la Virgen María se aparece a quienes están a punto de fallecer, y les da una fugaz visión del cielo como consuelo. Incluso he oído que los acompaña en su viaje. No soy católica, así que ignoro las tradiciones y doctrina, pero espero que a ella le gusten los perros... y el helado de menta y chocolate.

DAWN HOLT

39

El pescado, la navaja y san Judas

Había sido una tarde perfecta. El sol se ocultaba poco a poco al poniente, lanzando un brillo rosado sobre las oscuras faldas de la montaña al tiempo que cortaba la neblina del atardecer. El río avanzaba sinuosa y silenciosamente cuando arrojé por última vez mi caña de pescar.

James, mi hijo de seis años de edad, se había cansado de pescar y brincaba entre las grandes piedras color ceniza que bordeaban el río.

–¡Mira qué encontré, papá! –lo oí decir alborozado.

> Cada niño que nace en el mundo es un nuevo pensamiento de Dios, una posibilidad siempre fresca y radiante.
>
> KATE DOUGLAS WIGGIN

Dejé la caña y el carrete en la orilla y fui a ver qué le emocionaba tanto.

–¡Mira qué bonita navaja!

Apretó su tesoro en su pequeño puño, mientras se tambaleaba entre las rocas para encontrarme. Era, en efecto, una hermosa navaja de bolsillo con dos cuchillas brillantes que se doblaban sobre un mango imitación madera, justo del tamaño exacto para un que niño la llevara en la bolsa de sus pantalones.

–¿No es fantástica? –me preguntó, con ojos fulgurantes.

–Sí. Cuídala, hijo, y podrás usarla mucho tiempo.

Volví a mi caña de pescar y comencé a enrollar el carrete. Sentí entonces un tirón agudo... ¡y después otro! La punta de mi caña se curvó casi hasta la superficie del agua, y la línea se zafó del carrete con un chirrido estruendoso.

—¡James, rápido, tengo uno! —grité—. ¡Ven aquí y ayúdame!

James agarró la caña, y juntos logramos elevar una enorme trucha arco iris. Emergió inquieta del agua mientras tirábamos de ella, y vimos la miríada de colores. Pero volvió a sumergirse en las oscuras aguas, consumiendo más línea, que soltamos, mis manos sobre las de James, a la espera de que el pez se cansara.

Por fin, comenzamos a enrollar la línea hacia la orilla. James atrapó el pez con nuestra red cuando tiré de él en la ribera. Lo cubrió por completo y, con mi ayuda, lo arrastró a la orilla.

—¡Qué pescado! ¡Debe pesar tres kilos! —exclamé.

Lancé la caña una vez más mientras veía de reojo que James jugaba con el pescado en el ensartador.

—Bueno, es tiempo de retirarnos —le dije, enrollando finalmente mi línea.

—¡Oh, no! ¡Papá perdí mi navaja!

James volvió hacia mí su pequeño rostro, atacado por el pánico. Las lágrimas brotaron de sus ojos y se deslizaron por sus pecosas mejillas.

Nos pusimos a buscar la navaja, pero el sol ya se había metido y las rocas a la orilla del río habían adoptado la fantasmal apariencia de grandes sombras negras. Ni siquiera podíamos vernos la nariz, mucho menos una navajita.

—Parece que es una causa perdida, James —le dije, con tristeza.

—Lo sé. Pero déjame pedirle a san Judas que nos ayude. Tal vez así la encontremos —me dijo, con un destello de esperanza en los ojos.

Recordé que su madrina le había dicho que san Judas era el patrón de las causas perdidas y los casos desesperados.

—De acuerdo —contesté, incrédulo—; uno nunca sabe.

James rezó con la refrescante fe y seriedad que sólo es posible hallar en un niño.

—San Judas, ayúdame a encontrar mi navaja, por favor.

Nos pusimos a gatas, con nuestra visión limitada por la falta de luz; escarbamos en la tierra y entre las piedras, buscando por última vez la elusiva navaja, pero fue en vano. No sin pesar, James aceptó que no íbamos a encontrarla. Recogimos nuestro equipo y nos encaminamos a casa, al tiempo que una sombría sensación empañaba lo que había sido una tarde casi perfecta.

Cuando llegamos a casa, y con la ilusión de borrar su tristeza, le dije a James que era hora de limpiar la trucha que tanto trabajo nos había costado pescar. James se acercó todavía algo perturbado por la pérdida de su navaja. Aun así, se encaramó sobre un taburete alto para poder ver lo yo que hacía.

Vio fascinado cómo cortaba la trucha de la cabeza a la cola. Con un cuchillo afilado, le abrí poco a poco la panza. De repente se oyó un ruido agudo, como si algo cayera desde las entrañas de la trucha y golpeara en el fregadero. Tomé el objeto y lo lavé. Ahí, en mi mano, estaba el pequeño mango de imitación madera de la navaja de bolsillo, con sus dos brillantes hojas dobladas y aseguradas.

James casi se cae de su asiento.

—¡Sabía que san Judas me ayudaría a encontrar mi navaja! —gritó dichoso—. ¡Hay que tener fe!

MIKE O'BOYLE, ENTREVISTADO POR SHERRY O'BOYLE

40

Rosas del cielo

—¿Qué crees que debo hacer? —me preguntó de nuevo mi madre, de setenta y siete años de edad, durante nuestra plática telefónica nocturna.

Suspiré. Había oído la misma pregunta durante más de diez meses, y aún no sabía cómo responderla.

Tras una serie de exámenes médicos, se había descubierto que mi madre tenía una obstrucción en la arteria carótida, en el lado derecho del cuello. Enfrentó entonces un dilema: ¿era más riesgoso que la operaran, considerando todos sus demás problemas de salud, o que no la operaran y enfrentar el alto riesgo de un derrame cerebral? Los médicos dejaron la decisión en sus manos. Mis dos hermanas, mi hermano y yo batallamos con la decisión, en compañía de mamá.

> Las flores son bondadosas sonrisas de Dios.
>
> WILLIAM WILBERFORCE

Por fin, luego de casi un año de preocupación, ella nos dijo:

—He decidido operarme. No quiero ser una carga si me da un derrame.

—Nunca te consideraríamos una carga —le dijimos.

Pero la apoyamos.

Supimos entonces lo que teníamos que hacer.

En octubre hicimos nuestra peregrinación anual al santuario de Nuestra Señora de la Consolación, en Carey, Ohio. Ese santuario ha sido testigo de muchos milagros de curación. La gente deja ahí peticiones y cartas de agradecimiento. Nosotros siempre hemos tenido una devoción especial por santa Teresa de Lisieux, conocida como "la Florecilla". Cuando vamos a ese santuario, le escribimos nuestras peticiones, rogándole que interceda por nosotros ante nuestro Señor para que nos conceda lo que le pedimos. Conocemos la eficacia de la Florecilla, porque ha intercedido muchas veces por nosotros. En su autobiografía, *Historia de un alma*, ella dijo que pasaría una eternidad derramando flores sobre el mundo para todos aquellos que le pidieran ayuda. Mucha gente dice que huele o reciben rosas en forma inesperada después de rezarle a santa Teresa.

Cuando mi familia se congregó ahí, escribí: "Querida santa Teresa: pide por favor a nuestro Señor que proteja a mi madre en su operación. Que ésta sea un éxito. Gracias por tu intercesión".

Estoy segura de que mis hermanos escribieron peticiones parecidas, las cuales dejamos en el cesto desbordante al pie de la imagen de santa Teresa.

Llegó la fría mañana de octubre de la operación, y todos nos reunimos en el hospital. Al comenzar la tediosa espera, saqué mi rosario y me puse a rezar. La cirugía duraría tres horas, y nos dijeron que una enfermera recibiría llamadas telefónicas de la sala de operaciones y nos mantendría al tanto de los avances.

La amable enfermera se presentó y, según lo prometido, nos mantuvo al tanto. A las 10:15 de la mañana, nos dijo:

–La operación ha comenzado.

En ese momento, todos lanzamos un suspiro y nos pusimos a orar.

Quince minutos más tarde, ocurrió algo inaudito: la enfermera se nos acercó cargando un bello ramo de rosas. Sonrió y nos dio una a cada uno. Asombrada, en ese momento supe que la operación sería un éxito.

Picada por la curiosidad, pregunté a la enfermera:

–¿Por qué nos da rosas?

–Mi jefe me lo pidió –contestó ella mientras se alejaba para repartir el resto de las flores entre las demás personas en la sala de espera.

La cirugía fue efectivamente un éxito y mi madre se recuperó por completo. Todavía estamos agradecidos por las rosas y el gentil mensaje de la Florecilla.

CAROL J. DOUGLAS

41

Puerta a un milagro

No sé qué me hizo entrar al consultorio la tarde en que descubrí una hendidura y un moretón en mi seno izquierdo. Después de todo, acababa de ver al médico tres semanas antes, y salido con un blanco expediente de salud. Me había dicho entonces que mis mamografías eran normales y que nos veríamos un año después. Le di las gracias y asumí una tarea temporal como maestra que había aceptado apenas unos días atrás.

Pero ahora estaba sentada en una mesa de auscultación, frente a un joven cirujano al que no había visto nunca antes. Él me dijo que el moretón parecía consecuencia de un fuerte golpe, y que tal vez yo misma me había pegado con algo.

> Qué poco ven lo que es, quienes forman juicios precipitados sobre lo que parece.
>
> ROBERT SOUTHEY

—Pero no recuerdo haberme golpeado con nada —dije, confundida—. ¿Es de preocuparse?

—Cuando la piel del pecho sane, volverá a la normalidad —respondió—. Pero siento un grosor en el seno.

—¿Un grosor? —repetí, haciéndome eco de sus palabras—. No estaba ahí hace tres semanas.

Me dijo que quería hacerme una biopsia, sólo para estar seguro de que no era nada más que un moretón.

—¿Una biopsia?

Sentí un escalofrío en mi espalda.

—Más vale prevenir... —aseguró.

Esa noche volví a casa confundida, y un poco asustada. ¿Dónde había podido pegarme? ¿Y no recordarlo?

Al día siguiente fui de compras con mi hija. Sentada afuera del probador mientras ella se medía unas prendas, de repente lo recordé todo. Como era sábado, tuve que esperar hasta el lunes para llamar a mi cirujano.

—¡Sí! —exclamé, tan pronto como oí su voz—. ¡Yo misma me golpeé! Llegué corriendo al patio de la escuela y me pegué con la manija de la puerta.

—¿Se pegó justo donde está el moretón? —indagó.

—Sí, justo ahí.

Una sensación de alivio me invadió, segura de que ya no tendría que hacerme una biopsia.

—¿Qué cree qué haya sido el grosor?

—Quizá fue la cicatriz que se formó como resultado del golpe. Pero —continuó—, me gustaría seguir adelante con la biopsia, para confirmar que no hay nada ahí.

Ese mismo jueves me hicieron la biopsia. El doctor descubrió un grumo en el tejido cicatrizado del golpe. Cuando abrí aquella puerta, me pegué justo donde un tumor maligno se había estado desarrollando durante dos años.

Esa noche senté a mis hijos en el sofá y les dije que tenía cáncer de mama. Jamás olvidaré sus miradas. Confusión. Miedo. Inquietud. Su expresión quedó grabada en mi alma para siempre.

Mi cirugía fue programada para el único día en que la sala de operaciones estaría desocupada: el Viernes Santo. Y vaya que lo fue. La operación reveló que todo mi nodos linfáticos estaban limpios, lo mismo que el tejido marginal en torno al tumor.

—¿Qué posibilidades tengo? —preguntaba una y otra vez, pensando en la puerta que me había pegado en el punto del tumor.

Pero si de algo estaba segura era de que Dios había abierto una puerta al milagro.

LOLA DEJULIO DEMACI

42

La corona de Nuestra Señora

El Día de las madres siempre ha sido un día especial para mi familia y las comunidades portuguesas en el mundo entero. Ese día cae en o cerca del 13 de mayo, la fecha en que Nuestra Señora del Rosario se le apareció por primera vez a Lucía, Francisco y Jacinta en Fátima, Portugal.

Durante toda mi vida recuerdo haber participado, junto con mi familia, en las fiestas en honor a Nuestra Señora de Fátima en California. Papá siempre se sintió orgulloso de formar parte de los comités para la celebración de la "festa". Sus cinco hijas también participábamos en las celebraciones. De hecho, dos de mis hermanas fueron solicitadas para ser reinas y coronar la imagen de Nuestra Señora de Fátima en la iglesia.

> Las flores son pensamientos de belleza de Dios que cobran forma para alegrar miradas virtuosas.
>
> WILLIAM WILBERFORCE

Cuando nos mudamos al estado de Washington, nos sentimos bendecidos al descubrir que nuestra iglesia católica local estaba consagrada a Nuestra Señora de Fátima. Ahí no se practicaba la devoción anual, pero no nos tomó mucho tiempo obtener una novena y coronación en mayo, lo más cerca posible del día 13.

Empezamos coronando una imagen pequeña. Luego, papá y un amigo hicieron un altar que cuatro hombres podían cargar en las procesiones. En él, una imagen de Nuestra Señora de Fátima estaba rodeada de flores frescas. Durante algunos años intentamos conseguir que toda la comunidad se uniera a esta obra de amor, pero lo único que logramos fue atraer a las pocas familias portuguesas e hispanas que sabían que la oración constante y la devoción habían sido lo que Nuestra Señora pidió a los tres niños pastores en 1917.

Hace unos años, cuando se construyó nuestra nueva iglesia, mi hermana, mi cuñado y su familia hicieron levantar una imagen bellísima en una plataforma, con todo y niños pastores y ovejas, como en Portugal.

Nuestra Señora era coronada en las tres misas del Día de las madres. Se me pidió entonces hacer las coronas de flores y, como siempre, usé rosas de un suave color rosado, mis flores favoritas. El fin de semana siguiente, cuando fuimos a misa, ¡me sorprendió ver que las rosas habían tomado un intenso color rojo! El padre Alejandro, también sorprendido, me dijo que habíamos recibido una bendición especial. Curiosamente, faltaba una de las rosas de la corona, que no encontramos por ningún lado.

Tres meses después de la coronación de mayo, las flores de la corona de Nuestra Señora conservaban su color rojo oscuro y una suavidad de terciopelo. Me paré frente a Nuestra Señora y le pregunté: "Sé que no tengo derecho a preguntarte, pero ¿puedo tener una señal de que esto es de alguna forma una bendición o un milagro?".

Bajé la mirada, y al pie de una de las ovejas vi la rosa que se había perdido en mayo. La levanté. Aún estaba suave, con un color rosa brillante y un ligero matiz castaño en la punta.

Hasta la fecha, esa rosa ocupa un lugar especial en la vitrina del área de reuniones, donde permanece, suave y rosada, con la corona original.

DELORES FRAGA-CARVALHO

43

El corazón de una madre

En enero de 2006 comencé a pedir que Ryan, mi hijo, y su esposa, Jocelyn, tuvieran un bebé antes de la navidad de ese mismo año. Ella había intentado embarazarse durante casi los seis años que llevaban de casados.

En esos días una amiga me regaló la oración que Nuestra Señora de Guadalupe le dijo a un indígena llamado Juan Diego en 1531, en México: "Oye y déjame entrar en tu corazón, hijito mío: que nada te desaliente ni entristezca. Que nada altere tu corazón ni tu semblante. No temas tampoco a ninguna enfermedad o tribulación, dolor o pena".

Decidí que ésta sería mi oración para ese año. No permitiría ningún pesar, desaliento ni tristeza, sino que le pediría a Nuestra Madre que rogara a su hijo por los míos.

> Oye y déjame entrar en tu corazón, hijito mío: que nada te desaliente ni entristezca.
> Que nada altere tu corazón ni tu semblante.
> No temas tampoco a ninguna enfermedad o tribulación, dolor o pena.
>
> NUESTRA SEÑORA DE GUADALUPE
> A JUAN DIEGO

La última semana de septiembre, mi amiga, que trabaja en un consultorio dental, atendió a una paciente que dijo trabajar en Catholic Charities, donde les hacían falta muchas parejas dispuestas a adoptar un bebé. Mi amiga dejó a la paciente y me llamó de inmediato. Yo le llamé a Jocelyn a su trabajo.

Jocelyn habló a Catholic Charities al día siguiente y obtuvo informes sobre una sesión de orientación programada para octubre. Ryan y Jocelyn asistieron a las clases y llenaron los formularios para iniciar el proceso de adopción. Pronto reunieron cinco álbumes de fotografías con imágenes e información sobre sí mismos, para que las madres por dar a luz los vieran, y además concluyeron un estudio sobre su hogar y otros formularios. El 31 de octubre, Ryan llevó sus álbumes de fotos a Catholic Charities.

El 26 de noviembre yo estaba vendiendo boletos para un evento religioso atrás de la iglesia, donde varias personas se hallaban de visita. Un joven hispano a quien nunca había visto se me acercó y me dijo que lo siguiera al pasillo central de la iglesia. No hablaba inglés muy bien, pero me indicó que viera la pared donde brillaba una luz. Me preguntó en mal inglés:

–¿Ve a Nuestra Señora de Guadalupe?

Yo respondí:

–Lo siento pero no.

–¡Yo sí! –exclamó radiante.

–¡Qué bendición! –respondí simplemente.

Cuatro días después, Ryan y Jocelyn vinieron a casa y nos contaron la maravillosa noticia. Les habían llamado de Catholic Charities para decirles que una muchacha de dieciséis años los había elegido como padres de su bebé, cuyo nacimiento estaba previsto para el 28 de enero. Una cita para conocer a la madre biológica fue concertada para el 18 de diciembre.

Esa noche le di gracias a Dios y le dije que el 28 de enero de 2007 era un día magnífico para que Ryan y Jocelyn tuvieran a su bebé.

El 9 de diciembre yo estaba en otra iglesia con Ryan, esperando a que empezara la ceremonia. Mientras le contaba la historia del joven hispano, volteé para ver a Nuestra Señora de Guadalupe representada en el vitral, al final de nuestra fila. Se la señalé a Ryan.

Durante la misa, el obispo dijo:

–Hoy es la fiesta de san Juan Diego, el hombre a quien se apareció Nuestra Señora de Guadalupe.

Ryan y yo nos miramos, sorprendidos. Él me susurró:

–Más vale que vengas a misa dentro de tres días, mamá… El 12 de diciembre es el día de Nuestra Señora de Guadalupe.

Rara vez voy a misa entre semana, a menos que sea martes, cuando dirijo un círculo bíblico. Ese 12 de diciembre sería martes.

Fui a misa ese día y le recé a Nuestra Señora de Guadalupe todas las oraciones que me sabía, y le agradecí a nuestro Padre celestial por oír mis plegarias.

A medianoche, dos días después, la madre biológica fue sometida a una cesárea de urgencia. El bebé nació a las 12:45 de la mañana y pesó poco más de dos kilogramos.

El 15 de diciembre, Ryan y Jocelyn cargaron por primera vez a su bebé, John Paul.

El 23 de diciembre lo llevaron a casa.

No hay forma de describir lo que sentí en la misa de nochebuena. Estábamos ahí para celebrar el primer regalo de navidad, un bebé envuelto en pañales. Cuando miré a John Paul envuelto en una manta, mi corazón se llenó de gratitud por ese maravilloso regalo de navidad... gracias a la intercesión de Nuestra Señora de Guadalupe.

LINDA MAINARD

44

Perdido y encontrado

Habíamos esperado cerca de dos años para conseguir un cachorro de Chesapeake Bay Retriever. Y fantaseaba con nombres, sentía el pelaje café del cachorro entre mis dedos y olía a un cachorrito barrigón y caliente. La criadora llamó para decirme que tal vez había un perro para nosotros; tenía cuatro meses, carecía de entrenamiento y no se le podía registrar en AKC[1]. Le expliqué que sería un perro de familia y que acompañaría a cazar a mi esposo y mi hijo. Le aseguré que su edad y falta de atención temprana no representaban ningún problema para nosotros. Por alguna razón, estaba resuelta a tener ese perro a toda costa. Así, lo conocimos un día ventoso de fines de diciembre. Era tímido y, al parecer, nos tenía miedo, a todo en realidad, pero estaba segura que era mi perro. Le pusimos *Kenai*, por nuestro río favorito en Alaska, donde vivían mis padres.

> Y yo os digo: pedid, y se os dará; buscad y hallaréis; llamad, y os será abierto. Porque todo aquel que pide, recibe; y el que busca, halla; y al que llama, se le abre.
>
> LUCAS 11: 9-10

Menos de un mes después, murió nuestro único hijo, de dieciséis años de edad. Mientras sufría, lloraba y gritaba de dolor, *Kenai* se mantenía atento en su refugio, escuchando mis movimientos en la casa. Miraba

[1] American Kennel Club (akc), organización estadunidense dedicada, entre otras actividades, a autentificar y registrar a los perros de raza. (N. del E.)

y esperaba las veinticuatro horas del día, los siete días de la semana. Yo pasaba más de una hora, todos los días, sentada de piernas cruzadas en un durmiente de tren en el patio, con *Kenai* echado en mi regazo. Su pelaje se volvió un paño de lágrimas para mí, sus ojos un consuelo curativo. A veces me preguntaba si acaso era un ángel enviado para acompañarme en mi pesar.

El primero de abril, poco más de dos meses después de que Justin murió, hice un viaje de negocios a California. Fue un error viajar tan pronto. No me percaté de lo cansada que estaba y la poca energía que tenía. Ansiaba volver a casa. Un domingo en la noche le llamé a Jim, mi esposo. Se oía mal, y me dijo que tenía malas noticias. Estando en la estación de bomberos, en la carretera interestatal 80, en Wyoming, donde trabajaba como voluntario, de repente pasó un tren, haciendo sonar su silbato. *Kenai*, junto a él, huyó aterrado, desapareciendo simplemente en el árido y desolado paisaje. Jim lo buscó durante horas, hasta recorrer el trayecto de cuarenta y cinco minutos a casa, desconcertado. Sabía lo mucho que me importaba *Kenai*, y no podía creer que se hubiera perdido.

Cuando llegué a casa, conduje hasta Wyoming a seguir buscando. Nadie lo había visto. El Jueves Santo, una amiga y yo fuimos a cada casa y cada rancho y puse anuncios con las señas del perro. Me reproché estar buscando un perro perdido mientras en otros sitios del mundo había gente que buscaba a familiares y amigos desaparecidos. Pero sabía que la pérdida de nuestro hijo nos había dejado sin esperanza. No podíamos hacer nada para cambiar eso. Así que ahora tenía que hacer algo para encontrar a *Kenai*, para aliviar nuestra pérdida. Tenía que volver a creer.

Kenai tenía apenas siete meses; era un perro tímido y atemorizado. No obstante, debía intentarlo, esperar un milagro. Publiqué un reporte de perro extraviado en dogdetective.com

Pasó el verano. Cada vez que íbamos a nuestra cabaña, quince kilómetros al sur de donde se perdió *Kenai*, exploraba el paisaje. Sabía que tal vez alguien lo había encontrado y cuidado, o quizá un depredador lo había devorado, o tal vez había sido atropellado por un auto. Pero seguía buscando. Algo dentro de mí conservaba la esperanza. Dejé de decirle a mi esposo lo que hacía. Era suficiente con lo mal que se sentía.

Pasaron casi nueve meses. La navidad se acercaba, y planeamos visitar a mis padres en Alaska. Fue el peor año de nuestra vida y necesitábamos un respiro. El 23 de diciembre salimos de Colorado durante una tormenta. Habían caído sesenta centímetros de nieve; las vacas morían en las llanuras. Al llegar a Alaska, la serenidad y la belleza nos dieron la bienvenida. La acogedora casa de campo de mis padres sería un lugar agradable para pasar la navidad.

La mañana del 24 de diciembre, mi esposo recibió una llamada. Escuché partes de la conversación.

—¿Junto al cadáver de una vaca? ¿Un perro café? ¿Flaco? ¿No pudo acercarse a él?

Colgó, sacudió la cabeza y me explicó: una ganadera que había sacado a pastorear a sus vacas vio un animal pequeño en un saliente lejano. Determinó que era un perro. Vio que tenía un collar, un resplandor plateado en el cuello. Cuando se acercó, el animal corrió. Al buscar en internet información sobre perros perdidos, Brenda encontró mi anuncio, que ya casi había olvidado, pero que nunca borré. Prometió dejarle de comer cerca del cadáver de la vaca que usaba como refugio, y nos advirtió que se aproximaba otra gran tormenta.

Durante la misa de navidad no podía concentrarme. Imágenes de pastores, ganaderos, ovejas, perros, pesebres, cunas y cadáveres de vacas pasaban por mi mente. ¿Era posible que *Kenai* sobreviviera solo todo este tiempo? ¿Me atrevería a creer que estaba vivo?

Como todas las navidades, me pregunté: "¿Cómo ha nacido dentro de mí este año el niño Jesús?". ¿Ese nacimiento sería la esperanza de un perro perdido y encontrado? ¿El hecho de que lo que aparentemente está muerto pudiera vivir? ¿Me atrevería a creer y esperar un milagro?

Brenda prometió alimentarlo hasta que regresáramos el 31 de diciembre y pudiéramos verla en su rancho. Aseguró que el perro asustado era *Kenai*. Aunque él no le permitía acercarse a menos de veinticinco metros, la comida que le dejaba en el suelo nevado había sido devorada para la mañana siguiente.

El primero de enero amaneció soleado y nos dirigimos a Wyoming. Al entrar al rancho, nos detuvimos a examinar el paisaje con los binoculares. En una colina lejana, lo vimos. Ahora no cabía duda. Mi estómago comenzó a contraerse. Minutos después conocimos a Brenda. Yo apenas si podía respirar. En su tractor sólo había lugar para uno de nosotros. Jim me miró y susurró:

—Ve tú.

La maniobra hasta la escarpada cima tomó más de diez minutos. Algunas vacas nos seguían mientras nos abríamos paso por senderos nevados. Un sol radiante destellaba en la nieve y las rocas. Nos detuvimos donde Brenda le dejaba de comer a *Kenai*. El corazón me latió con fuerza. Me bajé de la cabina.

Brenda hizo retroceder el tractor. Avancé. De pronto, vi una chispa café en el otro saliente. Batiendo palmas, lo llamé:

–Kenai, Kenai, Kenaiii –una y otra vez.

¿Podía oírme, se acordaría de mí?

Se detuvo y husmeó el aire. Ante el reconocimiento se erizó de la nariz a la cola y atravesó corriendo los montones de nieve hacia mí. Gemidos y llanto brotaron en ambos. Me arrodillé en la nieve, abiertos los brazos, y lo llamé. ¡Vi su collar de cachorro! Un cuerpo firme, peludo, con olor a heno, se lanzó a mis brazos. Se había empequeñecido, pero estaba ileso. Saltamos, dimos vueltas alrededor uno del otro, jugamos, nos tocamos, nos acariciamos, derramando muchas lágrimas. ¡No podía creer que se acordara de mí! ¡Que estuviera a salvo!

Cuando Jim estuvo a cien metros de nosotros, me arrodillé, haciéndoselo ver a *Kenai*. Él me miró y echó a correr hacia Jim, mientras yo observaba, sollozando de alegría.

Claro que sí, tengo esperanza. Y creo.

Pegge Bernecker

Caldo de Pollo para el Alma

6

CAPÍTULO

Retos

*Debemos dejar nuestras
inquietudes al Señor,
pero, más aún,
debemos dejarlas ahí.*

HANNAH WHITTALL SMITH

45

Jugar atrapadas

Una tempestuosa noche de agosto, mi padre y yo sacamos a pasear al perro. Tenía seis años y hacía todo con papá; era mi mejor amigo. Mientras caminábamos, platicamos de beisbol, y me sumergí en todo lo que mi padre decía. Nos empapamos a causa de la lluvia, y él hizo la broma de que mamá estaría preocupada por nosotros. Estar con mi papá siempre era muy divertido, sin importar qué hiciéramos.

Cuando volvimos a casa, papá y yo nos tendimos en la cama y sintonizamos el juego de beisbol en su televisor portátil. Me dijo que no se sentía bien, y antes de que yo supiera qué

> El dolor crea entre dos corazones lazos más estrechos que la dicha; sufrir en común une más que gozar.
>
> ALPHONSE DE LAMARTINE

pasaba, tuvo un infarto. El tiempo pareció detenerse mientras él moría justo frente a mí; una imagen que cuarenta y un años después aún es tan vívida como si hubiera sucedido ayer.

Poco después llegaron la policía y la ambulancia, así como nuestro párroco, para darle a papá los santos óleos. Aún estaba con nosotros cuando llegó el agente de la funeraria y se llevó a mi padre. Había mucha gente en la casa. La escena era caótica. Yo estaba confundido y aterrado.

El párroco, el padre Michael Judge, se acercó y se sentó a mi lado. Yo estaba llorando, abrumado por mi pesar. Me dijo que era lógico que estuviera triste, pero me aseguró que mi padre estaba en el cielo, con Dios.

Sollozando, dije:

–No quiero que esté en el cielo, ¡quiero que esté conmigo!

Él entendía y siguió sosteniéndome mientras lloraba. Traté de poner mis sentimientos de desesperación en palabras, pero siendo tan joven era difícil.

–Ahora no tengo a nadie para jugar a la pelota en el patio.

Él se limitó a escuchar y me aseguró que todo estaría bien.

Eso es lo único que recuerdo bien. Después, mi padre fue enterrado y toda la familia y los amigos se fueron. Entonces me di cuenta que papá jamás volvería a casa. Me sentí muy solo. Mamá parecía deprimida y no podía hacer nada por reconfortarme, aunque estoy seguro que hubiera querido hacerlo. Mi hermana manejó su pesar lo mejor que pudo. Fue muy difícil para mí darle algún sentido a lo que había pasado.

Un día sonó el timbre de la puerta y oí que mamá hablaba con alguien conocido. El padre Michael había venido a ver cómo estábamos. Mi mamá me llamó, y al bajar lo encontré en la sala con un guante de beisbol.

–¿Quieres jugar atrapadas?

Al principio me resistí a sus esfuerzos por llenar el vacío en mi vida, pero él persistió, y siempre que podía regresaba a jugar beisbol y pasar el tiempo. Pronto nos hicimos amigos, y me ayudó a poner orden en mis sentimientos y llevar mi vida en la dirección correcta. Me enseñó a aceptar lo sucedido y a tener esperanza en Dios y en que algún día papá y yo volveríamos a vernos. Estaba al pendiente de mí todo el tiempo.

Crecí y el padre Michael fue transferido a otra parroquia; y aunque no perdimos contacto, lo veía cada vez menos. Al paso de los años mantuvo contacto con mi madre, siempre preguntando cómo estábamos mi hermana y yo. Le dio gusto saber que yo había formado una familia, y que tenía tres hijos y hacía todo con ellos.

El 11 de septiembre estaba frente al televisor viendo los horrores del World Trade Center. No podía creer lo que ocurría. Entonces dieron un reporte: "El padre Michael Judge, capellán del Departamento de Bomberos de Nueva York, murió en el lugar mientras intentaba llevar consuelo a las víctimas, bomberos y policías".

Cuando la fotografía del padre Michael apareció, el reportero lo describió: "Éste querido sacerdote fue llevado por los bomberos que auxilió a una iglesia local". Esa noticia me aturdió, y de inmediato la emoción me venció.

Semanas después, asistí a una ceremonia en su memoria, en una parroquia cerca de donde crecí. Una a una, muchas personas pasaron al frente a contar una historia tras otra de cómo el padre Michael las había consolado en momentos de necesidad. No podía creer cómo un hombre había tenido tiempo para servir a tantas personas con amor y afecto. Después de la ceremonia conversé con una anciana que contó una historia muy parecida a la mía. Le pregunté a qué atribuía que él hubiera puesto tanto interés en gente como nosotros, que lidiaba con la pérdida de uno de sus padres. Ella me dijo que cuando el padre Michael era joven, su papá había muerto inesperadamente, por eso él hizo de quienes atravesaban por esa situación una prioridad en su vida. Todo comenzó a tener sentido para mí.

Cuando regresé a casa me sentía triste. Mi hijo mayor, de siete años de edad, me preguntó por qué estaba así. Le conté que el padre Michael era un viejo amigo mío que había muerto en los ataques al World Trade Center; que me ayudó a mí y a muchos otros como yo, y que siempre se ponía a jugar atrapadas conmigo para que me sintiera mejor. Entonces le expliqué:

—El padre Michael está en el cielo ahora, pero estoy triste porque perdí a un amigo.

Mi pequeño hijo reflexionó un momento y después razonó con la simple y hermosa lógica que sólo un niño puede tener:

—No te preocupes papá. El padre Michael ha de estar muy contento de estar ahí, porque ¿no todos los curas quieren estar con Dios?

Después tomó su guante y me preguntó:

—¿Quieres jugar atrapadas?

TOM CALABRESE

46

San Elmer

Cuando era niña, mi papá me contaba historias sobre Elmer, un saltamontes de mal genio. Papá podía narrar un cuento kilométrico y tenerme encantada con las travesuras de Elmer. No me daba cuenta entonces, pero mi papá contaba parábolas, una historia con moraleja, y sus relatos siempre tenían una consecuencia para la mala conducta de Elmer. Cincuenta años después, aún oigo la duela crujir cuando recuerdo cómo Elmer intentaba escabullirse de su mamá y cometer impunemente algún estropicio. Yo contenía el aliento esperando ver si Elmer sería descubierto y, a veces, justo cuando creía que había podido burlar a sus padres, ellos lo despertaban y le hacían tomar su "medicina". Su castigo era una abundante dosis de amor y reflexiones sobre sus actos.

> Naturaleza no es sino un nombre para un efecto cuya causa es Dios.
>
> WILLIAM COWPER

Cada vez que visitábamos a nuestros primos que vivían en áreas rurales, papá y yo perseguíamos saltamontes por los campos abiertos en busca de Elmer. Él me decía que si alguna vez lo atrapábamos, lo reconocería por sus travesuras; escupiría zumo de tabaco en mi mano. Seguro atrapamos un millón de saltamontes en mi niñez. Todos mancharon de color café las palmas de mis manos, pero ninguno coincidía por completo con la descripción de Elmer. Eran demasiado pequeños, largos, oscuros, o con el matiz verde equivocado. Yo siempre estaba en busca del verdadero Elmer.

Cuando crecí, Elmer el saltamontes se convirtió en un bello recuerdo infantil. Pensé que lo había enterrado cuando mi papá murió, pero cinco años después volví a recordar a Elmer. Durante diecisiete años di clases a preescolares en un distrito ruinoso del centro de la ciudad. Al principio, mis grupos eran muy numerosos y, en ocasiones, tenía incluso lista de espera. Pero al paso de los años el vecindario cambió, cayendo en poder de las pandillas. Un día que llevé a los niños a dar un paseo, frente a la escuela tuvo lugar una redada contra traficantes de drogas. Decidí entonces que era hora de irse. Las inscripciones habían bajado tanto que mi asistente y yo teníamos que poner anuncios para solicitar alumnos. Recorríamos el vecindario pegando volantes en los postes. La suegra de mi compañera dio clases durante décadas en una primaria católica, y solía decirle:

—¿Por qué no te acercas a la directora y le proponemos poner una escuela de preescolar en la parroquia?

Cada año la respuesta era la misma. La escuela parroquial era muy pequeña y no había espacio disponible. El verano llegaba a su fin y un nuevo año escolar estaba a punto de iniciarse, pero las inscripciones habían disminuido tanto que, al parecer, no habría grupo vespertino. Recorrí todo el vecindario con anuncios de color rosa neón y un rollo de cinta adhesiva. Los pegué en casetas telefónicas, áreas de juegos en los parques y aparadores de las tiendas. Estaba desanimada y, además, me preocupó que tal vez pegar anuncios implicara una falta administrativa, daños en propiedad ajena o algo así. Y he aquí que mi nombre y número telefónico aparecían por toda la ciudad. Volví a casa llorando y rezando en voz alta:

—¡Señor, muéstrame el camino! Tú sabes de mi amor por la docencia, y sabes que tengo mucho que dar a los niños y sus familias. ¡Dame una señal que no sea un cartel rosa por pegar!

Llegué a mi garaje convencida de que ni siquiera sabía rezar. Enjugué mis lágrimas con el dorso de la mano, y cuando bajé del auto no podía creer lo que veía. Al introducir la llave en la cerradura, vi el saltamontes más grande, gordo, verde y venerable posado a la izquierda de la perilla. No me moví un ápice. Sonreí y dije:

—Bueno, hola, Elmer. Hola, papá.

Me invadió una sensación de paz y tranquilidad. De alguna manera, supe que mis plegarias serían respondidas, y que había un plan para mí. Llevaba media hora en casa cuando sonó el teléfono. Una señora se presentó y me dijo que pertenecía a la parroquia donde había dado clases la suegra de mi compañera. Me explicó que tenía un hijo en edad preescolar que padecía serias alergias y que ella no encontraba una escuela que eliminara ciertos alimentos para brindarle a su hijo un medio seguro. No sabía qué hacer, y decidió poner una escuela de educación preescolar, pero necesitaba una buena maestra. Dijo que había enviado cuestionarios a otros feligreses para preguntarles sobre la vialidad y necesidad de un plantel preescolar parroquial en el vecindario. Me dijo que mi nombre había sido mencionado en la mitad de los cuestionarios. Yo era una maestra veterana con veinticinco años de experiencia, y conocida en la comunidad. Me quedé encantada, sorprendida y aliviada.

—Claro que sí. Llevaré mi currículum.

Después de colgar, abrí lentamente la puerta. Ahí estaba el saltamontes, descansando todavía. Juro que me guiñó un ojo antes de pegar un brinco.

—¡Gracias, san Elmer! —exclamé entre risas—. Gracias, Padre celestial.

La escuela católica no tenía aún salón para preescolar, y las inscripciones eran tan bajas que estaba en peligro de que la cerraran. La fundadora encontró a una calle un local vacío, propiedad de la iglesia protestante local. Las dos religiones colaboraron para reparar el viejo edificio. Feligreses y miembros de la comunidad aportaron tiempo, dinero y esfuerzo. Todos, desde estudiantes de preparatoria hasta ancianos, ayudaron en algo. La iglesia católica aprobó el plantel preescolar, y la fundadora adoptó el mismo nombre del templo. El St. Stephen Protomartyr Early Childhood Development Center abrió sus puertas hace cinco años; la única institución preescolar en Estados Unidos con atención a las alergias alimenticias. Nuestro diminuto plantel contribuyó a mantener abierta la escuela primaria y, sin duda, fue un factor decisivo para muchos padres cuyos hijos presentaban alergias graves a la comida.

La fe católica nos enseña a tener confianza en Dios y permitirle resolver nuestros problemas. Yo les enseño oraciones a mis pequeños alumnos. Una de nuestras formas favoritas de honrar al Señor es hacer paseos en parajes naturales. Cuando vemos una mariposa o un saltamontes, nos detenemos y decimos en voz alta:

—Gracias, Señor, por nuestros ojos, para que podamos ver esta hermosa criatura tuya.

Por mi parte digo en silencio: "Hola, san Elmer. Hola, papá", y agradezco al Padre celestial su bondad.

LINDA O'CONNELL

47

El sendero de una madre

Cuando íbamos a su primera cita, mamá, siempre parlanchina, no paró de hablar de todo lo que se le venía a la mente. De vecinos viejos y nuevos, algunos de ellos muertos, otros vivos aún. Parecía resignarse al hecho de que ese verano no tendría un jardín. Me preguntó si al volver a casa podríamos detenernos en Extra Foods para comprar alguna de las especialidades de la semana. Su plática parecía hueca e irrelevante. Lo único en lo que yo pensaba era: "Mi madre podría morir".

> Un gramo de madre vale más que un kilo de curas.
>
> PROVERBIO ESPAÑOL

Cuando llegamos al estacionamiento del Dauphin Regional Hospital caían gruesas gotas de lluvia. Mamá esperó con paciencia en el asiento delantero mientras me doblaba sobre la camioneta forcejeando con una silla de ruedas que parecía tener vida propia. Una vez que se sentó en ella, el viento nos arrastró a la puerta… y a un nuevo capítulo en nuestra vida.

Momentos después, un cirujano le hizo numerosas preguntas a mamá. Mi pluma escribía palabras graves, como "cáncer de pulmón inoperable, quimioterapia agresiva". Cada letra era una mezcla de tinta azul y lágrimas.

–Oh, Dios, no era eso lo que quería oír –dijo mamá, juntando sus frágiles manos sobre su regazo.

Después de lo que pareció una eternidad, enfilamos de nuevo a las comodidades de su hogar. Mamá siguió diciendo en voz alta sus pensamientos mientras yo conducía por calles mojadas.

–¡Qué mal tiempo ha hecho en las últimas dos semanas! –prosiguió mamá–. Ojalá mejore pronto, por los granjeros.

Con dedos entumecidos, abrí la puerta del departamento y metí la silla de ruedas. Mamá me preguntó:

–¿Qué quieres de comer? ¿Sopa, ensalada o kasha[1]?

Fue entonces cuando mi miedo contenido se desbordó. Gemidos de dolor escaparon de mí mientras buscaba brazos reconfortantes. Tenía cuarenta y siete años de edad, pero me sentía una niña asustada y sola dando los últimos veinte pasos el primer día de clases. Estaba sola y no podía dar marcha atrás.

Mi mamá halló la fuerza necesaria para sostener a una mujer temblorosa que la apretaba como si fuera la última vez.

–Pequeña, tienes que ser fuerte, por mí y por todos en la familia.

Sus brazos acariciaron mi espalda y controlaron mis sollozos, pero no disiparon mi pesar. Meciendo su cuerpo contra el mío, mamá murmuró:

–¿Creíste que iba a vivir para siempre?

"No", pensé, "pero esperaba que lo hicieras."

Pasaron largos meses, y en cada visita yo encontraba a una persona distinta. Aquella no era la misma mamá de mi infancia, pero si miraba su rostro hundido, mientras me contaba algo, aún podía verla y reflexionar: "Ahí estás".

La vigilaba en su cama y la oía rezar, en polaco. Luego se recostaba y se quedaba dormida hasta las primeras horas de la mañana, mientras yo me arrodillaba en la habitación contigua, rezando en inglés.

Seis meses después de su primera quimioterapia, mamá fue internada en la unidad de tratamiento paliativo. Sus días eran una mezcolanza de fuertes sedantes, momentos de dolor y periodos de lucidez.

En su último día cayó en coma. Puse mi mano en la sedosa sábana junto a ella, y su mano en la mía. Era mi forma autocomplaciente de decirle que todo iba a estar bien.

Fue su último aliento lo que me llevó a su pecho. Las rodillas se me doblaron mientras hacía el último intento de estar segura en brazos de mi madre.

Dos días después de su entierro desperté de un sueño profundo y me sentí contenta por primera vez en semanas. Entonces recordé el sueño de la noche anterior.

---

[1] Antiguo platillo de Europa del Este en el que se utilizan cereales como el trigo, avena, mijo, centeno, simplemente cocidos o en papilla. (N. del E.)

Un auto se había atascado en un banco de nieve y las llantas iban y venían en un intento por salir del fango. Mamá estaba en el asiento del pasajero, escribiendo algo en un trozo de papel. Yo no veía al conductor. Cuando el auto salía de la nieve, mamá me daba la nota a través de la ventana y me decía:

–Es mejor que nos vayamos.

Yo vi una frase incompleta en la hoja: "Sólo quiero agradecerte…".

Volteaba con ojos indagadores y veía a mi mamá emocionada lanzándome un beso de despedida. Entonces me percaté que el conductor… era mi papá… quien había muerto veinte años antes, luego de cuarenta y tres de matrimonio.

Tuve que sonreír al considerar todas las versiones bíblicas que describen la muerte combinada con una escalera hacia preciosas puertas, estrellas radiantes y ángeles buenos. Nada de eso había sucedido. Papá simplemente subió a mamá en su Oldsmobile verde 1974 y la condujo al cielo, manejando él mismo.

Estoy segura de que mamá habló sin parar todo el camino, contándole historias que él ya conocía.

Y si conozco a papá, con su pie ligero sobre el acelerador, los nudillos firmemente apretados en el volante y la mirada atenta al tablero, llegaron sanos y salvos a su destino.

JUDY STODDART

48

Silencio sagrado

Mi esposo y yo fuimos durante unas breves vacaciones a Taos, Nuevo México, para presenciar el rally de globos aerostáticos, y luego recorrimos los cincuenta minutos que nos separaban de Chimayo, para visitar la antigua misión, el Santuario de Chimayo. Después de años, mucha gente ha proclamado curaciones milagrosas, debidas supuestamente a la tierra de una gruta. Algunos llevan un poco consigo. Otros la comen. Afuera de la gruta hay un cuarto lleno de muletas, aparatos ortopédicos, fotos de personas y rosarios de quienes aseguran haber sido curados por esa tierra.

> El silencio, cuando no es necesario decir nada, es la elocuencia de la discreción.
>
> CHRISTIAN NESTALL BOVEE

Aquel día llegamos a la iglesia a media mañana y entramos a la misión. Yo quería rezar y contemplar las pinturas que detallan la vida de Jesús en vívidos colores. Apenas había empezado a meditar cuando oí un sollozo. Hice todo lo posible por concentrarme en mi meditación y serenarme para "estar tranquila y conocer a Dios". Pero la intensidad del sollozo subía y bajaba sin cesar. Volteé para ver quién lloraba, y vi a una mujer sola, como de mi edad. No parecía estar en peligro ni sufrir ningún dolor físico. Decidí esperar a que se fuera para poder rezar. Por fin se retiró, y me sumergí en el silencio sagrado a meditar.

Cuando fui a la gruta, la mujer sollozante salía de ella. La entrada es muy pequeña, y sólo cabe una persona. Esperé a que ella saliera, y nos encontramos frente a frente. Entré a la gruta para seguir con mi peregrinación. Mientras veía los iconos, imágenes y oraciones de gratitud que revestían las paredes, seguía oyendo llorar a la mujer en el cuarto de afuera. Yo no era la única persona incómoda por eso. Varias personas murmuraron: "¿Qué le pasará?".

Cuando salí de la gruta, ella ya no estaba ahí. Volvieron a asombrarme los muchos signos visibles de curación ahí expuestos. Una fe enorme rodeaba a cada muleta, aparato ortopédico o retrato. Quienes exhibían con tanta gratitud la historia de su curación habían convertido ese cuarto en un santuario de honda fe, una fe que trasciende lo que la humanidad dice que no se puede hacer y confía en un Dios capaz de hacerlo.

Después fui a la capilla al aire libre, detrás de la misión, y bajé un pequeño cerro. Mientras bajaba lentamente, advertí que no había tenido aún la quietud indispensable para decirle a Dios por qué estaba ahí, qué necesitaba que me curara. Ahí, cerca del altar, en una de las filas, estaba la mujer sollozante, la única persona en la capilla. Seguía llorando desde el fondo de su corazón y su alma. Al menos llevaba llorando una hora.

Me senté al otro lado del pasillo para mirar el sencillo altar, buscando de nuevo abrir mi corazón para plantear mis necesidades y las de las personas por las que quería orar. Pero no podía concentrarme. Yo era experta en meditar, y me creía capaz de orar en cualquier parte, sin importar ninguna otra actividad en el área. Pero, en ese momento, Dios, Jesús o la Virgen María entró en mi oración y me dijo: "¿Cuánto más vas a esperar para consolar el llanto de esa mujer? Has pasado con ella toda la mañana, sin molestarte en saber quién es ni por qué sufre. ¿Eres mi fiel servidora? Haz lo que yo he hecho".

De inmediato, multitud de razones cruzaron por mi mente sobre por qué no podía consolarla. No la conocía. Tal vez quería estar sola. ¿Qué pensaría la demás gente si me viera con ella? Supe entonces que la curación que buscaba vendría como Jesús nos enseñó… amando a mi prójimo, o a una mujer sollozante, como a mí misma.

Me paré, crucé el pasillo y me senté junto a la mujer. Respirando hondo, la toqué ligeramente en el hombro.

–No sé por qué sufre tanto, pero quiero que sepa que me importa y que oraré por usted.

La mujer se volvió y me abrazó con fuerza. Estreché su espalda mientras ella seguía llorando en mi hombro. Intentó hablar varias veces, pero no pudo. La mantuve en mis brazos y palmeé y acaricié su espalda.

No sé cuánto tiempo estuvimos así. Finalmente, ella se soltó. Me dio las gracias muchas veces, y cuando nos miramos a los ojos, supe que veía a Dios en los suyos.

Pienso en el silencio sagrado que había ido a buscar y me di cuenta de que el silencio sagrado llega a veces con ruido, cuando tienes que "hacer lo que yo he hecho".

KERRIE WEITZEL

49

Mi estrella de mar sabatina

Después de vivir y trabajar en la industria del espectáculo de Los Angeles cerca de una década, rodeada por un mar de superficialidad, comencé a perder perspectiva. Ya no me importaba quién aparecía en la portada de equis revista o quién se ponía tal o cual vestido de marca en la más reciente ceremonia de premiación. Era la chica que le devolvía a su jefe una ostentosa bolsa de 400 dólares y en cambio compraba una de 10 en un bazar, única en su género. Siempre fui más bien una muchacha "única en su género". Siendo una chica no superficial que vivía en una ciudad superficial, decidí que necesitaba hacer algo más satisfactorio... pero ¿qué? Días después, en mi iglesia anunciaron que una prisión juvenil local necesitaba voluntarios. Convencida de que era una señal de Dios, me inscribí.

> Acordaos de los presos, como presos juntamente con ellos; y de los afligidos, como que también vosotros mismos sois del cuerpo.
>
> HEBREOS 13: 3

Empecé a ir al campo de prisioneros todos los sábados en la mañana. Primero teníamos misa con los muchachos, que oficiaba uno de los sacerdotes de mi iglesia, y luego había una hora de socialización. Los chicos tenían entre catorce y diecisiete años; la mayoría había crecido sin sus padres, y casi todos pertenecían a una pandilla (como lo hacían notar sus muchos tatuajes que les gustaba presumirme). Pensé que podían cambiar sus vidas. Lo único que necesitaban era un poco de fe. Un poco de aliento.

Los coordinadores del programa nos indicaron que teníamos que conversar con los mismos muchachos cada semana, para establecer una relación con ellos, algo que por lo general no habían tenido con sus padres. Después me enteré que la mayoría de ellos no eran religiosos; algunos ni siquiera creían en Dios, pero asistían a la misa y a la hora social porque estaban ansiosos de contacto humano con el exterior.

Cuando entré por primera vez al campo de prisioneros, los muchachos me dejaron fría. Eran tan jóvenes y tan guapos, y parecían tan inocentes; cualquiera de ellos podía haber sido mi hermano menor. No era posible que chicos así hubieran robado, ni matado a alguien... ¿de acuerdo? Por fortuna, no sabía qué delito había cometido cada muchacho, de lo contrario habría regresado corriendo a mi auto. Una de las reglas de los voluntarios era no preguntar nunca qué delito habían cometido; si ellos querían decirlo, lo hacían (y la mayoría terminaba por hacerlo, como descubrí muy pronto).

Fernando hizo amistad conmigo de inmediato. Fernie, como le gustaba que le dijeran, tenía dieciséis años, y había pertenecido a la misma pandilla que sus dos hermanos. Uno de ellos purgaba cadena perpetua y el otro se había ido de la ciudad para huir de la pandilla. Fernie fue arrestado por posesión de arma de fuego. Tenía unos hoyuelos tan grandes en las mejillas que aun si no sonreía, parecía que lo hiciera. ¿Y supuestamente tenía que creer que este chico había sido capaz de algo?

Al principio, los muchachos no se abrían mucho. Lo que llegaban a contar se refería a sus regaderazos, limitados a tres minutos; a la comida que ya les hartaba, y que no les permitían tomar café. Pero pronto empezamos a conversar de todo... su familia, su novia, la madre de su bebé, el tipo de delito que habían cometido. Sin embargo, con frecuencia querían saber más de mí. ¿Alguna vez me había metido en problemas? ¿Creía en Dios? ¿Tenía novio? ¿Ya era mamá?

Le pregunté a Fernie qué quería hacer una vez que saliera de ese campo.

—Comer el espagueti que hace mi mamá —respondió—. Y decirle a mi novia que la quiero mucho. Estar aquí te hace darte cuenta de que extrañas a los que quieres.

Qué conmovedor para un muchacho de dieciséis años, pensé. Luego le pregunté si iba a regresar a la pandilla. Me dijo que no quería, pero que era difícil.

—No puedes salirte así nada más... Te matarán.

Me explicó que prácticamente hay que huir de la ciudad para salirse. Uno de sus hermanos lo había hecho, y ya tenía familia e hijos en Utah. El otro nunca saldría de la cárcel, por homicidio involuntario. Fernie estaba en un *impasse*.

–Es como mi otra familia –dijo–. Sirve de mucho estar en la banda.

–¿Como para qué te sirve? –pregunté.

–Nos ayudamos. Hacemos fiestas y nos divertimos; no todo es violencia. También hay que proteger al barrio de tipos malos y ladrones. Además, ayudamos a los desamparados.

–¿Cómo?

–Tomamos mucha cerveza, y les damos los envases vacíos para que los vendan, y luego vienen a comprarnos drogas.

Terminada la hora, siempre nos tomábamos de las manos y rezábamos. Una semana tras otra, Fernie no quería pedir nada. Un sábado le dije que seguro tenía alguien por quién pedir, como familiares o amigos. Insistió que no. Así que pronuncié la misma oración de cada semana: por los muchachos, para que tuvieran la fuerza necesaria para no volver a las calles, ni a estos campos una vez que salieran. Pedía que contradijeran las estadísticas.

–Sé que pueden cambiar sus vidas –les decía.

Pensé que Fernie me creía hasta un par de sábados después. Saldría en una o dos semanas y me dijo:

–No quiero regresar a la vida de la banda, pero lo voy a tener que hacer.

Hasta entonces creí que había conseguido algún progreso con él. Frustrada, le dije:

–Hay otras maneras de vivir, sin la banda. Dios puede ayudarte si tienes un poco de fe. Además, Dios dijo: "Ama a tus enemigos" –añadí desesperada.

–¿Por qué? –preguntó–. Si lo hago, ellos me herirán o matarán en vez de que yo se lo haga a ellos.

Me quedé muda. Miré al cielo, con la esperanza de que Fernie no me viera llorar.

Me sentí impotente, preguntándome si algo de lo que les decía los conmovía. Me sentí descorazonada, cuestionando si influía al menos un poco en sus vidas. Decidí que mis días de voluntaria en ese lugar habían terminado; era demasiado difícil. Después de todo, ¿qué caso tenía?

Al día siguiente, el padre contó en la iglesia una hermosa historia sobre un muchacho que estaba junto al mar al bajar la marea, justo cuando las estrellas de mar se quedan varadas en la arena, a punto de morir. El chico devolvía al agua todas las que podía. Un hombre se acercó a preguntarle qué caso tenía, qué importancia podía tener eso, cuando había millones de estrellas de mar en tantos kilómetros junto al océano que no podría salvar. El chico tomó otra estrella de mar, la arrojó al agua y dijo: "Importa para ésa".

Al salir de misa, a todos nos regalaron una pequeña estrella de mar. Yo la metí a mi bolsa, para que me recordara que, después de todo, yo estaba ayudando a aquellos muchachos. Aun si sólo se les quedaba un granito de lo que les decía, me sentiría agradecida. ¿Cómo era posible que no regresara a seguir intentándolo?

Lo mismo que mi bolsa de 10 dólares del bazar, pronto advertí que todos esos muchachos eran únicos. Cada uno era una estrella de mar, a la espera de ser devuelta al agua. Y yo tenía que estar ahí para ayudar a todos los que pudiera... o al menos a uno de ellos... a regresar.

Meses después, Fernie me llamó por teléfono para decirme que para cambiar su vida se había ido a Utah a vivir con su hermano el "bueno". Se inscribió en la preparatoria y consiguió trabajo como lavaplatos. Me dijo que se sentía feliz aunque sólo lavara trastes. Me agradeció que hubiera tenido fe y creído en él. Cuando colgué el teléfono tenía lágrimas en los ojos de nuevo. Igual que la última vez, él no pudo verlas. Me fui a dormir sabiendo que al día siguiente vería otra estrella de mar.

NATALIA LUSINSKI

50

La tienda del cuarto de arriba

Una niebla gris y el frío unieron fuerzas para calar los huesos de quienes hacían compras aquí y allá el martes anterior al día de Acción de Gracias. Jack Frost[1] había besado todas las hojas, y el viento las hacía remolinear en el aire, formando un calidoscopio.

Veía esta hermosa escena desde la ventana de mi oficina en la majestuosa sede del St. Peter Home for Children. Un sacerdote dominico lo fundó en 1858, y muchas niñas fueron educadas aquí. En ese momento teníamos sesenta y ocho jovencitas, pupilas de tribunales locales, distritales y estatales. Todas ellas conocían los horrores del mundo, como estar hambrientas, desamparadas, abandonadas, victimadas, perseguidas, olvidadas. Lo que realmente necesitaban ahora era alguien que cuidara de ellas, las quisiera y volver a darles una oportunidad en la vida y un nuevo comienzo con Dios.

> Porque mirad hermanos, vuestra vocación, que no sois muchos sabios según la carne, no muchos poderosos, no muchos nobles.
>
> 1 CORINTIOS 1: 26

Como directora espiritual de estas muchachas, sabía que todas buscaban a Dios con ansia y desesperación. Por la gracia de Dios, ellas con-

---

[1] Jack Frost es un elfo legendario del folclor europeo con raíces en la tradición vikinga. En Gran Bretaña y Estados Unidos, Jack es una personificación del invierno responsable de las condiciones extremas de esa estación. (N. del E.)

fiaban en mí, y anhelaban conversar conmigo. Para muchas, yo era la figura materna que nunca tuvieron.

Mientras las coloridas hojas giraban, el timbre del teléfono me regresó a mis responsabilidades. Era el mecánico, para decirme que el costo de la reparación de mi auto ascendería a dos semanas de mi sueldo. Mi esposo Harry había sufrido un derrame cerebral, padecía ataques de epilepsia, tenía cáncer y Alzheimer; nunca podría volver a trabajar. Teníamos cinco hijos, y otro había muerto a los siete meses de edad. Confiaba en Dios, Nuestra Madre y la Divina Providencia… pero no tenía dinero para comer.

El hambre es difícil de soportar, y para mí era especialmente duro ver a mi esposo pasar hambre, ahora que tenía la mente de un niño. Yo también pasaba hambre, física y espiritual. La situación de Harry, mi incapacidad para proveerle alimento y mi deseo de Dios no hacían más que aumentar en medio de mi desesperación.

El mecánico me llevó el auto al trabajo. Le pagué y fui a misa de cinco, antes de volver a casa. Llegué temprano, me puse de rodillas y le abrí mi corazón a Dios, cubriéndome la cara con las manos. Me sentí un fracaso total, porque no tenía dinero para comer y sólo faltaban dos días para el de Acción de Gracias. Arrodillada en silencio frente al tabernáculo, las lágrimas rodaron por mis mejillas, cayendo al piso. Éste era el único lugar donde podía llorar. En todas partes tenía que ser fuerte y positiva. Aquí podía ser la persona vulnerable que realmente era. El silencio de la iglesia era agobiante.

Entonces me percaté que había alguien detrás de mí, y volteé. Era el padre Maury, el cura franciscano, quien me dijo:

—Terry, lamento interrumpir tu oración pero hoy recibimos unos víveres para el comedor comunitario para dar de comer a los indigentes y hay algunos que no usaremos. Espero no ofenderte, pero pensé que quizá te haría falta algo de comida.

Esto me sorprendió tanto que por un momento no pude decir nada. El padre Maury no estaba al tanto de los recientes acontecimientos en mi vida. Entonces pronuncié las palabras que más trabajo me han costado en mi existencia:

—Sí, padre, sí me hace falta.

Me sentí tocada por Dios. Su gracia llevó estas palabras a mi boca.

Cuando me puse de pie, el padre Maury dijo:

—Por favor, ven conmigo al comedor.

Volví a sentirme muy avergonzada, pero el padre no preguntó nada y sólo dijo:

–Ayúdame a ordenar estas latas. Tú sabes con qué preparamos aquí los alimentos, y el resto las guardaremos en el cuartito de arriba, junto a unos sacos con comestibles. Todos los días, cuando vengas a misa, sube a ese cuarto, toma lo que necesites y métele en una bolsa, para que tu familia crea que fuiste a la tienda.

Ambos ordenamos las latas, aunque por un instante pensé que no podría hacerlo. Cada lata parecía pesar diez veces más de lo que realmente pesaba. Era como si un cuchillo atravesara mi corazón y mi estómago. Supe entonces qué era depender de Dios para mi pan de cada día, y el de Harry. Me creía autosuficiente. Conocía el sistema de los servicios sociales, y había ayudado a muchas personas sin hogar ni recursos cuando trabajaba en Catholic Charities. Sabía cómo obtener ayuda, pero había sido demasiado orgullosa para pedirla.

El padre Maury y yo subimos muchas cajas de latas por las estrechas y enroscadas escaleras, que iban a dar a una vieja biblioteca, repleta de libros espirituales. Esta tienda del cuarto de arriba contenía ahora alimento para el alma y el cuerpo.

Cuando el padre y yo subimos la última caja y bajamos la angosta escalera por última vez, me dijo:

–Sígueme a la cocina.

Una vez ahí, abrió el refrigerador.

–Alguien nos trajo un pavo para quien lo necesitara, y quiero dártelo a ti, para el día de Acción de Gracias.

Con verdadera humildad, sólo pude decir:

–Gracias, padre Maury, por ser un instrumento de la bondad de Dios.

Él sonrió y me palmeó la espalda.

Todos los días en la misa, la eucaristía nutría mi alma, y luego la tienda de Santa María del cuarto de arriba nutría nuestros cuerpos. Pero esas latas también fueron alimento para mi alma, porque pusieron al descubierto mi orgullo, y la manera en que debía usar la gracia de Dios. Carecer de todo educa enormemente nuestra espiritualidad.

Entonces mi ser físico y espiritual comenzó a desbordar la misericordia, amor y bondad de Dios. La persona rica y llena de orgullo que había sido alguna vez fue "despedida con las manos vacías". Pero Dios llenó mi vacío y me hizo ansiar crecer más y más en su amor y hacer siempre su santa voluntad.

Tras doce años de sufrimiento, Harry partió a su morada eterna. Entonces me volví una viuda consagrada. Hice votos para dedicarme a la oración y el servicio a la Iglesia. Cuando mis cinco hijos, trece nietos y dos bisnietas me ven con mi hábito, exclaman: "¡Hermana Mammaw!", igual que los niños de la escuela católica de mil seiscientos alumnos de la iglesia de san Francisco de Asís, de la que soy directora de estudios religiosos.

Dios me sacó de mi abismo en total y amorosa unión con él.

HERMANA MAMMAW C. W.

51

Volverse católica

He evitado escribir sobre ese periodo de mi vida porque fue muy doloroso. En ese entonces, la sensación de vacío a menudo amenazaba con salir a la superficie, y gritar tan fuerte que temía que los demás pudieran oírla. Aunque para ellos, a veces yo era motivo de envidia, por ser una estudiante universitaria muy popular. Sin embargo, en vez de ser feliz era desdichada. De hecho, me sentía tan deprimida que la muerte me parecía tentadora. Por más logros que tuviera, nada parecía llenar mi vacío, ni mitigar el odio que sentía por mí misma. Mis amigas, mis compañeras de la fraternidad, mis familiares y hasta la psicóloga de la escuela hacían cuanto podían por mí, pero no servía de nada.

> Luego la fe es por el oír, y el oír por la palabra de Dios.
>
> ROMANOS 10: 17

Al final, decidí que sólo Dios podía ayudarme. Ansiaba ser invadida por una fuerte fe reconstituyente. Había visitado iglesias de distintas religiones, con amigas y parientes. Orando una respuesta, de repente me acordé de mi tía, con quien había ido a misa años atrás. Ella fue la primera católica en integrarse a nuestra familia extensa, y su fe me maravilló. Aunque nació con una lesión en la cadera, nunca se quejó. Después de casarse con mi tío, sufrió numerosos abortos antes que naciera mi primo. Pero su fe nunca flaqueó. Al pensar en ella, recordé cuánto deseaba ir a su granja lechera en Wisconsin, para poder ir a misa con ella. Cuando nos arrodillábamos para orar, me sentía rodeada por una paz que no conocía.

Empecé a examinar a mis amigas católicas, entre ellas a mi compañera de cuarto, y me di cuenta de lo mucho que las admiraba. Tenían algo que yo no tenía. Su fe las hacía mejores personas. Advertí lo seguras que eran, cómo querían a los demás. En especial, aprecié su atento apoyo en medio de mis dificultades.

Cuando empecé a salir con mi futuro esposo, Bob, teníamos largas conversaciones sobre la fe y la religión. Una soleada tarde de otoño, sentados solos en la sala de mi fraternidad, él me dijo:

—Espero no incomodarte, pero anoche estuve pensando en ti y te escribí un poema —sonrió de manera cordial—. Recuerda que estudio ingeniería, no literatura como tú.

Mirando la pequeña nota manuscrita, leí el estribillo: "Carol es como una hoja que flota en un río…".

Me quedé inmóvil, aturdida.

—¿Estás enojada?

—No, Bob, lo que pasa es que tú lo sabes. Y yo también lo sé. Me la he pasado tratando de agradar a todos, parientes, maestros y amigas. Me siento abrumada, culpable y frustrada. Es demasiado. ¡No sé adónde voy!

—Entiendo —dijo, estrechándome en sus brazos.

Las siguientes semanas, recé y pensé mucho en nuestra conversación. Escuchaba, y lo que oía era: "La Iglesia católica te ayudará a descubrir qué es lo importante, qué quiere Dios". Por primera vez me sentí abrazada por el perdón y límites sanos. La Iglesia católica era una teología que con seguridad perdonaría mis culpas. Lastimarse a uno mismo era pecado. Podría cerrar la puerta a pensamientos de esa clase. Empecé a sentirme viva, casi como si me hubiera congelado y ahora vibrara con una nueva fe. Sentía una presencia, un amor que me tocaba, no por lo que hacía, sino por lo que yo era. Comencé a tomar clases, y un año después, frente a familiares y amigos, fui bautizada. Por primera vez me sentí segura y a salvo, confiando en mi nueva fe.

Han pasado más de cuarenta años desde que me uní a la Iglesia católica. Con asesoría, oración, estudio y una familia que me quiere, he descubierto una vida milagrosa. No siempre ha sido fácil ser católica. Y no siempre ha sido fácil ser yo misma; no soy perfecta. He cometido errores y tenido dudas, pero la Iglesia católica siempre me ha dado la bienvenida a casa.

Ahora, cuando celebro la misa con Bob, mi paciente esposo durante cuarenta y cinco años, pido por nuestras tres hermosas hijas, sus esposos y nuestros tres nietos. Durante los meses del verano, Bob y yo ayudamos en la misión católica de la pequeña montaña, Nuestra

Señora de los Lagos. Recibimos, leemos, damos la comunión, anunciamos las ceremonias y, a veces, hasta limpiamos la iglesia, para que otros puedan llenarse de la curativa fe, esperanza y rumbo que yo encontré como católica.

CAROL STRAZER

52

Eso es lo bueno

Mi esposa iba a misa con regularidad, pero yo sólo la acompañaba de vez en cuando. Luego de varios años de ir algunas ocasiones, comencé a asistir cada semana. Un día dije que me gustaría sumarme a la iglesia. Esto significaba un largo proceso de un año de ir a reuniones una vez a la semana. Cumplí con entusiasmo, pues las clases me parecían muy interesantes.

Había varios maestros, a quienes se llamaba "miembros del equipo". Un grupo tenía un profesor muy especial, Dick Wellington. Usaba silla de ruedas, tenía una cabellera blanca que le llegaba hasta los hombros y siempre empezaba su clase diciendo: "Hola, santos". Tenía más de sesenta años y era muy delgado y de apariencia frágil. Junto a su silla llevaba siempre un tanque de oxígeno, con una boquilla que le ayudaba a respirar. Sin embargo, el enfisema no vencía su espíritu. Nos contó que junto con su esposa, Kay, había criado a cuarenta y un hijos adoptivos, y que por eso tenía ese aspecto. Preguntaba: "¿Me creerían si les dijera que tengo treinta y cinco años de edad?". Todos estallábamos en carcajadas, y él nos tenía justo donde quería. Entonces se ponía a enseñar, y cada vez que terminaba de exponer una cuestión religiosa añadía:

—Eso es lo bueno.

Seguí asistiendo a clases el resto del año hasta ser formalmente aceptado en la iglesia. Estaba tan animado que decidí convertirme en miem-

> Da al sabio, y será más sabio; enseña al justo, y acrecerá su saber.
>
> PROVERBIOS 9: 9

bro del equipo. Me integré entonces al grupo de maestros, y tenía que preparar mis clases. El diácono traía a Dick, y era un placer estar con él. Siempre estaba de muy buen humor, pese a su gran infortunio físico.

Una noche, el diácono dijo que ya no podría ir a recoger a Dick para traerlo a las reuniones y pidió un voluntario que lo sustituyera. Recordando lo que el Señor decía acerca de ayudar a los demás, ¿cómo podía dejar de ofrecerme? Así que llegué a casa de Dick, lo ayudé a subirse al auto con su tanque de oxígeno y metí la silla de ruedas en la camioneta. Dick no se perdía nunca las reuniones, ni siquiera en las frías noches invernales de Michigan. Esas noches eran especialmente malas para él, porque su estado físico empeoraba y le resultaba más difícil respirar.

Durante el trayecto conversábamos de las reuniones y de todo un poco, pero principalmente de religión. Sabía mucho. Había estudiado todas las religiones antes de sumarse a nuestra iglesia, y era una autoridad en todas ellas.

–Eso es lo bueno –agregaba, con una sonrisa.

Su sentido del humor y su conversación hacían que el tiempo en el auto pasara volando.

En lo personal, no tenía problema con la larga cabellera blanca de Dick, porque yo era de los años sesenta. Pero mi madre sentía que quería parecer un rebelde o algo así, y no le gustaba. Un día Dick llegó a la iglesia con el cabello corto. Le pregunté qué había sucedido. Dijo que se lo había dejado crecer para que la organización Locks of Love hiciera una peluca para niños calvos por el cáncer.

–No puedo hacer muchas cosas, pero sí dejarme crecer el pelo.

Mi pobre madre se avergonzó mucho, pero yo solté otra carcajada más, gracias a Dick.

Al pasar el tiempo, me enteré de que Dick estuvo en la fuerza aérea, y lo enviaron a Japón. Estando ahí, vio la necesidad de ayudar a los huérfanos de la Guerra de Corea. Así, tomó al toro por los cuernos y, con la ayuda de otros soldados, fundó un orfanato para esos pobres niños. Luego, ya como civil, trabajó en la iglesia y llegó a ser director de instrucción religiosa.

Su enfisema finalmente lo venció, y lo acercó a su última morada. Yo tocaba el piano, y la música religiosa me gustaba tanto que le solicité al director del coro que ordenara partituras de canciones para piano para mí. Un día después de que llegaron, me pidieron ir a casa de Dick, porque pronto fallecería. Cuando llegué, él aún podía reconocer a quienes lo rodeaban, pero ya no podía hablar. Me reconoció en cuanto entré a su recámara, e intentó levantar la cabeza. Kay estaba ahí para atenderlo, y le pregunté si a Dick le gustaría oírme tocar su piano. Dijo que le encantaría. Así pues, fui a la sala, y me puse a tocar siguiendo mis nuevas partituras y eligiendo melodías al azar. Toqué "Qué grande eres", que Kay le cantó a Dick. La enfermera me dijo que parecía que el Espíritu Santo guiara mis manos y el cielo dijera: "Dick, hiciste un buen trabajo, te mereces una despedida musical".

Cuando nos reunimos en el cementerio para darle el último adiós, un gaitero vestido en toda forma junto a nuestro grupo tocó "Gracia portentosa". Me rompió el corazón.

Esa noche al acostarme e intentar dormir, no dejé de pensar que había perdido a un amigo. Lloré, y luego empecé a enojarme con Dios. Le pregunté por qué me hacía eso. Había hecho lo que él quería, todo lo posible por ayudar a un ser necesitado, ¿y ésta era mi recompensa?

Entonces, en medio de mi ira, una hermosa voz dijo en mi cabeza: "Consuélate sabiendo que Dick está con nosotros". Dejé de llorar de inmediato y, ya más tranquilo, me invadió una profunda sensación de alivio.

Y cuando el cielo cuente esta historia, sé que Dick dirá:

–Eso es lo bueno.

Donald Cracium

53

Si sólo pudiera llamar a casa

Una noche, mientras decía mis oraciones, pedí consuelo para las familias de dos muchachos que acababan de morir. Cuando medité en su muerte, sentí un vivo deseo de poder consolar a sus familias brindándoles un destello de la promesa de Dios de "cosas que el ojo no vio ni oreja oyó son las que Dios ha preparado para aquellos que lo aman" (1 Corintios, 2: 9).

De pronto, recordé la ocasión en que mi hijo mayor, Jerome, fue a México dos semanas con uno de los párrocos y varios chicos de la preparatoria católica local. En ese entonces, él tenía quince años y yo nunca lo había "dejado salir", por así decirlo. Yo jamás había estado en otro país, así que mi opinión de México estaba influida por la televisión. Imaginé bandidos y redadas contra narcotraficantes, y que mi hijo era injustamente arrestado por la policía. Sé que parece absurdo, pero era difícil quitarse esa idea.

> Para todas las cosas hay sazón, y todo lo que se quiere bajo del cielo tiene su tiempo.
>
> ECLESIASTÉS 3:1

Lloré mucho el día que se fue. En repetidas ocasiones le dije a Dios que me perdonara por llorar a causa de un viaje de dos semanas a México, pero sabía que en mis lágrimas había algo más que mera preocupación. Todo el asunto era que "él estaba creciendo".

La primera noche que pasó lejos, el cura puso a todos los chicos a hablar por teléfono a su casa. Nunca olvidaré esa llamada. Jerome estaba tan emocionado que no podía dejar de hablar.

–Mamá, ¡deberías ver el mar! ¡Es tan hermoso aquí! ¡Deberías probar la comida, mamá! Donde vivimos, ¡una mexicana diminuta nos hace tortillas y auténticos frijoles refritos! ¡Deberías ver cuántas flores! ¡Te encantarían! ¡El clima es perfecto aquí! ¡Me estoy divirtiendo mucho!

Y siguió y siguió y siguió. La alegría en su voz bastó para que yo les pusiera un alto a mis lagrimales. Cuando colgué, pensé: "¿Cómo es posible que esté triste de que se haya ido cuando está tan feliz?". En ese momento, se me ocurrió una idea: qué lástima que nuestros seres queridos no pudieran "llamar a casa" desde el cielo. Si tan sólo pudieran decirnos lo felices que son, sufriríamos mucho menos por ellos.

Al acostarme me di cuenta de que podía escribir una canción sobre "llamar a casa". Aunque ya era tarde, me levanté de un salto y me fui a la computadora. Por experiencia sabía que cuando Dios me pedía escribir algo, me salía muy rápido. Así fue esta vez. Supe que venía de Dios y lloré. Siempre me siento muy humilde e impresionada cuando él actúa a través de mí.

Acaba de pasar por el largo y costoso proceso de grabar mi segundo CD; tenía que presentarlo pronto para su impresión, para que estuviera disponible en navidad. Así que me pregunté si podía pagar otra canción. Decidí dejarlo en manos de Dios y recé: "Bueno, Señor: si de veras es tu voluntad que yo agregue esta canción a mi CD, en una fecha tan avanzada, ayúdame a escribir la música mañana, y permite que fluya rápidamente".

Y así fue. La música llegó muy fácil y también con alegría, y añadí esa canción al CD.

Sin embargo, no recibí muchos comentarios sobre ella. Era extraño. Me parecía increíble que algo tan evidentemente recibido "de Dios" no tuviera más impacto.

Hace poco, una señora cuyos parientes viven en el edificio donde vive mi madre perdió a un hijo autista, de diecisiete años. Lo vi varias veces, y era un encanto. Siempre sonreía. Siempre tenía una palabra amable. Sentí pena por su familia, y aunque no conocía bien a la madre, sentí ganas de regalarle una copia de la canción "Si tan sólo pudiera llamar a casa". Pero siempre lo posponía, pensando que era demasiado pronto. Al volverlo a pensar, me di cuenta que no tenía su dirección. No obstante, la idea reaparecía con frecuencia, y me decía: "¡Tengo que darle la canción a la mamá de ese muchacho!".

Una mañana después de misa pasé al edificio a ver a mi madre y pensé llevar la canción conmigo. Deseché la idea cuando me percaté de que era muy poco probable que coincidiera con la mamá del chico, ya que apenas la había visto un par de veces.

Pero esta vez la vi entrar al edificio. Me disculpé con el grupo de residentes que tomaban café en el vestíbulo y corrí a casa por el CD. Hice rápidamente una copia de la letra y regresé para localizarla antes de que se fuera.

No sabía cómo se llamaba, así que me sentí un poco torpe. Cuando le di el CD y la letra en una hoja doblada por la mitad, le dije:

—Siento mucho que su hijo falleciera. ¡Era un joven muy educado!

Los ojos se le llenaron de lágrimas mientras me daba las gracias y hablaba de su dolor.

De repente palmeó el bolsillo de su blusa, donde llevaba su celular, y dijo con tristeza:

—Mi teléfono no paraba de sonar. Mi hijo me llamaba muchas veces al día. Lo hacía para contarme pequeñeces, como que estaba comiendo. Ahora… mi teléfono ya no suena nunca.

No podía creer a mis oídos. No le había dicho cómo se llamaba la canción. Por la gracia de Dios, esa madre doliente iba a recibir su llamada telefónica, después de todo.

ELIZABETH SCHMEIDLER

Si tan sólo pudiera llamar a casa

Veo tus lágrimas caer como la lluvia
y sé lo difícil que es soportar esa carga.
Pero si pudiera hacer algo que ayudara a sobreponerte,
le pediría al Señor una oportunidad para volver a hablar contigo.

Si tan sólo pudiera llamar a casa,
¡te diría que hoy volé junto a las águilas!
Y que la paz que siento resulta inexplicable
¡y el amor que alegra mi alma es incontenible!

Si tan sólo pudiera llamar a casa,
escucharías por mi voz que estoy muy feliz,
ahora descanso en presencia de Dios, quien me protege,
puedo reír y hablar con Jesús, mientras su luz me ilumina

Si tan sólo pudiera llamar a casa…

Ahora sé que me es fácil ser valiente
porque eres tú quien ha quedado atrás y triste.
Pero te prometo una cosa, hay mucho más de lo que crees,
haz tu mejor esfuerzo, confía en Dios para que el dolor se aleje.

Si tan sólo pudiera llamar a casa
te pediría que no te preocuparas y dejaras de llorar,
porque el amor de Dios mueve montañas y aleja el dolor
y lo que ves como muerte y pérdida en realidad es vida.

Y aunque no pueda llamar a casa,
cuando me necesites, me encontrarás en tu corazón.
Habla conmigo como siempre, y si no me escuchas
me encontrarás en la noche estrellada y en el canto de las aves.

Hasta que volvamos a encontrarnos, te amaré por siempre
la muerte no puede separar nuestro amor.
Nuestros corazones serán siempre uno
nuestro amor no ha terminado, apenas inicia,
¡como empieza mi vida!

ELIZABETH J. SCHMEIDLER ©2004

54

La fe más grande

—Te quiero, mi amor.

Bruce, mi esposo, se inclinó para abrazarme.

—Eres una mujer maravillosa. ¡Feliz aniversario!

—¡Sólo cállate! —rezongué, rechinando los dientes.

Ciertamente ésta no era la forma en que había planeado pasar nuestro noveno aniversario, haciendo trabajo de parto en el hospital para el nacimiento de nuestra cuarta criatura. Si hubiera podido retenerla unas horas más, esta habría nacido un día después de nuestro aniversario, y no habríamos tenido que compartir por siempre con ella nuestro día especial.

> Es pues la fe la sustancia de las cosas que se esperan, la demostración de las cosas que no se ven.
>
> HEBREOS 11:1

Las alarmas sonaron entonces. Enfermeras y médicos transmitieron códigos y llegaron corriendo a mi cuarto. Cada latido bombeaba rojo en el blanco absoluto a mi alrededor mientras nuestro bebé resbalaba desde mi matriz, azul, blando e inmóvil.

En un instante dejamos de lamentar que compartiríamos nuestro aniversario con el cumpleaños de la bebé y comenzamos a temer que esta fecha estuviera marcada para siempre por su deceso.

Apenas si me di cuenta de las transfusiones y medidas de urgencia de tantas que me administraron. Mi dolor no podía perforar el creciente silencio a la espera del primer llanto de mi bebé. Veía las espaldas de los médicos moverse frenéticamente para revivirla, y cada momento era más largo que el anterior. Cuando una de las enfermeras nos miró por encima del hombro, la posible consecuencia estaba escrita en su compasivo rostro.

—¡Por favor, Señor, por favor! —gritó mi esposo con voz agónica—. Nos permitiste darle vida física a nuestra hija, pero sólo tú puedes infundirle vida. ¡Por favor, Padre, danos esta criatura!

El llanto de nuestra bebita fue la respuesta a su oración. Dios la entregó a nuestros brazos, su aliento cálido y dulce en nuestras mejillas.

La celebramos y proclamamos como el gran amor de Dios a nuestros familiares y amigos, y a todos los que llegaron a ver a nuestra bebé. Todos ellos fueron testigos del gran milagro de nuestra niña crema y durazno, con sus moños y holanes rosas.

En su primer domingo de vida, acicalamos a sus hermanos y hermana y fuimos a misa. Cuando nos sentamos en la banca, al otro lado del pasillo vi a la señora con la que había coincidido varias veces en el consultorio. El parto de ambas estaba previsto para el mismo día, y bromeábamos acerca de cuál se demoraría más.

Llamé su atención agitando ligeramente la mano, y bajé la cobijita rosa para que pudiera ver a nuestra recién nacida. Esbozó una sonrisa a medias y asintió moviendo la cabeza.

Cuando nos pusimos de pie para cantar, sorprendida y complacida vi que ya no estaba embarazada. Seguramente ya había tenido a su bebé, y ansiaba compartir con ella la buena noticia después de misa.

Durante las oraciones de intercesión descubrí que no había ninguna buena noticia. Temblé incrédula cuando oramos por el alma de su bebé. Su hija nació, pero había muerto por una falla cardiaca el mismo día en que la nuestra se había salvado.

Mi corazón se encogió y volteé hacia ella, apoyada en el hombro de su esposo. Su rostro estaba surcado por las lágrimas, y el de su esposo tenso por el dolor compartido.

Mientras nosotros nos regocijábamos con el primer aliento de nuestra hija, ellos habían recibido el último de la suya.

Mientras nosotros abrazábamos el regalo que representaba nuestra hija, ellos habían confiado en que Dios abrazaría a la suya.

Mientras nuestra bebé llegaba a casa en nuestros brazos, la suya se marchó a casa en brazos de Dios.

Cuando nos acercamos a comulgar, ambas llegamos al pasillo codo a codo.

Recibimos el cuerpo de Cristo al mismo tiempo, ella en las manos con que acarició cariñosamente a su bebé por última vez, yo con las que acaricié a la mía la primera de muchas veces.

Su veneración, su confianza, su disposición para ver a Dios a través de su angustia me tocó en lo profundo.

Mi corazón latió con fuerza y pregunté: "Padre, ¿cuál de estas dos madres que estamos frente a ti tiene la fe más grande? ¿Yo, la madre cuya fe se fortaleció gracias a que sus brazos se llenaron con la vida que tú salvaste? ¿O esta otra madre cuyos brazos están vacíos pero que está aquí por la fuerza de su fe?".

En ese momento, nuestros ojos se encontraron, y nos tomamos de las manos.

—¡Dios la bendiga! —murmuramos, ella alegre por mí, yo apenada por ella. El amor de Dios irradió entre nosotras.

Ha pasado el tiempo y mi bebé ya es madre ahora. La que perdió a su bebé bailó en la boda de mi hija hace un par de años.

La experiencia de la mano de Dios bajando hasta nosotros para salvar a nuestra hija no se ha desvanecido, como tampoco el recuerdo de ese día al pie del altar, donde presencié una confianza y fe tan absoluta.

¿Cuál madre se acercó al altar con fe más grande? Sólo Dios puede asomarse a la esencia de la respuesta.

CYNTHIA HAMOND

55

De una madre a otra

Mi educación católica me ha sido de gran utilidad. Hasta la fecha, puedo recitar de memoria algunas partes de la misa en latín, y muchas oraciones. El olor a incienso aún me devuelve al momento de la bendición en nuestra hermosa iglesia, las muchachas a un lado del pasillo y los chicos al otro. Mi futuro esposo estaba entre ellos.

Pero por buenos que sean los recuerdos de mi educación católica, no constituyen mi fe adulta. He sido bendecida en abundancia, pero también puesta a prueba hasta el límite. Cuando mi hermana estuvo a punto de morir a causa de un accidente automovilístico, acudí a Dios. Cuando mi esposo hizo frente al cáncer, acudí a Dios, a quien visitaba con frecuencia para orar o sentirme a salvo en cualquier iglesia católica por donde pasara. Toda mi vida he murmurado a su oído mis temores, preocupaciones, esperanzas y sueños.

> El rezo que empieza con fe y luego transita a la esperanza, terminará siempre en gratitud, triunfo y alabanza.
>
> ALEXANDER MACLAREN

Entonces llegó el gran desafío… lo que más tememos todos… la materia misma de las pesadillas. Mi hija casada, madre de una nena, contrajo meningitis a principios de diciembre, un día después de que todos llevamos a su bebé a su primera ceremonia de encendido del árbol de navidad. Sufría con ella al verla, desvalida, soportar terribles dolores de cabeza.

La noche más larga y difícil de mi vida fue velar junto a la cama de mi hija mientras ella luchaba por permanecer con nosotros. Sentí la presencia de Dios cuando pedí fuerzas para resistir aquellas horas de agonía. Pedí sabiduría para saber el curso de acción correcto pese a la inercia del médico. Ocho horas después, nuestra hija fue trasladada a la unidad de cuidados intensivos, donde cayó en coma y sus funciones físicas comenzaron a fallar.

El 23 de diciembre la visitó el mismo cura que la había casado. Fue ungida. Mi yerno, mi esposo, algunos amigos y yo nos tomamos de las manos y oramos. Jamás pensé ver llegar el día en que mi hija recibiría el sacramento de la unción de los enfermos. Llamarlo por su antiguo nombre de extremaunción estremecía todo mi cuerpo, y mis rodillas flaqueaban.

Puse el nacimiento justo después del día de Acción de Gracias, un poco anticipadamente para nosotros. Pero algo me impulsó a hacerlo. Ahora sé que fue una inspiración divina. Cada vez que iba un rato a casa, me detenía a contemplar a la madre de Jesús en ese pesebre tenuemente iluminado. Jamás creí posible identificarme tanto con ella. La Virgen había visto a su hijo sufrir y morir. Yo estaba viendo sufrir a la mía. Pedí que no muriera.

Horas después de que fue ungida, vimos que movía los dedos en forma apenas perceptible. Al preguntarle si nos oía, ¡parpadeó! El alivio entre el personal del hospital fue palpable; nuestra alegría, pura y profunda. ¡Mi hija volvía a nuestro lado!

Semanas después regresó a casa, con su bebé. Tardó meses en recuperarse, pero estaba viva, y eso era lo más importante.

Todos decían que un milagro navideño había tenido lugar en el hospital ese 23 de diciembre. Lo comentaban en los elevadores y en la cafetería. El personal administrativo difundió la buena noticia por todo la institución.

Ese año no encendimos las luces de navidad hasta que la crisis pasó. No tuvimos árbol, pero fue la mejor navidad de nuestra vida. Me paré de nuevo ante el pesebre y miré a los ojos a la Virgen María. De una madre a otra, mis oraciones fueron respondidas. Gracias a la intercesión de la Santísima Virgen, evité lo que ella tuvo que soportar.

EILEEN KNOCKENHAUER

56

Portador de Cristo

Mi esposo y yo decidimos pasar la navidad en nuestra casa en la ciudad, porque teníamos problemas de salud. Viajar para visitar a una de nuestras hijas sería demasiado estresante, así que previmos una tranquila temporada navideña en compañía de amigos.

Llevábamos apenas tres años viviendo en ese vecindario y ya pertenecíamos a esa parroquia. Aunque no conocíamos a muchos feligreses, nos sentíamos acogidos por nuestra comunidad de fe. Supuse que viviríamos experiencias espirituales satisfactorias celebrando la llegada del Príncipe de la Paz. Pero jamás pensé que me esperara un acontecimiento tan conmovedor.

> De cierto os digo que el que no recibiere el reino de Dios como un niño, no entrará en él.
>
> MARCOS 10: 15

Me apunté para asistir como ministra de la eucaristía en la misa de navidad de las ocho de la noche, y mi esposo se ofreció como encargado del orden.

Nos preparamos en la sacristía para la misa y la llegada del hijo de Dios recitando la oración de costumbre. Nuestro párroco, el padre John, nos instruyó para disponernos a un tipo diferente de procesión. Dijo:

—Vamos a reunirnos en la entrada de la iglesia. Haré que un chico traiga al Niño Jesús.

Nos encaminamos a la entrada, donde una pareja con tres hijos ocupaba la última banca. Todos eran de cabello oscuro, menos el que estaba junto al papá. Al colocarnos detrás de la última banca, el padre John se inclinó hacia la madre y le habló. Ella le hizo una indicación a su esposo. Éste se paró y se acercó al padre. Ambos hablaron un momento. Luego el papá le hizo señas al chico que había estado junto a él para que se quitara su chamarra y viniera a colocarse entre sus padres.

Lucía pálido y delgado, con enormes ojos cafés que resaltaban en su rostro. Escasos y alborotados cabellos claros apenas cubrían su cabeza. Aun así el cabello suelto y la camisa de manga larga hacían dudar sobre el género de la criatura.

El padre John se inclinó a su lado y le entregó la imagen del Niño Dios. El chico lo acunó tiernamente y se dispuso a recorrer el pasillo. El papá se aproximó, como resuelto a acompañarnos.

El padre John se volvió entonces hacia nosotros y dijo:

—Jeremiah salió hoy mismo del Roswell Park Cancer Institute.

Miré al chico.

—Jeremiah, tú vas a ser como el ángel que anunció la llegada del Niño Jesús.

El pequeño no dijo nada, pero su sonrisa pudo haber servido como un faro. De hecho, nos guió.

Nos formamos en filas para dirigirnos al altar detrás de Jeremiah y su preciosa carga. Su papá parecía resistirse a que se marchara, pero finalmente se hizo a un lado.

En la procesión, Jeremiah miraba alternadamente al Niño Dios y el sencillo nacimiento al pie del altar. Al final del pasillo, los ministros ocupamos nuestra posición habitual frente a la primera banca.

Nuestro joven guía y el padre John avanzaron hasta el nacimiento. Jeremiah depositó cuidadosamente al Niño en el pesebre. Luego, el padre John y él se pusieron de rodillas y adoraron a Jesús. La mirada de gratitud y alegría de Jeremiah me hizo llorar. En ese momento ese chico nos representaba a todos. Había llevado a Cristo a una parroquia llena de personas agobiadas por temores de enfermedad, ruina económica y toda suerte de inseguridades. Presentó a Dios ante quienes sufríamos de desesperanza, dolor y soledad. Como todos los creyentes bautizados, Jeremiah llevó a Cristo a los demás, tanto a quienes conocía y amaba como a quienes no había visto nunca.

Cuando se volvió para alejarse del pesebre, vi a su padre de pie al final del pasillo, listo para conducirlo de nuevo a su banca. El muchacho seguía con una enorme sonrisa. Sólo mirarlo me llenó de dicha.

Terminada la misa, me acerqué al nacimiento. La familia de Jeremiah se aproximó también, se puso de rodillas y oró. Cuando se disponían a marcharse, dije al más chico:

—Hiciste un gran trabajo al traernos a Jesús.

Su madre sonrió y repuso:

—Justo hoy salió del Roswell Park Cancer Institute.

Percibí una especie de tristeza en sus ojos.

—Reconocí el peinado –le dije–. Y soy una prueba viviente de que es posible vencer al cáncer.

—¡Dios la bendiga! –exclamó, abrazándome estrechamente.

Jeremiah llevó a Cristo a nuestra parroquia en la nochebuena.

Y cuando llega el Niño Jesús, nos llena de inmensa alegría.

Sandy McPherson Carrubba

57

La mano orientadora
de una madre

Un rayo estalló en el cielo como los fuegos artificiales del 4 de julio mientras la lluvia golpeaba con ritmo constante nuestro techo. Aunque yo ya tenía cinco años y estaba acostumbrada a las tempestades, ésta era diferente. En vez de truenos retumbantes, en el aire reverberaban rayos explosivos que sacudían nuestra casa.

Mas los que esperan al Señor tendrán nuevas fuerzas; levantarán las alas como águilas; correrán, y no se cansarán; caminarán, y no se fatigarán.

Isaías 40: 31

Asustada, corrí hasta mi madre, que estaba planchando en la cocina.

—¿Se va a caer la casa?

Ella dejó de planchar, me llevó a la sala y me sentó en su regazo.

—No debes tenerles miedo a las tormentas.

Yo estaba temblando.

—No me da miedo la lluvia, sino los rayos.

—¿Quieres saber cómo no tener miedo? —me preguntó.

Relajada en sus cálidos brazos, inquirí:

—¿Cómo?

—Rezando —respondió simplemente—. Cuando los discípulos le preguntaron a Jesús cómo rezar, él les enseñó la oración del Señor, que tú ya conoces. Ya la sabes, ¿pero sabes lo que quiere decir?

Aunque la había aprendido de memoria, no entendía algunas de sus palabras, así que sacudí la cabeza.

Mi madre dijo:

—Digámosla juntas, y si no entiendes algo, dímelo.

—Padre nuestro que estás en el cielo…

Luego de la primera oración, me detuve y pregunté:

—¿Quiere decir que todos tenemos dos papás?

Mi madre sonrió.

—Sí, todos tenemos otro padre que vive en el cielo, al que no podemos ver. Lo llamamos Dios. Él envió a su hijo, Jesús, a enseñarnos lo importante que es el amor.

Me pareció una buena idea, pero la palabra "santificado" nos esperaba inmediatamente después.

—¿Qué quiere decir "santificado"?

—Quiere decir amar y honrar a Dios, nuestro Padre celestial.

Seguimos con la oración hasta llegar a "ofensas", donde me detuve y pregunté:

—¿Qué quiere decir "ofensas"?

Mamá me explicó pacientemente.

Cuando acabamos la oración, la tormenta había terminado y el sol cubrió el cielo. Al asomarme por la ventana de la sala, vi listones de colores que formaban un arco. Lancé una exclamación al señalarlo, asombrada de su belleza. Mamá me abrazó.

—Dios hizo el arco iris para recordarnos que no debemos temer a la lluvia. Siempre que tengas miedo, piensa en el arco iris y en la oración del Señor y se te quitará.

Eso sucedió hace muchos años, y miles de padrenuestros atrás. Al paso de los años he vencido el miedo y resistido muchos sucesos tormentosos en mi vida diciendo esta breve oración.

Durante la Gran Depresión, cuando oí al doctor decir a mis padres: "No creo que ella sobreviva".

"Padre nuestro que estás en el cielo…"

Un tumor…

"Santificado sea tu nombre…"

Dos ocasiones en que estuve a punto de ahogarme.

"Vénganos tu reino, hágase tu voluntad…"

Un asalto a mano armada.

"Perdona nuestras ofensas…"

Un vuelo abortado después de despegar.

"Y líbranos de todo mal."

Mi madre se marchó hace muchos años, pero durante la lluvia y otras tormentas de la vida, recuerdo esa tarde lluviosa y el secreto de mamá para vencer el miedo.

Una generación después, mi hija vino a mí durante una tormenta:

–Tengo miedo.

La puse con delicadeza en mi regazo.

–¿Quieres saber cómo no tener miedo? Déjame que te cuente.

SALLY KELLY-ENGEMAN

CAPÍTULO

El poder de la oración

Pedid y se os dará; buscad y hallaréis;
llamad y se os abrirá.

MATEO 7: 7

58

Sagrado Corazón de Jesús

D e niña era muy devota del Sagrado Corazón de Jesús. Fascinada por su corazón rojo coronado de espinas y radiante como el sol, guardaba como un tesoro su sacra estampa, rezaba su letanía y hasta iba a misa los primeros viernes de cada mes.

Entre el octavo grado y la edad adulta, terminé considerando anticuada esta devoción y la ignoré… hasta 1996, cuando Kate, mi hija, de doce años de edad, se volvió anoréxica. La depresión y la pérdida de veinte kilos la enviaron al hospital ese invierno. Recuperó peso y fue dada de alta, pero después de volver a casa perdió otros cinco kilos. Su débil corazón, pálido semblante y miedo implacable a comer justificaron que solicitáramos su retorno al hospital.

> Si algo pidiereis en mi nombre, yo lo haré.
>
> JUAN 14: 14

Amigos y familiares movieron cielo y tierra por ella, enviaron tarjetas en las que se comprometían a consagrarle determinado número de misas y brindaron su presencia compasiva. Mi amiga Denise me regaló una cinta titulada "Our Lady's Role in Healing" ("El papel de Nuestra Señora en la curación"), producida por el Sacred Heart Institute, un servicio de curación que encabezaba el padre Gerald Ruane. Este padre y sus equipos viajaban por parroquias de todo el noreste de Estados Unidos celebrando misas y haciendo imposición de manos sobre los enfermos.

—Creo que esto te puede servir —me dijo Denise al darme la cinta.

A sugerencia suya, llamé a aquel instituto para inscribirme en su lista de correo. Transcurridas algunas semanas recibía su programa, pero por lo general las misas eran demasiado lejos, o la fecha ya había pasado.

El primero de junio, el primer día del mes dedicado al Sagrado Corazón de Jesús, Kate cayó en una desesperación profunda, sollozando y pidiendo morir. Mientras yo lloraba y le daba un masaje en sus hombros huesudos, pedía en silencio: "¡Sálvanos, Jesús mío! No quiero perder a mi hija".

Tomé a Kate entre mis brazos hasta que se durmió, y luego revisé el correo, y entre facturas y revistas, estaba el más reciente programa de visitas del padre Ruane a las parroquias de nuestra área. Cuando seleccioné el folleto, me enteré de que esa semana habría una misa de curación en una parroquia cercana.

Asombrada, miré al cielo y murmuré:

—¡Jesús, realmente escuchas!

Más tarde le dije a Kate:

—Vamos a ir a esa misa. Es la noche anterior a tu regreso al hospital.

Así, una noche húmeda y calurosa, ella y yo viajamos sin aire acondicionado y las ventanas cerradas. El verano se aproximaba, pero Kate seguía teniendo frío y se arropaba bajo capas de pantalones de lana, blusas y chamarras, intentando soportar su invierno personal causado por la severa pérdida de peso.

El padre Ruane celebró la misa, y en su sermón y sus oraciones habló del profundo amor y curación del Sagrado Corazón de Jesús. Kate y yo escuchamos, oramos con fervor y recibimos la eucaristía. Cuando terminó la misa, nos integramos a la fila en el pasillo central, donde esperamos la imposición de manos. En cierto momento, una brisa se coló en la iglesia cuando alguien salió por las puertas de roble. Preocupada de que Kate se enfriara, me volví de inmediato para ver cómo estaba.

—¡Hace calor aquí! —exclamó con una voz alegre que no le había oído en meses.

Por increíble que parezca, se había quitado su chamarra e instalado en una banca junto al pasillo.

Abrí los ojos, asombrada. Su frágil cuerpo no había dejado de temblar ni sentía calor desde septiembre último. Entonces pensé: "¿Estoy viendo en acción tu mano sanadora, Jesús?". Inhalé profundo, esperando y observando.

Cuando llegamos al frente, el padre Ruane nos preguntó qué tipo de curación necesitábamos. Yo susurré:

—Mi hija es anoréxica.

Sin titubear, pasó junto a mí, cubrió los hombros de Kate con sus brazos y comenzó a orar por ella. Diez minutos después le dio su bendición y nos deseó buenas noches.

Kate descansó mientras yo conducía de regreso a casa. Como la Virgen María al escuchar las profecías de Simeón en el templo, yo ponderaba todos aquellos sucesos en mi corazón.

A la mañana siguiente, mi esposo y yo volvimos a llevar a Kate al hospital, para su segunda estancia. Al despedirnos, ella me miró a los ojos y me aseguró:

—Todo va a estar bien, mamá.

Kate hizo un gran esfuerzo por resolver las cosas que la atormentaban. Hasta el personal de la clínica advirtió su nueva determinación y creciente optimismo en su recuperación. Yo también pude enfrentar esta batalla con una esperanza renovada, aferrándome a la posibilidad que sentí la noche de la misa.

Un mes más tarde, Kate consiguió que la dieran de alta, después de recuperar una aceptable cantidad de peso. Aún faltaba un largo y accidentado camino por recorrer, pero dejó de pasar hambre y jamás tuvo que regresar al hospital, poniendo fin a ese invierno brutal. Mi hija estaba de vuelta.

También recuperé a mi viejo amigo, el Sagrado Corazón de Jesús, o quizá fue al revés. Después de todo, ¿no había sido yo quien había dejado de recurrir a él? Aunque había interrumpido nuestra amistad, él no olvidó nunca a su amiga y cumplió su antigua promesa de consolarme en la aflicción e instaurar la paz en mi hogar. Una imagen del Sagrado Corazón de Jesús pende ahora de mi cocina, en honor al amor, compasión y fidelidad de mi querido amigo… por no hablar de su ingenio.

Meses después, Denise me llamó un domingo en la tarde.

—Dottie, ¿fuiste tú la que me inscribió en una rifa? ¡Me llamaron del Sacred Heart Institute para decirme que gané el primer premio en su sorteo!

—¡Sí! —exclamé—. Te metí en un sorteo de recaudación de fondos, porque fuiste tú quien me puso en contacto con la institución.

Soltando una carcajada, ella proclamó:

—¿Sabes qué es lo curioso del asunto? Que el premio es un cupón de quinientos dólares para el supermercado King. ¡Para adquirir alimentos! ¿Dios tiene sentido del humor o qué?

Dorothy LaMantia

59

Como cuentas en un cordón

É ramos nueve mujeres con sólo una cosa en común: el ejército y cierta relación con el catolicismo. Ninguna de nosotras supuso que nuestra vida pudiera cambiar de modo significativo en menos de nueve meses, pero Dios sabía que sólo estaríamos juntas durante una breve misión militar en Fort Leavenworth, Kansas, y él trabaja rápido. Una por una, él hizo de nosotras una sarta, como la cuentas de un cordón.

Dios comenzó con Tracy. Convertida al catolicismo, ella era una animadora auténtica que hacía que todo mundo quisiera participar en lo que planeaba. Para todas nosotras, un círculo bíblico de mujeres católicas en la capilla del campamento era una novedad cuando un orador dio una explicación sobre el rosario. Tracy no dejó de sonreír mientras lloraba. Al final tomó de las manos a su vecina y contó que había formado parte de un grupo de rezo del rosario antes de cambiar de sede y que ansiaba iniciar otro aquí. ¿A su vecina Tami le gustaría entrar?

> Ahora estarán abiertos mis ojos, y atentos mis oídos, a la oración en este lugar.
>
> 2 CRÓNICAS 7: 15

Tami no sabía cómo había ido a dar a un círculo bíblico católico. Era de formación luterana, pero apenas empezaba a tomar en serio su fe. Este asunto católico la intimidaba, e intentó pensar rápidamente en una buena razón para evitar el grupo del rosario. Pero tenía que admitir que regularmente Dios ponía en su camino a las personas y situaciones indicadas, y no podía negar que su mano estaba presente en la invitación de

Tracy. Como no tenía rosario, ignoraba por completo cómo funcionaba esa oración, pero de todas maneras dijo que sí.

En el extremo contrario de Tami estaba su vieja amiga Tanya. A ella también la intimidó la presentación del rosario, y pensó que un grupo de oración no era adecuado para ella. Pero el traslado a Leavenworth había despertado su deseo de conocer mejor a Dios y su Iglesia. No sabía dónde terminaría todo esto, pero estaba tan intrigada que se apuntó.

Yo acepté asistir pese a mi incomodidad. Me había convertido siendo ya adulta, como Tracy, y aunque la Iglesia y los sacramentos me fascinaban, me inquietaba la idea de rezar de otra forma que no fuera la conversación íntima que había sostenido con Cristo desde mi infancia. El rosario parecía una oración anticuada, centrada en Cristo. Pero muchas de las creencias de mi formación habían demostrado ser falsas, así que estaba dispuesta a seguir ésta y descubrir cuál era la verdad.

Stacey sufría ansiedad severa desde el nacimiento de su tercer hijo, un año atrás. De niña había asistido a escuelas católicas, y sospechaba que la oración regular le ayudaría.

Jenn era católica de nacimiento y durante muchos años se había empeñado en educar a sus hijos en una fe verdadera e importante. Sus desplazamientos militares le dificultaban ser constante en lo relativo a ir a la iglesia, y pensó que una devoción profunda influiría positivamente en su familia.

Nikki había caminado con Jesús toda su vida. Educada en una dichosa familia católica, su fe se sacudió cuando un conductor ebrio la atropelló junto con una amiga de la preparatoria. Su fe se fortaleció al final, pues se libró de heridas graves y su amiga se recuperó por completo. Con tres niños pequeños, uno de los cuales, el de dos años de edad, tenía autismo, sabía que necesitaba apoyo y rompió a llorar cuando Tracy la invitó a unirse al grupo.

Lauren aún estaba muy triste por la muerte de su madre, tres años atrás. De formación católica, creía en todo, pero en realidad no había buscado consuelo en su fe hasta que llegó a Kansas. Al desempacar el rosario que había recibido en herencia, se quebrantó al darse cuenta de que aquéllas eran las cuentas que su mamá le había dado al morir. Fue como si su mamá supiera que algún día las necesitaría. Por fin estaba dispuesta a usarlas para permitir que Dios la sanara.

Janet también creció en una familia católica, pero pasaba la mayor parte de su vida adulta rodeada por amigos protestantes, que la cuestionaban con preguntas que ella no podía contestar. Aunque supuso que se encontraría con señoras de cabellos grises, le sorprendió hallar a otras mamás treintañeras en el círculo bíblico. Entrar al grupo del rosario resultaría ser justo lo que necesitaba para cimentar su fe.

Lo que hacíamos era muy simple. Nos reuníamos los martes a las nueve de la noche en una de nuestras salas. Compartimos las intenciones de nuestra oración y rezábamos juntas el rosario, cambiando los misterios cada semana.

Nuestras peticiones eran tanto despreocupadas como angustiosas. Rezábamos por parejas que querían concebir, e informábamos dichosas de resultados positivos de exámenes y nuevos bebés. Teníamos una lista de pacientes con cáncer, y llorábamos juntas a causa de diagnósticos esperanzadores y muertes trágicas. Conocíamos a muchos niños enfermos y rezábamos la ferviente oración de toda madre que sabe que fácilmente podría ser uno de sus sufrimientos.

Y veíamos respuestas.

La oración de Tracy por el problema del ojo de su sobrina provocó un feliz diagnóstico de ausencia de cáncer.

La petición de comprensión de Tami le trajo paz mientras profundizaba en las enseñanzas de la Iglesia católica.

La oración de Tanya por su propio trayecto la llevó a celebrar su primera reconciliación y confirmación, con todo el aliento de nuestra parte.

Mi oración por el futuro de mi familia fue respondida por la posibilidad de elegir la misión militar más conveniente y el encuentro de una casa nueva, lo suficientemente grande para cinco hijos.

La oración de Jenn por su hermano fue respondida por la búsqueda en Dios, por parte de él, de la ayuda que necesitaba para combatir una adicción.

La oración de Stacey cuando se vio frente a un traslado inmediato y el despliegue inminente de su esposo fue atendida con la serenidad y sentido del humor con que tomó la transición.

El hijo de Nikki fue puesto en una excelente terapia de autismo y progresaba en forma milagrosa.

Lauren encontró la manera de sobrellevar su duelo rezando el rosario con las cuentas de su madre, y comenzó el proceso de una verdadera curación.

El deseo de Janet de saber más sobre su fe la condujo a un curso apologético y al deseo de asumir el papel de facilitadora del círculo bíblico para el año siguiente.

No duró mucho tiempo, pero todas cambiamos. Sistemáticamente obteníamos nuevas ideas de la vida de Jesús, mientras meditábamos en aquellos misterios. Orábamos más en nuestra vida diaria. Y aunque con frecuencia rezábamos juntas hasta después de medianoche, éramos mamás muy ocupadas, y el sueño perdido fue un costo mínimo por pagar.

Al cabo de un año juntas despedirnos fue doloroso, pero sabíamos que un día volveríamos a rezar las dos en el cielo. Mientras tanto, el rosario seguiría uniéndonos.

Dios nos había elegido a cada una de nosotras, nos enlazó como las cuentas del rosario y nos unió para siempre.

SUSANNA HICKMAN BARTEE

60

El velo

Cuando Justin, mi hijo de dieciséis años de edad, se suicidó… en forma inesperada, sin el menor aviso… me hundí en un intenso periodo de pesar.

Un largo y lúgubre día de febrero, mientras me encontraba en lo más hondo de mi inconsolable sufrimiento y angustia, abrí un regalo de Mary Jo, una amiga de Denver. Dentro encontré un paño tejido color tangerina, que remataba en un largo fleco. Un velo. Estaba en mi cocina, y comencé a llorar, asombrada por la forma en que consuela el Espíritu de Dios. No tenía idea de lo que era un velo, ni de que existiera todo un oficio creciente para confeccionarlos. En la bolsa del regalo también venían una tarjeta y una "Oración del consuelo", escrita por Cathleen O'Meara Murtha, DW. ¡Yo conocía a Cathleen! Envuelta por las tejidas oraciones anaranjadas de Mary Jo, leí la oración de Cahty, mi amiga de Connecticut. El amor entretejido de mi amiga presbiteriana y una religiosa católica que no se conocían entre sí trenzó un abrazo de amor que me envolvió con fuerza, brindándome esperanza.

> Porque tu poseíste mis riñones, cubrísteme en el vientre de mi madre. Te alabaré, porque formidables y maravillosas son tus obras.
>
> SALMO 139: 13-14

Semanas después, una amiga llegó inesperadamente a mi puerta un día en que mi pesar parecía infinito. Me obsequió el regalo de su presencia… y un segundo velo. Éste era totalmente blanco, y lo bastante grande para cubrirme o envolverme por completo en un abrazo suave y puro.

Totalmente diferente al velo anaranjado, éste era un manto bautismal que me recordó que las aguas del bautizo arrancan nueva vida y resurrección de la muerte.

No mucho después, estaba en el aeropuerto de Denver camino a California. Mi compañera de viaje me alcanzó allá con un paquete. Envuelto en un papel tornasolado estaba un tercer velo, tejido por una amiga de Indiana. En su color azul y forma triangular destellaban hilos rosas, blancos, turquesa y plata a todo lo largo del paño y los flecos. Ruth me escribió en la tarjeta que ése era el primer velo que había tejido. Además, semanas después iniciaría un grupo de tejido de velos en su iglesia. Envuelta en esas hebras azules, conocí el profundo misterio de la misión de Dios para nuestra vida.

En agosto llegó por correo un paquete enorme. De inmediato reconocí la distintiva letra de Sarah, estudiante en mis años en el campus del ministerio. Picada por la curiosidad, arranqué el papel en el mostrador de la cocina para descubrir una gran caja de cuadros blancos y dorados, cerrada con un listón blanco. La tapa estaba salpicada de palabras: "comparte, esperanza, anhelo, gozo".

Desaté el moño vacilante, y ahogué una exclamación al comprender. Una tela azul oscuro acarició mis manos, mientras sacaba de la caja un velo de dos metros de largo con el que rodeé mis hombros. Medallones, alfileres y botones bordeaban el fleco. Mis dedos trazaron cruces de todos tamaños y formas, conchas, una rosa de cerámica, viejas medallas sagradas, alfileres con ángeles e incluso un anzuelo para pescar.

Al asomarme nuevamente a la caja, vi una colorida hoja de papel adornada con mariposas. En letra manuscrita con tinta azul había una lista de veinte nombres de jóvenes adultos a los que yo conocía muy bien. Todos eran exestudiantes con quienes había trabajado, jugado y rezado y que ahora vivían en muchas ciudades estadunidenses y en países tan remotos como Filipinas y Nueva Zelanda. Junto al nombre de cada persona había una descripción del amuleto y la oración que había aportado al velo, cada uno de los cuales era una ofrenda de curación, esperanza y amorosa compasión.

Todos esos jóvenes habían conocido a mi hijo. De hecho, muchos lo habían visto crecer a nuestro lado. Justin los quería, y decía que eran sus hermanos "adoptivos" de la iglesia. Ahora, veinte de ellos cubrían mi pena y soledad, devolviéndome multiplicado por mil el amor que les di alguna vez. Este velo me habló de la gracia ilimitada y un sinfín de pequeños favores y sacrificios que nos unían.

Sé que con el tiempo aprenderé a tejer y expresar mi aprecio, amor y compasión en velos para otras personas que sufren inesperados dolores. Los hilos de pertenencia que nos entrelazan seguirán trenzándose en hogares y corazones, ofreciendo lo que cada receptor necesita y anhela, transmitiendo valor, consuelo, curación y un reconocimiento profundo de la naturaleza entretejida de Dios.

PEGGE BERNECKER

61

Pídele a san Antonio

En casa no cabía un alfiler, con mamá, papá, cinco hermanas, mi abuelo y yo. Cada vez que acudíamos a mamá, molestos o quejándonos de no poder encontrar algo, ella nos recordaba, "Pídele a san Antonio". Las más de las veces, el objeto finalmente aparecía, pero las niñas lo tomábamos como una coincidencia, sin acordarnos nunca de agradecer o reconocer a san Antonio una vez recuperado el objeto perdido.

Al paso de los años, mis hermanas y yo crecimos y dejamos la casa. Para entonces, ya les había tomado respeto a los santos, y en particular a san Antonio. Un día memorable, mi madre me contó que una de mis hermanas había llamado temprano, alterada porque su esposo había perdido su cartera. Ésta contenía no sólo su licencia de manejo, documentos importantes y fotografías, sino también una sustanciosa cantidad de dinero, pues acababa de cambiar su cheque de pago.

> Mas también sé ahora que todo lo que pidieres de Dios, te dará Dios.
>
> JUAN 11: 22

No había mucho que mamá pudiera hacer para consolarla, pero preguntó a mi hermana:

–¿Te acordaste de rezarle a san Antonio?

En palabras de mi hermana, le pidió a mamá que la "tomara en serio". ¡Se había perdido una cartera, y era una crisis! Mamá replicó:

–Si no le quieres pedir a san Antonio, lo haré por ti –lo cual hizo tan pronto como colgó el teléfono.

Toda la familia de mi hermana puso de cabeza la casa y los autos, reconstruyendo mentalmente el fin de semana, pero la cartera no apareció. Habían pasado en el jardín casi todo el fin de semana, después de un largo invierno. Tanto mi hermana como su esposo estaban muy orgullosos de su cuidado jardín y hermosos setos. Once bolsas grandes de basura llenas de maleza, hojas y pasto cortado estaban pulcramente acomodadas a un costado de la casa, detrás de la puerta. El día siguiente era día de tirar basura.

A la mañana siguiente, muy temprano, mi cuñado sacó las bolsas a la banqueta. Como reloj, llegó el camión de la basura y cargó con los desechos de la semana, incluidas las bolsas grandes del jardín.

Más tarde, mi hermana y mi cuñado se dieron cuenta de que tal vez la cartera se había ido en una de esas once bolsas grandes de basura. Horrorizada ante la idea de que la cartera hubiera desaparecido para siempre, mi hermana volvió a llamar a mamá para decirle que era muy probable que, de alguna forma, la cartera se le hubiera caído a mi cuñado mientras limpiaban el jardín, para ir a dar a una de las bolsas de basura. Una vez más, mamá mencionó el rezo a san Antonio.

—Tu hermana y yo ya le estamos rezando.

La paciencia de mi hermana se estaba agotando, y no quería saber más de san Antonio y esa ridícula oración.

—Va a ser imposible encontrar la cartera —dijo suspirando, y colgó.

Contrariado, mi cuñado recorrió todo el jardín, renuente a aceptar que en ese momento su cartera estuviera revuelta con toneladas de basura. Fue hasta el costado de la casa donde la noche anterior las once bolsas grandes habían sido acomodadas. Para su sorpresa, una solitaria bolsa estaba recargada contra la pared. ¡No podía creerlo! Estaba seguro de haber sacado las once bolsas esa mañana. ¡Eso no podía estar sucediendo! ¡De ninguna manera! Se acercó nerviosamente a la bolsa, desamarró la jareta ¡y encima de la basura del jardín estaba su cartera!

Connie Vagg

62

Superpoder de la oración

La situación se había invertido. Luego de muchos años como enfermera de quirófano, mi doctor me dijo que tenía en el ombligo un quiste de sospechosa apariencia que estaba creciendo muy rápido. Tenía que extirparlo lo más pronto posible.

¿Por qué a mí? ¿Por qué ahora? Después de haber trabajado más de veinticinco años como enfermera, dejé un empleo de tiempo completo y todas mis prestaciones, entre ellas una licencia pagada por enfermedad, para poder terminar mi licenciatura y comenzar una carrera docente. La cirugía abdominal con seis a ocho semanas de recuperación no estaba en mi agenda. Ahora mi salario se

> El Señor ha oído
> mi ruego; ha recibido
> el Señor mi oración.
>
> SALMO 6: 9

basaba en las horas que trabajaba. Hice a un lado mis ansiosas preocupaciones por el dinero, la pérdida de empleo y la posibilidad de posponer mis estudios para poder concentrarme en un análisis profesional de la situación.

Le pedí al doctor que tratara de eliminar el quiste mediante una laparoscopia para que no hubiera incisión. Las dos semanas de recuperación requeridas por ese procedimiento serían manejables. Pero él me explicó que era probable que tuviera una cicatriz de una operación anterior que impediría una laparoscopia segura. Aun así, le supliqué que lo intentara. Lo pensó y me recomendó a uno de sus colegas, especializado en laparoscopia. Este último estuvo de acuerdo en hacer la prueba, aunque no dio garantías. Tendría que hacer una gran incisión abdominal si la laparoscopia no daba resultado. Admití la realidad, y se programó una operación.

Pasé las dos semanas siguientes en un estado de confusión, preguntándome qué sucedería si tenía que dejar de trabajar y estudiar ocho semanas. Rezaba y meditaba entre brotes de preocupación, pero mi imaginación seguía desbocándose. Tenía veinticinco años de participar en toda clase de cirugías. Conocía los riesgos mejor que nadie.

Dos días antes de la operación, le expliqué a mi profesor por qué era probable que me ausentara un tiempo. Pareció muy preocupado y me deseó suerte. Sin embargo, me recordó que él era el capellán de la universidad, y aunque teníamos religiones diferentes, me pidió autorización para rezar por mí. Conmovida y agradecida por su ofrecimiento, acepté. Luego me pidió permiso para solicitar al grupo que rezara por mí. Suponiendo que haría un anuncio general a los integrantes de la clase para que me incluyeran en sus oraciones personales, accedí.

Al terminar la clase, el profesor anunció mi inminente operación. La mayoría de mis compañeros parecieron sorprendidos o alterados. El capellán les describió entonces el poder de la oración y preguntó si alguien deseaba quedarse y unirse a él.

¿Ahí? ¿En ese mismo momento? ¡Qué vergüenza! Todos me miraban, y me sentí enrojecer. Fijé la vista en mis libros, para no tener que hacer contacto visual con nadie. Quería salir corriendo del salón, pero no podía moverme.

Autonombrado ministro de "imposición de manos", el capellán se acercó hasta mi asiento y puso sus manos sobre mis hombros. Antes que empezara, un compañero sugirió que todos se tomaran de las manos para formar un círculo de oración. Así lo hicieron.

El capellán cerró los ojos, apretó mis hombros y comenzó con un padrenuestro. Rezó con fervor durante al menos cinco minutos… pidiendo que me tocaran buenos médicos, obtuviera un resultado positivo, así como una recuperación rápida y apoyo familiar.

Al principio mantuve los ojos cerrados, absorta en sus palabras. Pero un minuto después, los abrí para ver las reacciones de mis compañeros. Algunos me miraban fijamente, como si su concentración pudiera volver más poderosa la oración. Otros lloraban, y otros más tenían cerrados los ojos y pronunciaban oraciones en privado.

Tan pronto como dijimos "Amén", el grupo se dispersó, abrazándome y expresando sus buenos deseos. Dos compañeros preguntaron si podían encender velas por mí. Yo acepté gustosa. Una mujer se rezagó para preguntarme cuándo sería la operación. Le dije que sería el viernes a las ocho de la mañana. Ella era capitana del Ejército de Salvación, y me dijo que todos los oficiales se reunían los viernes a las nueve de la mañana para una sesión de oración. ¿Podía incluir mi nombre en la sesión?

–¡Claro! –contesté.

El afán de mis compañeros por tranquilizarme me abrumó. La sensación de paz y calma, y la convicción de que todo estaría bien, me invadieron. Esos sentimientos permanecieron en mí los nueve días siguientes… hasta que llegó la hora de la anestesia.

Semidespierta en la sala de recuperación, me toqué el vientre, tratando de determinar la naturaleza de la operación por el tamaño de la venda. La enfermera estaba a mi lado y me dijo:

–Todo salió bien, Susan. Te hicieron la laparoscopia. No hubo incisión.

Ni siquiera podía abrir los ojos, ¡pero estoy segura de que sonreí!

–¿Qué hora es? –mascullé.

Para entonces, el cirujano estaba junto a mí.

–Más de las diez –respondió–. Tenías tanto tejido cicatricial en el vientre que era casi imposible hacer la laparoscopia. Estaba por rendirme una hora después cuando de repente todo cambió, y pude ver el quiste con claridad. Y lo hice. Puedes irte a casa esta noche y regresar a trabajar en dos semanas.

Me quedé atónita. Una hora después de iniciada la cirugía "imposible" había sido la hora exacta en que estaba programada la sesión de oración en el cuartel del Ejército de Salvación. Justo cuando el doctor estaba a punto de darse por vencido, ese grupo rezaba por mí, lo mismo que mis familiares, amigos y compañeros.

El doctor pensó que me había vuelto a dormir y se dispuso a alejarse de mi camilla.

–¡Gracias! –solté.

–De nada –exclamó.

Mientras volvía a hundirme en la confusión del medicamento, murmuré:

–No estoy hablando con usted.

SUSAN M. GOLDBERG

63

Plegarias breves

De niña, las monjas dominicas de la escuela de santo Domingo nos enseñaron a recitar breves oraciones durante el día, mientras íbamos en la calle, en el autobús o andábamos en bicicleta. Nos advirtieron que podía llegar un momento en que enfrentáramos una situación de vida o muerte. ¿Qué haríamos en ese preciso instante al considerar nuestro destino? Decir una oración breve, como "Jesús, María y José, rueguen por nosotros".

Mi familia se vio en una situación así una oscura y helada noche de enero.

> Clamé con todo mi corazón; respóndeme Señor.
>
> SALMO 119: 145

Ese sábado estuvo lleno de actividad para mi esposo, nuestros tres hijos adolescentes y yo. Los muchachos habían pasado horas enteras de esa mañana armando un estadio enorme con cubos Lego para entrar a un concurso en el centro comercial local. Aunque no ganaron ningún premio por su creación, la guardaron felices en la parte trasera de la camioneta para disponerse al siguiente evento, un partido de basquetbol en la preparatoria de nuestro hijo mayor, a unos ochenta kilómetros de distancia.

"Protégenos, Señor."

Luego de un juego muy emocionante, todos estábamos exhaustos mientras cargábamos el auto y nos encaminábamos a casa. En medio de la oscura y glacial noche en las praderas, nos encontramos de pronto con un pedazo de hielo negro. Fuera de control, la camioneta empezó a girar en círculos en la carretera, hasta irse a un lado, chocar con una señal y comenzar a rodar.

"Jesús, María y José, rueguen por nosotros."

El auto dio cuatro vueltas hasta caer derecho, con un golpe sordo al fondo de la zanja.

"Jesús mío, apiádate."

Las ventanas se hicieron trizas; vidrios y Legos se dispersaron dentro de la camioneta. Los muchachos estaban molidos y se quejaban, pero todos estábamos vivos.

"Madre de la misericordia, ruega por nosotros."

Las primeras dos personas en llegar ofrecieron llevarnos al hospital, pues estábamos en una área remota y la ayuda estaba a kilómetros de distancia. Uno de mis hijos se daba masaje en un hombro y sus adoloridas costillas; los otros dos estaban notoriamente ilesos.

"Señor nuestro y salvador nuestro."

Una van se detuvo a ayudarnos. El ministro luterano y su familia —sus ocupantes— llevarían a mis hijos mayores a Denver, mientras nosotros íbamos al hospital más cercano con nuestro hijo más chico. No conocíamos a esas personas que se presentaron en nuestra vida aquella noche, pero supimos que Dios las había enviado y que podíamos confiarles a nuestros hijos. Después, un patrullero nos dijo que habíamos tenido suerte de que el accidente sucediera en ese lugar, cuyo suelo arenoso redujo la velocidad del auto antes de que éste comenzara a dar de vueltas; un poco más adelante había una hondonada peligrosa.

Vi los cientos de piezas del estadio de Legos ahora dispersos dentro y fuera del auto, y rodeé con mis brazos a mi familia, completa aún.

"Gracias, Jesús."

SHIRLEY DINO

64

La cabaña perfecta

—¿Estás segura de que has considerado comprar ésta? —me preguntó Mark, mi esposo, con comprensible duda.

Aquella solitaria cabaña de dos aguas, maltrecha y desgastada, lucía completamente aislada entre los pinos. Faltaba parte del barandal de la terraza, cubierta de desechos del ventoso bosque.

—Podría ser perfecta —le aseguré.

Habíamos pasado varias veces junto a esta construcción urgida de reparaciones cuando, por fin, la semana anterior le había pedido a nuestro agente inmobiliario, Steve, que me la mostrara. Me sorprendió gratamente descubrir que la pareja a la que había pertenecido los tres últimos años había remodelado el interior.

—¡Espera a que veas el río! —exclamé, tratando de contener mi emoción.

Desde niña había soñado con una casa en las montañas, y tres años atrás había empezado a buscarla en serio. Aunque le había pedido a Dios que me ayudara a encontrar la cabaña perfecta, localizar una que cubriera mis cuatro estrictos requisitos no era nada fácil. Tenía que ser una cabaña sencilla (¡no una casa más que mantener!); en un camino sin tráfico, a una hora de nuestra casa y con agua cerca. Durante tres años había puesto a buscarla a tres agentes inmobiliarios en cinco hondonadas.

> El corazón del hombre piensa en su camino, mas el Señor endereza sus pasos.
>
> PROVERBIOS 16: 9

Entonces comencé a preguntarme si estaba en el plan de Dios que tuviera una cabaña. "Si no es tu voluntad, Señor", le pedí, "quítame este deseo."

Pero mi anhelo… y mi búsqueda… persistieron.

Descubrí entonces la hermosa zona de Crystal Lakes, con cabañas esparcidas en dos mil hectáreas de paisaje montañoso. Me encantó la lejanía, aunque también la comodidad de formar parte de una asociación comunitaria. Steve me enseñó montones de cabañas ahí, pero algunas eran demasiado lujosas, otras padecían los efectos del exceso de tráfico, otras más carecían de agua. Un día recorrí sola los ochenta kilómetros de caminos de grava y le dije resuelta a Steve:

—Quiero una cabaña en Blackfoot Court. Voy a poner letreros en las puertas de las seis cabañas en ese camino tranquilo, diciéndoles a los dueños que me avisen si alguna vez quieren vender.

Steve sonrió.

—Conozco a todos en ese camino. Nadie quiere vender ahora.

—Esperaré entonces.

A la semana siguiente le comenté:

—Sé que te dije que ni Mark ni yo queríamos los dolores de cabeza de construir o remodelar una cabaña, ¿pero me podrías mostrar aquella ruina de Blackfoot Court?

Lloviznaba cuando Mark y yo subimos por los desvencijados escalones que conducían a una cocineta sorpresivamente encantadora, con piso y vitrinas de madera nuevos. Las paredes de corteza, el acogedor fogón recubierto de madera, la recamarita y el baño eran casi tan impresionantes como el enorme ático… un ático de escritor, lo había llamado mi amigo. ¡Perfecto! Casi todos los siete libros que yo había escrito hasta entonces, así como todos mis discursos para eventos especiales, habían sido elaborados en cabañas prestadas o rentadas… junto al agua. Me era imposible explicar por qué ese tipo de escenarios me inspiraba. Sabía de otras escritoras que reclamaban una musa igual. De hecho, dos mujeres de mi club semanal de autores habían tenido cabañas, lo que venía a comprobar y justificar mi teoría de la inspiración.

Aunque la "perfección" de la cabaña fue menos evidente para Mark, confió en mi certidumbre e iniciamos el proceso de concertar inspecciones de plomeros, electricistas e ingenieros para determinar cuánta "reparación" iba a necesitar esta inversión. Cuando fue construida, hacía treinta años, las autoridades no exigían tantos requisitos de seguridad. Las largas listas de reparaciones necesarias para cumplir esas normas, sin duda, habrían desalentado a otros posibles compradores. Pero estaba decidida.

—Simplemente sé –le dije a Mark, suspirando– que Dios quiere que tengamos esa cabaña.

Nos quedamos tan sorprendidos como fascinados cuando los vendedores aceptaron nuestra baja oferta, con una lista adicional de todas las mejoras estructurales requeridas, luego de muchos años de evidente abandono.

Una semana antes de que se cerrara el trato, regresé a la cabaña con Steve y un constructor/reparador. Esta vez no hice el menor intento de disimular mi alegría. Subí a saltos los escalones, de dos en dos, hasta el ático, e imaginé un ventanal enorme para poder escribir contemplando "mi" río. Tras bajar brincando la colina hasta la corriente, recorrí los sesenta metros de nuestra ribera. Bajo el ondeante pino amarillo, inhalé el aroma balsámico y escuché el rielar del río. Las ardillas comentaban el fin del invierno… y yo murmuré una oración de rendida gratitud.

Demasiado pronto, pues tres horas después llegó el momento de marcharse. El operario tenía una lista llena de reparaciones y abastos, y yo el corazón lleno de agradecimiento y dicha. Cerramos la puerta de la cabaña y Steve metió la llave en el candado.

—Serás dueña de este lugar en una semana, LeAnn –me dijo–, pero si necesitas volver antes, te diré la combinación del candado… es J-A-V. –Y añadió–: Los primeros dueños se apellidaban Javernick.

Asombrada, dije:

—No será Ellen Javernick.

—No sé su nombre.

—No puede ser mi querida amiga Ellen Javernick, quien me invitó a su grupo de autores hace doce años… quien me enseñó a escribir… quien nos leía historias sobre su familia de siete miembros construyendo ellos mismos una cabaña en las montañas… No la Ellen Javernick que fue conmigo durante cuatro años a la escuela bíblica…

Ahora era Steve el que parecía sorprendido.

—Pues no… no sé.

—¿Cuáles son las posibilidades? –pregunté, sacudiendo la cabeza como para expulsar la idea–. Tal vez ese apellido sea más común de lo que creemos.

Pero en cuanto llegué a casa, le llamé a mi querida amiga.

—¿Dónde estaba tu cabaña, Ellen, sobre la que escribiste?

—En Crystal Lake.

El nudo que se me hizo en la garganta apenas si me dejó hablar:

–¡Voy a comprar tu cabaña, Ellen!

Conteniendo las lágrimas, compartí la divina coincidencia de esa tarde.

Le temblaba la voz cuando ella me contó lo difícil que había sido para ella y para sus hijos, ya adultos, vender la cabaña familiar después de la súbita muerte de su esposo cinco años antes. Sus hijos ya eran médicos y pilotos y enfermeras y maestras y vivían en muy diversas partes del país, de manera que reunirse en la cabaña se había convertido en una rareza.

–¡A mis hijos les va a encantar enterarse de que ahora es tuya! –exclamó jubilosa.

–Y pueden ir a quedarse ahí cuando quieran. ¡Pueden seguir reuniéndose ahí! –declaré.

Entonces recordé y repetí el mensaje de felicitación que ella me había enviado la semana anterior.

–LeAnn, espero que tú y tu familia encuentren en esa cabaña la misma felicidad y maravillosos recuerdos que nosotros.

En efecto, Dios quería que tuviéramos esa cabaña perfecta.

LeAnn Thieman

65

Blaise

Se supone que un embarazo normal dura cuarenta semanas. Yo iba apenas en la vigesimoquinta. Dos días antes me habían hecho un examen prenatal, y el médico me dijo que todo iba bien. Pero me dolía el estómago. Tal vez algo me había hecho daño.

Caminé encorvada hasta el baño. Con una sensación de náusea, me percaté de que estaba sangrando mucho.

Mi esposo llamó de inmediato a la enfermera. Yo estaba muy adolorida para hablar con ella.

—Tienen que venir al hospital ahora mismo —dijo—. Parece que ya está en trabajo de parto.

El viaje al hospital tardó apenas cinco minutos, durante los cuales mi esposo no dejó de observarme, mientras me retorcía en mi asiento con cada nuevo dolor.

—No voy a poder, no voy a poder, no voy a poder —decía una y otra vez, en voz alta y en mi cabeza.

Oh, Señor, Dios de mi salud, día y noche clamo delante de ti. Entre mi oración en tu presencia, inclina tu oído a mi clamor.

SALMOS 88: 1-2

Me aferraba a la débil esperanza de que, como la fuente no se me había roto aún, todo estaría bien. Esto terminaría pronto. Estaba segura. Cosas así no les pasan a personas como yo. Sin duda, Dios se había equivocado.

—¿Ella está bien? Se ve pálida —dijo un paramédico al ponerme en una silla de ruedas.

Cerré los ojos, concentrándome en no vomitar. Me llevaron rápidamente al área de maternidad, me pasaron a una cama y me untaron gel para iniciar un ultrasonido. Las enfermeras se movían a la velocidad de la luz. Me aplicaron una sustancia intravenosa para detener las contracciones. Mi esposo, que había estado tomándome de la mano, tuvo que sentarse en una silla en una esquina; tenía la cabeza entre las rodillas.

—Pónganle todo lo que necesite —decía.

Después de que se sentó se me rompió la fuente.

—Tenemos que hacer una cesárea de urgencia —me dijo el doctor—. Su bebé está en peligro. Necesito su autorización.

—Sí, ¡sí! —contesté.

Las enfermeras me trasladaron al quirófano en cuestión de segundos. Las contracciones eran horribles, y me puse a llamar a gritos a mi esposo. Ni siquiera tuve tiempo para decirle que lo amaba. Me pusieron la mascarilla de la anestesia.

—En unos momentos ya no sentirá nada —me dijeron.

Recuerdo que elevaron un paño azul, y luego oí el repiquetear de los instrumentos quirúrgicos. Después, silencio.

Cuando desperté, vi a mi esposo yendo y viniendo junto a mi cama.

—Fue niño —me dijo—. Es muy pequeño, pero estará bien. No respira por sí mismo. Le pusieron un tubo en la garganta. Está en cuidados intensivos.

Ya habíamos escogido un nombre para un niño: Blaise. Estaba exhausta, pero feliz. Me moría de ganas de llevarlo a casa.

Jamás imaginé que nuestro bebé permanecería en la unidad de cuidado neonatal intensivo seis largos meses. Pesaba apenas seiscientos gramos al nacer. Los pañales que tenía para él, aun los más chicos, lo cubrían casi por completo. Su piel era tan delgada como papel, y estaba cubierta por un vello suave de pies a cabeza. Las plantas de los pies eran del tamaño de mi pulgar. Era tan frágil que no nos permitieron cargarlo el primer mes. Tuvo tantos altibajos en sus primeros meses que más de una vez pensamos que no sobreviviría. Tenía una infección tras otra, y le hicieron varias transfusiones de sangre.

A los tres meses lo transfirieron por helicóptero a otro hospital, para una intervención de urgencia. A los cuatro le hicieron una traqueotomía, un agujero en el cuello para que pudiera respirar, y sus cuerdas vocales resultaron severamente dañadas.

Dos años después, sabemos que él tuvo suerte. Sus retardos físicos y mentales son muy leves. Aún recibe terapia tres veces a la semana, pero dejará de necesitarla en unos meses. Sus cicatrices se están borrando.

Seguimos yendo y viniendo de hospitales para sus exámenes, pero los médicos están sorprendidos de sus progresos. Su capacidad para salir adelante es asombrosa. Su constante sonrisa ilumina cualquier habitación. Es muy sociable, y le encanta hacer reír a la gente. Los médicos esperan poder quitarle el tubo de la traqueotomía para que pueda hablar algún día. Rogamos poder escucharlo alguna vez. Por el momento, nos comunicamos a través del lenguaje de señas.

Pese a todo este dolor, Dios nos ha mostrado que está con nosotros desde el principio. Siempre me interesó mucho el lenguaje de señas, sobre el que tomé clases en la preparatoria y la universidad. Luego me convertí en maestra de educación especial. Todo esto me preparó para hacerme cargo de mi hijo.

El nombre de Blaise lo escogimos al azar. Pero ahora tiene un nuevo significado. San Blas es el santo patrón de los enfermos de la garganta.

BEATRICE CATARELLO

66

La novena de mi madre

A mi madre le encantaba contar la historia de la intervención divina en su matrimonio. En 1941, cuando tenía veintiún años de edad, elaboró su propia novena. Durante seis semanas, después del trabajo, visitó todas las tardes la catedral de san Patricio, en Manhattan. Ahí contemplaba las estaciones del vía crucis, y le pedía a Jesús que la bendijera con un buen marido. La noche que terminó su novena, se ofreció como voluntaria en un evento, sirviendo donas y café a los soldados. Un oficial alto o, en palabras de mamá, "un gran trago de agua", la invitó a bailar. Durante el primer vals, él le propuso matrimonio en broma. Un año después, mamá aceptó una propuesta más sincera, y él se consagraría a ella durante más de cincuenta años.

> La innegable convicción de que no tengo nadie más a quién recurrir me ha empujado a ponerme de rodillas en numerosas ocasiones.
>
> ABRAHAM LICOLN

No mucho después de casarse, mi padre recibió órdenes de combatir en la segunda guerra mundial. Mi madre le regaló una medalla del Sagrado Corazón de Jesús y un rosario de cuentas de plata antes de que lo trasladaran. Papá fue enviado a pilotear un bombardero B-17, el *Lady Lylian*, sobre Alemania.

En cuanto se marchó, mamá reunió a las tropas rezanderas. Escribió a los familiares de la tripulación del *Lady Lylian* y les pidió orar por la seguridad de todos sus miembros. Entonces mamá daba clases de cuarto grado en una escuela católica y cada mañana ponía a sus alumnos a recitar un padrenuestro especial por los soldados bajo el mando de mi papá.

Mi madre añadía sus peticiones privadas a las demás. Le pedía a Dios que protegiera a su esposo y sus subalternos, a cambio de lo cual prometía ir a misa y comulgar todos los días por el resto de su vida. Milagrosamente, luego de cuarenta misiones de bombardeo, todos los hombres del *Lady Lylian* volvieron a casa sanos y salvos. Mamá cumplió fielmente su parte del trato.

Mis padres hacían vida de casados y esperaban formar una familia. En la preparatoria, mamá había escrito un ensayo sobre cómo pensaba usar los dones que Dios le dio en la carrera que más deseaba: la maternidad.

Por desgracia, no pudo concebir durante dieciséis años. Los obstetras decían que su oportunidad de embarazarse era casi nula. Ella siguió estudiando hasta convertirse en profesora universitaria, pero sufría en silencio cada vez que una de sus amigas daba a luz.

Mamá era muy creyente en la comunión de los santos, y en la capacidad de éstos para interceder por los devotos. Le pedía un bebé a la Virgen María, porque sabía que Nuestra Señora se compadecería de ella. Mamá tenía también una admiración especial por santa Teresa, la Florecilla, a la que también le rezaba.

En 1960 nací yo, y en honor a mis intercesoras, mi madre me puso Marie-Therese.

Durante toda mi infancia, mamá fue un excelente ejemplo de mujer devota. Cada mañana, la veía salir corriendo de casa, todavía aplicándose el lápiz labial, para llegar a la misa de las siete y media. Íbamos a misa los domingos, y mamá guiaba mi mano cuando yo encendía velas por amigos y familiares necesitados de la bendición de Dios.

Asimismo, ella hacía de Dios y la oración parte de la vida diaria. Aún la recuerdo agitándose por toda la casa con sus bifocales sobre la cabeza, murmurando:

—San Antonio, ayúdame a encontrar esos malditos lentes.

Preparar grandes y variados platillos era un deleite para ella. Pero antes de comerlos, le dábamos gracias a Dios por el don de la abundancia, y por tenernos unos a otros. En la noche, ella hacía que me arrodillara junto a mi cama y rezara.

—Habla con Dios como lo harías con tu mejor amiga —me decía.

Me casé a los veinte años con un teniente, y me mudé al otro lado del país. Ellos me extrañaban mucho. Cuando terminaron las obligaciones militares de mi esposo, recibió dos ofertas de trabajo como civil. Una se ubicaba en Oklahoma y la otra en Nueva York, a sólo una hora de la casa de mis padres. Mamá se raspó las rodillas de nuevo para compartir con Dios los deseos de su corazón. ¿Quién se iba a imaginar que Dios consideraría Poughkeepsie, Nueva York, como un lugar celestial para que nosotros echáramos raíces?

Papá tenía casi setenta cuando le diagnosticaron un linfoma virulento. Le dieron seis meses de vida. Estuvo bajo tratamientos de quimioterapia y radiaciones, luchaba por vivir y pasaba más tiempo con mi madre. Se tomaban de la mano para rezar. Papá vivió cinco años más, lo suficiente para celebrar con mi madre sus bodas de oro en su iglesia, el Sagrado Corazón.

En 1996, mi madre estaba de visita en mi casa cuando sufrió un derrame cerebral. Podía escoger entre dos hospitales locales, y no es de sorprender que dijera:

—Llévenme al Hospital de San Francisco.

Durante su tomografía, dejó de respirar dos veces, así que el neurocirujano se vio obligado a realizar una craneotomía de urgencia. El doctor me dijo que había sufrido un amplio daño cerebral, y que quizá no se recuperaría por completo.

Al llegar a casa, reuní a las tropas, como mi madre me había enseñado. Hablé por teléfono con parientes y amigos en todo el país y les pedí que rezaran por su recuperación. Hice contacto con el párroco del Sagrado Corazón, quien pidió a sus feligreses recordar a mi madre en sus oraciones. Luego llevé a mis hijos a la iglesia y los puse a encender velas por ella, porque mamá siempre decía:

—Dios ama en especial las oraciones puras y sinceras de los niños.

Cuando mamá recuperó el conocimiento, su conversación aparentemente inconexa me preocupó.

—¿Sabes de los estigmas de san Francisco? —me preguntó.

—Tranquila, mamá. Aquí estoy —le dije.

Semanas más tarde, hice una pequeña investigación y descubrí que su derrame y operación habían ocurrido el día de los estigmas de san Francisco.

Su recuperación fue lenta. Tuvo que volver a aprender a caminar, a comer y a comunicarse. El capellán del hospital la visitaba todos los días, y tan pronto como ella pudo volver a comer, él le llevó la comunión. Luego de seis meses de rehabilitación, pudo valerse por sí misma otra vez.

El primer domingo en que mi madre estuvo de regreso en el Sagrado Corazón, el padre le pidió ponerse de pie y decir unas palabras. Ella dijo:

–Soy un milagro hecho por todos ustedes. Mi recuperación… y mi vida… son una prueba del poder de la oración.

MARIE-THERESE MILLER

67

El poder curativo del rosario familiar

Mi sobrina, de cinco años de edad, se acurruca entre mi hija y otra de sus primas. Cuando les sonríe a las niñas mayores que ella, veo que se siente segura y contenta. Se concentra en el momento. Las tres niñas palpan sus rosarios.

—Santa María, madre de Dios... —recita el trío.

Al otro lado de la habitación, mi papá está sentado con mi hermana. Papá reza con los ojos cerrados. Mi sobrina se retuerce. Junto a mí en el sofá, mi hijo y mi sobrino, casi adolescentes, están muy quietos. Dos sobrinos menores complacen a sus padres, mis hermanos, en sillas que flanquean la chimenea crujiente. Uno de mis sobrinos se chupa el pulgar. Mis dos cuñadas, mi esposo, mi madre y mi cuñado se unen reverentemente al coro.

—Ruega por nosotros los pecadores...

Cuando la agitación de mi día es serenada por el rezo del rosario, agradezco en silencio a Jesús el don de este momento para compartir la oración con mi familia. Una vez al mes, los dieciocho miembros de

> Queridos hijos, los llamo nuevamente a orar, orar, orar, y no olviden que estoy con ustedes. Intercedo ante Dios por cada uno de ustedes hasta que su dicha en él sea completa. Gracias por responder a mi llamado.
>
> LA SANTÍSIMA VIRGEN A LOS VIDENTES DE MEDJUGORJE

nuestra familia, cuyas edades van de los tres a los setenta y dos años, nos sumamos a la Santísima Virgen para pedir por la paz, unos por otros y los demás que sabemos en necesidad de intercesión.

Nuestra oración comunitaria nos ha unido, afianzado, guiado y curado durante casi una década.

Difícilmente santos y a veces pecadores, los miembros de nuestra familia somos como muchos otros. Hacemos malabares para cumplir nuestros compromisos, lidiamos con reveses e intentamos agradecer lo que tenemos mientras trabajamos, educamos a nuestros hijos, nutrimos nuestras relaciones y avanzamos en la fe. A veces, cuando se acerca la reunión mensual de oración, nos distraemos con el trabajo, la escuela o planes de viaje. Otras, un mal humor o enfermedad interfiere en nuestra disposición a rezar. En ocasiones, el mal tiempo nos hace preguntarnos si debemos atravesar la ciudad para ir a casa del anfitrión. Otras, simplemente estamos cansados y preferiríamos irnos a dormir.

Pero perseveramos porque sabemos que el rezo regular, lo que incluye orar con otros, es esencial para sostener nuestra fe. Gracias a la oración, nuestra fe cobra vida.

Al mirar a papá, agradezco de nuevo a Jesús, esta vez porque se siente y luce muy bien. Con un diagnóstico de cáncer de riñón desde hace casi tres años, su enfermedad de fase IV se ha mantenido estable durante meses, pese a las predicciones en contrario de sus médicos de la Mayo Clinic. Mi familia pide todos los días una curación milagrosa… y también aceptación de lo que Dios quiera.

Sentada cerca de mi papá, mi cuñada soporta tranquilamente su quimioterapia. Su batalla con la cirugía mayor y el tratamiento está próxima a terminar, y ella tiene grandes esperanzas en su futuro. A su lado, mi hermano menor luce fuerte y sereno, mientras conduce nuestras oraciones. Doy gracias de que ya no presente su síndrome de fatiga crónica, devastadora enfermedad que le impidió llevar una vida plena durante cerca de cuatro años.

Mi familia cree que es gracias a nuestro rezo en común, junto con la eficaz intercesión de la Virgen María, que hemos experimentado todas esas curaciones físicas. Con igual eficacia, nuestras oraciones también nos han conducido a la curación espiritual y emocional.

El evangelio nos dice que la oración puede cambiarlo todo. Brinda protección espiritual, discernimiento, consuelo y gracia. Puede convertir corazones y producir paz. Puede enmendar a los pecadores y sacar almas del purgatorio. En ocasiones, la oración puede, incluso, dar como resultado algunos milagros.

Mi familia continúa enfrentando retos y cruces, como todas. Pero cuando hacemos nuestras peticiones a Jesús a través de la oración comunitaria, hasta los miembros más jóvenes de nuestro grupo sienten su presencia. Cuando, como padres, damos ejemplo de fe a las nuevas generaciones, crecemos en la gracia.

"Salve, reina sagrada…"

Mi familia termina las cinco decenas del rosario, ofrece intenciones especiales y concluye con un Memorare. Ahora, mi sobrinita grita de emoción. Es hora de las golosinas. Esta noche ella ayuda a servir ricos panquecitos de chocolate, sus favoritos. Mientras los niños platican y juegan, y los adultos convivimos como amigos, hago una oración final en silencio:

"Gracias, Jesús, por las divinas bendiciones y esperanzas que nos das. Gracias por el regalo de que esta familia pueda rezar unida… y mantenerse unida… en ti".

CATHY KRUSE

68

Unión

Nací en la fe católica y asistí a una escuela primaria católica. Iba a la iglesia todos los domingos y podía recitar la misa en latín, aunque no entendía una sola palabra. Todo era cuestión del momento oportuno. Me arrodillaba y paraba en el instante apropiado. Hacía la señal de la cruz a una velocidad récord, y hasta me ponía esa absurda servilleta en la cabeza. En cuanto a la confesión, era una pecadora recurrente: "Les pegué a mi hermano y a mi hermana y juré por el nombre de Dios en vano".

De joven, seguía recitando los mismos pecados de siempre. Demasiado avergonzada por haber pasado a ofensas más graves, dejé de ir a la iglesia. Dios no existía para mí fuera de ese recinto sagrado. El único momento en que pensaba en él era cuando decía mis oraciones antes de dormir y pedía favores. Estas peticiones empezaron siendo simples, pero después se volvieron más complejas. Quería un perrito, un novio, un auto, una carrera, un matrimonio, una casa, un hijo, etcétera.

> Por nada estéis afanosos, sino sean notorias vuestras peticiones delante de Dios en toda oración y ruego, con hacimiento de gracias.
>
> FILIPENSES 4: 6

No debería quejarme; obtuve todo lo que pedí. Quizá esto tardó en suceder más de lo que quería, pero al final recibí lo que necesitaba. Sin embargo, por algún motivo nunca sentí que Dios estuviera en el fondo de todo eso. Lo atribuía sencillamente a mi mucho trabajo y perseverancia.

Con todo, algo faltaba en mi vida. Física y mentalmente estaba en buena forma, pero mi alma necesitaba nutrirse. A los cincuenta, uno pondera preguntas más filosóficas. Quería saber si había una buena razón por la cual yo estuviera en el universo, si lo que hacía era importante y si seguía el camino de la salvación. Terminé por darme cuenta que necesitaba a Dios en un nivel más personal. Cuando hablaba con Dios quería sentir que él estaba en el mismo lugar escuchándome. "Pide y recibirás." Siempre quise creer en esa simple frase.

En cierta ocasión en que daba un paseo, durante una mañana de enero, el aire fresco me obligó a acelerar el paso, y me sentí animada a repetir en voz alta "La oración de Jabez", la cual había leído recientemente. Esta oración me ayudaba a volver a sentirme cerca de Dios. Llegué al pasaje que dice: "Y Jabez clamó al Dios de Israel, diciendo: 'Ojalá me bendijeras de verdad'". La interpretación del autor sobre esta sección particular era que Dios aguarda a colmarnos de grandes bendiciones; lo único que necesitamos es tener el valor de pedir, como hizo Jabez.

Pues bien, yo sustituí el nombre de Jabez por el mío y añadí algunos versos míos, del siglo XXI. Dije: "Y Karen clamó al Dios de Israel, diciendo: 'Ojalá me bendijeras de verdad'. No te midas, Señor; dame, cólmame, sin medias tintas, sin medias tintas, ¡sin medias… tintas!

De acuerdo, Señor; si de veras me estás escuchando, ¡muéstrame una *media*!

Sabía que era absurdo, pero necesitaba algo, cualquier cosa, para saber que él me escuchaba.

Avancé unos metros y vi a mi izquierda un banco de nieve. Ahí, tirada en la nieve, junto a la orilla de la banqueta, estaba una media sucia. No un peine, no un guante, sino una media.

Ahora ya tengo una prueba de que Dios escucha, de que puede ser espontáneo y gracioso.

Ese día llegué a casa no sólo con una media usada, sino también con renovada fe en Dios.

Karen Adragna Walsh

69

Escuchar campanas

Treinta y dos años, diez de casada, ningún bebé. Ya casi había renunciado a toda esperanza.

Mi esposo Mickey y yo estábamos estacionados en las fuerzas armadas canadienses en Lahr, Alemania, en 1984. En una convención celebrada en la cumbre de una montaña, durante una ceremonia de curación, pedí embarazarse. Pero ese año eso no iba a suceder.

Al año siguiente, volví a asistir. El mismo sacerdote que había dirigido la ceremonia de curación del año anterior me reconoció, me bendijo, pidió que tuviera un bebé y me ungió.

> Porque los ojos del Señor están sobre los justos, y sus oídos atentos a sus oraciones.
>
> 1 PEDRO 3: 12

Cinco días después, estaba en casa, llena de paz y alegría luego de aquella inspiradora convención llena de fe. Cansada de viajar, tomé una carta que había recibido estando lejos y la llevé a la cama conmigo. Era de mi hermana Angie, desde Saskatchewan. Dieciocho meses menor que yo, pero con tres años más de matrimonio, estaba deprimida porque Boris (su esposo) y ella tampoco habían sido bendecidos con hijos. Apoyada en mi almohada, le contesté de inmediato, diciéndole que tal vez no habíamos rezado con suficiente convicción.

Le conté una historia que había escuchado una vez sobre un hombre que soñó que recorría el cielo con san Pedro y que después de ver un cuarto lleno de regalos bellamente envueltos, preguntó qué era ese lugar.

San Pedro le contestó que era el cuarto donde Dios guardaba todas las peticiones que la gente había dejado de hacer. Dios estaba aún a la espera de más peticiones, pero esa gente se había dado por vencida demasiado pronto. Le escribí a Angie que yo no había terminado de pedir todavía. Entonces me paré de la cama y me arrodillé.

—Padre, sabes que quiero tener hijos y que tal vez no he pedido lo suficiente. Cada vez que oiga sonar una campana, me acordaré de pedir un bebé, para Angie y para mí.

En Alemania, las campanas de las iglesias suenan cada quince minutos. Y yo rezaba. También me valía del timbre del teléfono o de cualquier otro tintineo o tañido que oía para recordar que debía hacer una pausa para rezar.

Diez meses más tarde, di a luz un hermoso bebé, Christopher John.

Un año después, el nombre de Angie y Boris llegó a lo alto de la lista de adopción, a tiempo para ser bendecidos con gemelas.

Ahora, cada vez que oigo una campana, doy gracias.

TERRI SCOTT

70

Santa Ana, Santa Ana

Mi amiga Patty Duffy tenía toda la hermosura de las muchachas irlandesas: sedoso cabello castaño, cara en forma de corazón y ojos risueños. Era alta y atlética, amigable y divertida, pero desde que salió de la universidad y empezó a trabajar en un periódico, para ella no había ningún hombre en el horizonte. Cero.

Un sábado por la noche, de camino a misa, pasó a ver a su abuela para contarle su desgracia, de una soltera a otra. Le sorprendió gratamente hallarla sola y con ganas de conversar. Cuando comenzó a lamentar su vida sin compromisos, su abuela le preguntó:

> Orar no es vencer la renuencia de Dios; es asirse a su suprema voluntad.
>
> RICHARD TRENCH

—¿No le has rezado a santa Ana?

—¿A santa Ana? ¿Por qué?

—Bueno, ella es la madre de la Virgen María, y es una de las santas patronas de las solteras. Lo que tienes que hacer es decir: "Santa Ana, santa Ana, envíame un hombre tan rápido como puedas".

Patty estalló en carcajadas.

—¡Es como cuando los niños dicen: "Lluvia, lluvia, aléjate"!

—Está bien, ríete, Señorita Sabelotodo… Señorita Soltera Sabelotodo, pero no lo eches en saco roto hasta que lo pruebes.

Sonriendo todavía, Patty terminó su café, se despidió de su abuela con un beso y se fue a la iglesia.

Ahí se lamentó: "Es noche de sábado y yo en la iglesia… sola".

Miró las imágenes a su alrededor y vio una de la Virgen María representada como una niña junto a su madre, santa Ana. Esta última parecía agradable, y claro que estaba muy atenta a su hija.

"Ignoro si mi abuela tiene razón… pero ¿qué más da?". Sintiéndose increíblemente tonta, recitó la pequeña oración: "Santa Ana, santa Ana, envíame un hombre tan rápido como puedas".

Los dos días siguientes, la repitió sin cesar.

Al tercero le llamó un viejo amigo de la universidad y la invitó a tomar una copa.

Luego, un compañero de trabajo, al que nunca le había dirigido la palabra, la invitó a la inauguración de una galería.

Para el fin de semana siguiente, tenía tres citas.

Ansiosa, le contó a su abuela que el plan había dado resultado. Su abuela no se sorprendió.

—Ay, cariño, ¿cómo crees que encontré a tu abuelo? Él era el hombre más dulce, y de veras que llenó todas mis expectativas.

—¿Tenías expectativas? —Patty tomó otra galleta con su té y estudió a su abuela—. ¿Qué era exactamente lo que buscabas?

—Algo muy específico. Quería un hombre que no bebiera, porque eso quería decir que administraría bien su dinero y no se lo gastaría en un bar mientras dejaba a su esposa y sus hijos sin nada. También tenía que ponerse el cinturón de seguridad. El hombre que lo usa sabe que no es eterno, y no arriesgará su vida en una tontería. Por último, tenía que ser católico. Si los dos lo éramos, tendríamos mucho más que compartir y disfrutar todos los días en nuestras creencias y nuestro futuro como familia.

De primera intención, la lista de la abuela parecía un poco superficial, pero entre más pensaba en ella, le resultaba más razonable a Patty. Cada requisito representaba algo importante en el carácter de una posible pareja.

"¡Qué diablos!", pensó Patty. "Santa Ana, santa Ana, envíame un hombre te pido que use cinturón de seguridad, no beba y sea católico!".

El martes de la semana siguiente, una compañera de Patty la invitó a salir después del trabajo para que conociera a un amigo de su prometido.

Patty dijo su oración corregida y aumentada.

El amigo era estereotipadamente alto, moreno y apuesto. Tenía rasgos marcados, sonrisa fácil y ojos amables. Su tenue acento alemán lo volvía no sólo misterioso, sino también románticamente exótico.

—Hola, soy Joe —dijo él, tendiéndole la mano.

Patty sintió una descarga al estrechar su mano. Rieron y platicaron con soltura. Él la invitó a cenar un día próximo, y ella aceptó encantada.

Cuando pasó por ella, le cerró la puerta del auto, se puso frente al volante y se abrochó el cinturón de seguridad.

"¡Va el primero!", pensó Patty. Luego de instalarse en un restaurante, Patty pidió una cerveza y él un refresco de dieta.

—Nunca tomo cuando manejo —dijo él mientras desenvolvía el popote.

"¡Van el segundo, ¡santa Ana!". Patty trató de no sonreír. Joe le estaba contando una historia sobre un campamento al que había asistido en su nativa Alemania.

—¿Qué tipo de campamento? —preguntó ella, intentando volver a concentrarse en la conversación.

—Era un campamento religioso, en realidad uno católico, en el que enseñé a los muchachos a jugar futbol.

Patty casi se ahoga con su bebida.

—Joseph —empezó—, ¡realmente eres sorprendente!

—No me llamo Joseph.

Patty pensó entonces: "Aquí vamos. Sabía que era demasiado bueno para ser verdad. Tal vez tiene un alias, o varias exesposas. Quizá…".

—Patty, ¿me estás escuchando? Dije que no me llamo Joseph, sino Joachim.

—¿Joachim? ¿Dónde he oído ese nombre?

—En la Biblia. San Joaquín era el esposo de santa Ana.

Pasaron unos momentos antes de que Patty pudiera hablar.

—¡Gracias!

—¿De qué? —preguntó Joe.

Ella miró al hombre que era literalmente un regalo del cielo y dijo:

—No te estaba hablando a ti.

Rosemary McLaughlin

Caldo de Pollo
para el Alma

8

CAPÍTULO

Cuestión de perspectiva

Sentimos que lo que hacemos es apenas una gota en el mar.
Pero el mar sería menos sin ella.

Madre Teresa

Cuestión de perspectiva

71

Los martes con la hermana Mary Patrick

Crecí en la década de 1960. Era una época de constante cambio y rebelión, pero como hija de padres católicos devotos, una parte de mis actividades semanales consistía en asistir a clases de catecismo los martes por la tarde. Lo odiaba. Yo quería estar en la tienda de la esquina fumando Parliaments y planeando la nueva revolución, pero me veía obligada a escuchar a una monja con fama de sargento.

> La formación del carácter comienza en nuestra infancia y continúa hasta la muerte.
>
> ELEANOR ROOSEVELT

Ser porrista era buena parte de mi ritual de preparatoria. Infortunadamente, uno de los entrenamientos semanales se hacía las tardes de los martes, a la misma hora que la clase de catecismo con la hermana Mary Patrick. Mis padres escribieron una carta a la directora de la escuela disculpando mi inasistencia a los primeros cuarenta y cinco minutos del entrenamiento de porristas. Después de asistir de mala gana al catecismo en santa Cecilia, corría las dos calles que me separaban de la preparatoria para participar en la última hora del entrenamiento.

De adolescente era muy testaruda, y siguiendo mis débiles intentos de humor, trataba de competir en ingenio con la hermana Mary Patrick. Rara vez ganaba.

Una memorable tarde de martes, el grupo recibió del párroco rosarios nuevos, como premio por un trabajo bien hecho en la colecta de alimentos. El padre anunció que los rosarios blancos eran para las mujeres y los negros para los hombres. La hermana me pidió que los repartiera entre mis compañeros de clase. Yo procedí entonces a preguntar qué color querían, ignorando la instrucción sobre la distribución de colores. ¿A quién diablos le importaba el color? Yo, por ejemplo, prefería el negro, y tomé uno.

La hermana se paró frente a la clase y nos pidió levantar nuestros rosarios. Echó un rápido vistazo al salón y se acercó a mi pupitre. Sin parpadear siquiera, hizo desaparecer de mi rostro de dieciséis años la sonrisa de "yo haré lo que se me antoje" con una bofetada. Permanecí sentada, humillada, avergonzada y con mi mejilla ardiendo.

—Corrígelo —dijo ella con calma.

Así lo hice, pero en mi mente había empezado una batalla. La hermana Mary Patrick me las pagaría. Era la guerra.

Semana tras semana, criticaba cada una de sus palabras y acciones. Interrumpía la clase con bromas de mal gusto. Hablaba sin que me tocara hacerlo, cuestionaba todas y cada una de sus órdenes y me burlaba de ella a cada oportunidad. Una fría tarde de noviembre, justo antes del día de Acción de Gracias, decidí que el entrenamiento de porristas era más importante que exasperar a la hermana. Mandé a volar la religión y grité como enajenada hasta las cuatro y media. Me dirigí a casa junto con muchos otros paganos y llegué justo a tiempo para la cena, como de costumbre.

Mis padres me preguntaron por la clase de religión. ¿Qué había aprendido ese día? ¿Cómo estaba la hermana? ¿Había visto a mi amigo Mark? Respondí casi como robot. Apenas si alcé la cabeza… pero claro que sentí que mi padre me levantaba de la silla y me ponía frente a él.

—La hermana Mary Patrick me llamó hoy al trabajo. Al parecer, no fuiste a clase, y ella estaba preocupada por ti. ¿Vas a seguirme mintiendo?

Mi padre estaba más que enojado, ¡y yo más que muerta!

No vi motivo para mentir más, así que procedí a contarle todo sobre las malas maneras de la hermana. Me desahogué diciendo lo malvada y repugnante que era, y al final le confesé que ella me había abofeteado semanas atrás. "¡Vaya que esta vez sí la metí en problemas!", pensé.

Papá me miró y dijo:

—Siéntate.

Después me dio un sermón de cuarenta y cinco minutos sobre la importancia de la religión y lo malo que era decir mentiras. También me dijo que si era verdad que la hermana me había abofeteado era porque me lo merecía, y que si volvía a hacerlo, me las vería con él.

Ya odiaba a la hermana más que nunca.

Me prohibieron toda actividad como porrista durante un mes, así que me perdí todos los eventos importantes. Estaba tan enojada con la hermana que tramé formas de torturarla. Me senté en mi pupitre y esperé a que llegara. Minutos después de las tres, el padre entró al salón y dijo:

—La hermana Mary Patrick ya no va a ser su maestra. Está enferma, y pasará el resto de sus días en la enfermería del convento junto a la iglesia.

Explicó que él sería nuestro nuevo instructor.

Ella había ganado.

Únicamente por instrucciones de mi padre visité a la hermana Mary Patrick en la enfermería. Al entrar a su cuarto, vi a una mujer diminuta que me recordó a mi abuela. Se veía delgada y pálida, pero fue encantadora. Nunca la había visto así. Me tendió la mano. Se la estreché y sonrió.

—Siempre admiré tu espíritu —me dijo tranquilamente.

Añadió que de joven ella también fue un alma rebelde. La oí contar historias de su juventud, y de su decisión de entrar al convento. Sus relatos me intrigaron.

La visité de nuevo. Y una y otra vez más.

En una visita, sostenía un paquete. En él había un rosario negro.

—Tenías razón, el color no importa. Recuerda esa lección en todos los aspectos de la vida —besó las cuentas y me las dio.

Fue la última vez que la vi.

Seguido pienso en ella cuando rezo con ese rosario negro, y recuerdo que pocas cosas en la vida son negras y blancas.

Marianne LaValle-Vincent

72

Niña no iniciada

Aunque era judía, de niña todas mis amigas eran cristianas, principalmente católicas romanas, algunas otras eran luteranas. Dos amigas... Irish Annie, de risueños ojos verdes, y la preciosa Barbara, de largas y espesas trenzas rubias... vivían en mi calle. Iban a la iglesia de san Patricio y a la escuela de la Calle 95 y la Cuarta Avenida, en Brooklyn.

Una tarde, un arrebato las empujó a llevarme a la iglesia con ellas. A mis siete años de edad, ésa sería una nueva aventura para mí, porque nunca antes había entrado a una iglesia. Mientras recorríamos las pocas calles hasta san Patricio, o san Pat, como todos le decían, platicábamos y reíamos.

La iglesia de ladrillos beiges ocupaba casi toda la manzana. Tres grandes vitrales relucían a los lados y encima de las puertas principales.

> Infancia y genio tienen el mismo órgano maestro en común: la curiosidad.
>
> EDWARD GEORGE BULWER-LYTTON

Subimos corriendo los escalones de piedra de la iglesia y abrimos las hermosas puertas de madera tallada. Al entrar, nos encontramos en una pequeña sala frente a enormes puertas de latón con figuras incrustadas. Esas puertas majestuosas conducían a la capilla principal, donde se estaba celebrando la misa.

Antes de entrar, miré alrededor y vi unas fuentecitas con agua. Tras inspeccionarlas, les pregunté a Barbara y Annie:

—¿Por qué están descompuestas esas fuentes?

Me miraron con extrañeza. Quizá empezaban a darse cuenta de que llevar a la iglesia a una "pagana" no había sido buena idea. Se aterraron, sin duda preocupadas de que también me pusiera a hacer preguntas a monjas y curas. Al parecer decidieron que más valía entrar corriendo al santuario y alejarse de mí.

Impertérrita, corrí tras ellas. Al entrar a la iglesia débilmente iluminada, las vi dirigirse al frente y hacer alto para hincarse en el extremo de una hilera de bancas. Pensando que se les había caído algo, pregunté:

–¿Qué buscan?

En vez de responder, desaparecieron en la banca, perdiéndose de vista.

Entonces me puse a buscarlas asomándome a cada banca. No había mucha gente, y las vi tres bancas más allá, agazapadas al extremo de la fila. Me deslice en la banca.

–Vete. Nos vas a meter en problemas con la hermana Alice Marie –murmuró Annie.

Barb abrió muchos los ojos, asustada. Mirando a su alrededor para ver si alguien nos observaba, dijo:

–No debimos traerte aquí. Vete… por favor… ahora mismo. Mi mamá me va a regañar si descubre lo que hicimos.

–¿Por qué? ¿Por qué no puedo estar aquí? ¿A qué le tienen miedo? ¿Qué pasa? ¿Qué buscan?

Barb y Annie alzaron la cabeza sobre la banca, echaron un rápido vistazo y se arrastraron fuera de la fila.

–No nos sigas… no puedes venir con nosotras –siseó Annie.

Y se alejaron a toda prisa.

Cuando llegué al extremo de la fila, ya habían desaparecido.

Una vez que mis ojos se acostumbraron a la tenue iluminación, eché a andar por el santuario. Levanté mucho la cabeza para mirar el techo y ver las ventanas y decorados de la cúpula. ¡Vaya!

Atraída por los demás ornamentos, me paseé entre hileras e hileras de velas, algunas encendidas, otras no. Vi que una señora metía dinero en una cajita de madera junto a las velas. Luego tomó un palo largo para encender dos de ellas.

Avancé por el lado derecho de la iglesia, con pasos resonantes, y llegué a tres cabinas con cortinas verdes. Forzada por la curiosidad, entré en la primera, que tenía una banquita de madera. Donde esperaba ver un teléfono, había una ventana cubierta con una reja de metal. ¡Qué raro!

Al salir y seguir merodeando por el pasillo, llegué a un barandal.

Detrás de él, un hombre alto con una preciosa túnica blanca y dorada y un sombrero alto, blanco y puntiagudo de ala también blanca no paraba de hablar. No entendí nada de lo que decía.

Detrás de él, vi hermosas imágenes, filas y filas de velas fulgurantes y un hermoso tapiz colgando de un lado. Una cruz enorme pendía del centro de la pared. Abajo, en un pedestal, estaba una casa en miniatura en forma de iglesia. Fascinada, no dejaba de contemplar todo aquello.

Entonces, otro hombre de túnica larga me vio parada en el barandal. Se acercó y susurró:

—¿Puedo ayudarte en algo?

Yo contesté:

—¿Para qué es esa casita?

—Es la casa de Dios, pequeña —respondió.

—Parece algo chiquita para él, ¿no cree?

Sonriendo, se inclinó hasta mí y dijo en voz baja:

—Soy el padre Lynch, uno de los curas. —Era alto, de cara bondadosa y ojos amables—. ¿Y tú cómo te llamas, jovencita?

—Marissa.

—Bueno, Marissa, ¿quieres acompañarme?

Juntos recorrimos el pasillo hacia la puerta.

—¿Quién es ese señor de túnica blanca y sombrero puntiagudo que dice cosas que no se entienden?

El padre Lynch me explicó que era un monseñor diciendo la misa en latín.

Cuando llegamos a las puertas principales, le dije:

—Está muy bonita esta iglesia, pero tienen que hacerle muchas reparaciones.

—¿Reparaciones?

—Sí, hay muchas cosas descompuestas.

—¿Descompuestas, como cuáles?

—Mire esas fuentes de agua. No se puede beber en ellas. ¡Y a todas sus cabinas les falta el teléfono! —expliqué.

Un poco desconcertado, él contestó:

—¿Nunca habías estado en una iglesia?

—Es mi primera vez. Vine con Annie y Barbara, pero desaparecieron. Dijeron que tenían que irse. Barb me dijo que la hermana Alice Marie y su mamá se enojarían al saber que me habían traído. Pero no sé por qué.

—Ah. ¿Y a qué escuela vas?

—A la escuela pública 104, a dos calles de aquí.

—Bueno, como tus amigas te dejaron, ¿por qué no te llevo a casa?

Mientras atravesábamos las tres calles hasta el edificio de departamentos donde yo vivía, el padre Lynch me preguntó sobre mi familia.

–¿Dónde van a rezar?

–Al templo de la Calle 81. Somos judíos.

Minutos después, tocábamos el timbre.

Cuando mamá abrió la puerta, vio al padre Lynch a mi lado, y tras recuperarse de su sorpresa inicial, asintió con la cabeza cuando el padre se presentó.

–Por favor, por favor, pase –dijo ella, todavía un poco confundida, mirándome con expresión inquisitiva–. Por favor, siéntese –le indicó al padre–. Tengo un poco de café recién hecho en la estufa y pay de limón.

–Gracias. Suena maravilloso –dijo él.

Mientras ella servía, el padre se puso a relatar los hechos de la tarde de nuestro encuentro en la iglesia.

Mamá seguía tratando de superar el estupor que le había causado verme con un cura. Pero al oír mis comentarios sobre el mal estado de la iglesia, se mortificó.

–Perdone por favor los feos comentarios y la conducta de mi hija –dijo mamá mientras servía más café.

El padre riendo dijo:

–No hace falta ninguna disculpa. Después de todo, vio la iglesia con los ojos de una niña no iniciada. Le aseguro que jamás me pareció grosera. Dijo con franqueza qué era lo que veía.

Con un guiño y una sonrisa, el padre Lynch se terminó su pay y dijo que era hora de marcharse.

–Tengo una pila de agua bendita que reparar.

MARGO BERK-LEVINE

73

Los sacramentos me dan hambre

Era una boda nocturna, durante la temporada navideña, envuelta en la elegancia de nochebuenas, quinqués, vestidos de terciopelo rojo y flores en el ojal. El cuarteto de cuerdas tocaba la conmovedora *Trumpet Voluntary* de Purcell para la procesión inicial. Cuando los novios, temblando de alegría y miedo, dijeron sus votos, llenos de gratitud por su maravilloso amor, me volví hacia mi esposo, Ben, y le dije:

—Tengo hambre.

Él entornó los ojos.

—Siempre te da hambre en las bodas.

Tuve que admitir que estaba en lo cierto.

Es verdad; denme unos novios, una sala llena de amor y corazones repletos de esperanza y empiezo a sentir ganas de champaña y pastel de bodas.

> Jesucristo, condescendencia de lo divino y exaltación de lo humano.
>
> PHILLIPS BROOKS

Un bebé mojado e inquieto, recién bautizado y presentado ante una comunidad reverente me hace pensar en galletas, ponche y tazones de nueces saladas.

Recuerdo todo lo que tuve que comer en todos los sacramentos de mi infancia. En la fiesta del bautizo de mi hermanito, celebrada en la cochera de mi casa, hubo platones de hamburguesas y sándwiches de carne, cervezas y refrescos helados, papas fritas y aderezos y... ¡ay, benditos recuerdos de la infancia!... helado y pastel de chocolate hechos en casa. ¡Y fue sólo un bautizo!

En la confirmación hubo espagueti y albóndigas, pan de ajo y ensalada, brownies y helado y Shirley Temples[1] especiales para los nuevos soldados de Cristo.

Pero el recuerdo más indeleble es la recepción que dieron mis padres después de nuestra primera comunión. En misa, todas las niñas llevaban vestidos ampones y almidonados, y los niños traje blanco o negro. Llevamos nuestros misales blancos o pequeños rosarios de colores hasta el altar, donde nos arrodillamos sobre la suave piel, mientras el padre ponía la hostia en nuestra lengua. Regresamos a nuestra banca y nos llevamos las manos a la cara, haciendo todo lo posible por imitar la piedad de nuestros padres. Luego, la hermana Vivian nos llevó a la cafetería de la escuela, decorada con globos y hermosos manteles. Había vasitos de papel con mentas y nueces en cada lugar, y platos con crepas y huevos revueltos, pequeños vasos de jugo de naranja y hasta tazas de chocolate caliente.

Con un codazo Ben me sacó de mi ensueño calórico y vio a los novios recibir la comunión.

Entonces comprendí.

—Ya sé por qué siempre me da hambre en las bodas —le murmuré a Ben—. Porque la eucaristía, la madre de todos los sacramentos, se basa en el alimento que nos da a Dios. Alimento. Pan de verdad. Vino de verdad. Jesús de verdad.

Porque mi sangre es verdadera comida, y mi sangre es verdadera bebida (Juan 6: 55).

Lo supe el día que entré a la cafetería decorada, con mis padres radiantes y crepas dulces. Lo he sabido después de cada celebración sacramental, con ponche, galletas, mesas de bufet y cenas a la mesa.

Todo tiene que ver con la comida... comida de verdad que nutre a gente de verdad, ansiosa de una relación con el Jesús de verdad.

Ahora sé por qué los sacramentos me dan hambre. Se supone que para eso son.

KATHY MCGOVERN

---

[1] Bebida no alcohólica refrescante en la que se combina ginger ale, granadina y jugo de limón. (N. del E.)

74

Él no me lo preguntó

E l sacerdote se coloca frente a nosotros. Quiere asegurarse de que la abuela lo escuche. Tomo a mi suegra de la mano. Esta segunda ceremonia fúnebre se planeó para ella, porque el viaje a nuestra ciudad habría sido demasiado agotador.

Decidida a ser fuerte, me concentro en la imagen de la Virgen María. ¡Parece tan serena!

El cura inicia con las palabras que espera darán consuelo. Habla fuerte, para que la abuela escuche.

—Es voluntad de Dios que su siervo, lleno de fe, ahora se una a él en el cielo.

"Bueno", pienso enojada. "Dios no me preguntó." Mi esposo era demasiado joven para morir. Pienso en los momentos felices que nunca compartiremos, las graduaciones a las que no asistirá, los nietos que no brincarán en sus rodillas.

> Y una espada traspasará tu alma de ti misma, para que sean manifestados los pensamientos de muchos corazones.
>
> LUCAS 2: 35

Los hombros de mi suegra tiemblan en silencio.

Dios tampoco le preguntó a ella.

A menudo, ella había expresado su disposición para morir. ¿Por qué, se pregunta, Dios no se la llevó a ella y no a él? Perder a un hijo, había leído yo, es más difícil que perder a un esposo.

Para consternación de la abuela, las lágrimas que yo había contenido llenan mis ojos. La imagen de la Virgen se vuelve borrosa. Pienso en ella. Dios no le preguntó si quería ser la madre de su hijo. Tal vez ella se habría negado cortésmente. Después de todo, tener un hijo fuera del matrimonio no era políticamente correcto entonces, e imagino cómo se sintió cuando tuvo que explicarle su estado a José.

Si Dios le hubiera preguntado, quizá la Virgen no habría permitido que su hijo muriera en la cruz, aun si su muerte era para salvar al mundo.

Dios no preguntó, pero la Virgen tampoco se quejó. De hecho, cuando el ángel le dijo cuál era el plan de Dios, ella respondió:

–Hágase en mí según tu palabra.

Mis ojos se limpian. Me fijo en la imagen de la mujer que es modelo de la verdadera fe que yo necesitaré en las semanas y meses próximos. La comunidad reza el padrenuestro. Me uno:

–Hágase tu voluntad...

Y agrego:

–Por favor, Señor, dame la fuerza para aceptar tu voluntad.

ELLEN JAVERNICK

75

El nuevo trabajo de mi hijo

La mayoría de los niños quieren ser bomberos o vaqueros cuando crezcan. Desde que mi hijo tenía ocho años y vio a Neil Armstrong caminar en la luna, quiso pertenecer al programa espacial de la NASA. Veinticinco años después, me despertó para contarme por teléfono su nuevo plan.

—Madre, llevo cuatro días tratando de localizarte.

La mano no ocupada en el auricular avanzó torpemente para encender la luz.

—Me fui —mi voz sonó despreocupada—. He estado ocupada visitando gente con baños en las ciudades circunvecinas.

Des Moines se hallaba entonces en medio de la inundación del 93, y no hubo agua potable durante dos semanas.

> Ninguna dicha en la naturaleza influye tanto en la de una madre como la buena suerte de su hijo.
>
> JEAN PAUL RICHTER

—En buena hora tu hermana se mudó a Bondurant. Llevé mi propia toalla. —mi mente empezó a despejarse, y yo a entrar en detalles—. Muchos negocios están cerrados. Los restaurantes de West Des Moines abren, pero sirven carnes en platos de cartón con cubiertos de plástico.

Continué en esa idea de "la vida es dura" hasta que vi el reloj y comprendí que su llamada se debía a algo mucho más importante que el corte de agua. Para comenzar, pasaban de las diez de la noche, y mi hijo sabía que una llamada a altas horas podía significar una muerte en la familia.

Peor aún, me había llamado "madre". Para las buenas noticias de todos los días, me decía "mamá": "Mamá, me dieron un aumento." "Madre", en cambio, antecedía a una advertencia más seria, como "Madre, ¿qué hiciste?", como la vez que voté por un demócrata.

Así que me preocupé por esta llamada de mi hijo, el científico de los cohetes. Sí, en verdad lo era. Nadie en la reunión del décimo aniversario de su grupo de preparatoria creyó en él, especialmente cuando un amigo suyo dijo ser neurocirujano.

–Bueno, es suficiente –le dije–. ¿Qué te pasa?

–Nada. Sólo quería saber cómo estás. Ah, y te tengo una noticia.

Me enderecé en la cama, la mente abrumada de ideas. De pronto, con un rayo de instinto materno, supe lo que iba a decirme. Tenía un nuevo trabajo... el de investigación y desarrollo al que no le quitaba la vista... y era en Iowa... además, ¡tenía prometida! Aunque todavía le faltaba mucho para los treinta, tanto que no compartía mi interés en buscarse una compañía femenina. Y si bien los detalles románticos eran escasos, él había prometido invitarme a su boda cuando ocurriera. Hasta entonces, lo más cerca que había estado de conocerle una amiga fue la vez que me preguntó si podía traer a alguien en navidad y se presentó con dos gatos... machos ambos. Desde hacía tiempo sus amigos de la universidad se habían casado, y obsequiado nietos a sus padres. Los nuevos graduados con los que hacía amistad en el trabajo le decían "viejo".

–¿Qué pasa? –pregunté.

–Los Rockies ganaron anoche.

Era una noticia, claro, pero no la que yo tenía en mente. Él recapituló sobre las actividades del equipo de beisbol de Denver, aunque sabía que no me importaba en lo más mínimo, a menos que me dijera que pertenecía a ese club.

Aguanté lo que me parecieron horas, y fueron al menos algunos minutos, antes de interrumpirlo:

–Olvida las tonterías. ¿Hay algo más? ¿Algo más personal?

Creí parecer indiferente.

–Déjame ver. Ah, estoy pensando cambiar mi pickup. Es eso, o ponerle una transmisión nueva.

Mientras explicaba los pros y contras de comprar o reparar, abandoné la cama y empecé a pasearme por la habitación. A un ingeniero no se le apresura.

Mientras intentaba pensar cómo dirigir la conversación más allá de las finanzas, hizo una transición al tema principal:

–Y voy a ser cura.

Quedé como muerta. ¿Qué? ¿Cura? ¡Los sacerdotes no se casan, y tienen que trabajar todas las navidades!

–Un momento, cariño. Hay estática en la línea –sacudí vigorosamente el auricular–. Ahora sí, ¿me decías?

–Que voy a ser sacerdote.

–Eso creí oír.

Visiones de mi hijo tratando con leprosos en "Dondefuera del Sur", un lugar sin teléfono, cruzaron mi mente. Intenté controlar mi respiración.

–¿Hablas en serio? Porque ya habíamos platicado de esto, y me dijiste que la vida religiosa no era para ti.

Suspiró.

–Eso fue en cuarto grado. Cambié de opinión.

–¿Ya te fijaste que tendrás cuarenta cuando salgas del seminario? Mira, sé que no te gusta decidir qué ponerte todos los días, y supongo que el traje negro te parece atractivo, pero tienes todas esas camisas azules.

–Puedo usarlas en mis días libres.

Intenté un nuevo ardid:

–¿Dejarás a los Broncos y los Rockies?

–Ya rompí con una muchacha que tenía boletos para toda la temporada y en buenos lugares: detrás del bateador.

¿Una muchacha? ¡Tan cerca!

–Ay, cariño, ¿estás seguro de que estás haciendo lo correcto?

–Sí.

–Ya veo. Bueno, cuando seas sacerdote, ¿te mudarás a Iowa?

–Probablemente no.

–Y supongo que no te vas a casar.

Tosió.

–Difícilmente. ¿Qué te hizo pensar que lo haría?

–Era sólo una idea. No importa.

Bueno, nuevo trabajo, aunque no en Iowa; nada de compromiso matrimonial. Una de tres…

Estaba siendo egoísta. La arquidiócesis de Denver lo asignaría a una parroquia en Colorado, a doce horas de aquí, pasando por Nebraska. Me imaginé dándole la noticia a su padre: "¿Te acuerdas de nuestro único hijo, que esperábamos que prolongara el nombre de la familia? Bueno, adivina qué". Y su respuesta sería: "¡Pero si es un demonio de ingeniero!". Tal vez tenga que decírselo de otra manera.

Al adoptar un giro más positivo, descubrí que yo cambiaba de actitud. Tenía que admitirlo: las posibilidades de que mi hijo encontrara trabajo en Iowa siempre habían sido remotas, pues aquí escasean los lanzamientos de cohetes. En cuanto a una esposa, ¿por qué querría él compartir la vida con alguien que esperaría pasar con su familia una fiesta sí y otra no? Lo único que una madre quiere es que su hijo sea feliz. Si él prefería mandar a la gente al cielo rezando en vez de utilizar un cohete, entonces también lo quería yo.

El argumento decisivo fue cuando dijo:

—Mamá, rezaba para que Dios no me hiciera sacerdote. Ahora rezo para que lo haga.

Seis años después, mi hijo fue ordenado como sacerdote católico.

Para entonces yo ya sabía qué era una casulla y cómo se escribía. Pero fue en la recepción, después de ser ordenado, que mi papel quedó claro. Mientras, en la fila del bufet, escuchaba con paciencia que una beata me criticaba por llegar tarde, otra voluntaria me preguntó:

—¿Al padre le gusta el sándwich de jamón con mostaza?

—Sí —contesté.

La primera mujer, ahora mucho más amigable, dijo:

—¡Usted es la mamá del padre!

Yo pensé: "Sí, lo soy. Es lo mejor que puedo ser".

SALLY JO O'BRIEN

76

Bautizo condicional

Niki, mi nieta mayor, fue bautizada en la tradición luterana. Cuatro años después, cuando su hermano Robert nació, su familia pertenecía a la iglesia católica de san José, donde lo bautizaron.

Tiempo después, cuando a muchos de sus primos también se les bautizó en el catolicismo, Niki le preguntó al párroco si ella podía hacer lo mismo. El padre Joe le aseguró que la Iglesia católica reconocía su bautizo.

> Por tanto, id y doctrinad a todos los gentiles, bautizándolos en el nombre del Padre, y del Hijo, y del Espíritu Santo.
>
> MATEO 28: 19

–Un solo bautizo para todos –citó–. Pero si de verdad quieres ser bautizada de nuevo, puedes hacerlo en forma condicional.

A sugerencia de Kim, su madre, Niki decidió que todos pensáramos en eso. Mi madre y yo fuimos a visitarlas por entonces, así que cuatro generaciones de primogénitas se reunieron a tratar el asunto.

Mamá y yo crecimos en la iglesia anterior al Vaticano II, y nos enseñaron que los bebés no bautizados se iban al limbo, así que bautizábamos a nuestros hijos semanas después de su nacimiento. Aunque esta teología cambió, nuestras viejas creencias se resistían a morir. Pese a que muchos de los bebés que yo veía bautizar en misa ya gateaban, yo quería reclamar mi afinidad con Jesús lo más pronto posible. Así que bauticé a la mayoría de mis dieciséis nietos cuando los cargué por primera vez. Ya no lo creía necesario, pero era la tradición.

Por lo tanto, durante nuestra conversación sobre el bautizo "condicional" de Niki, confesé:

–Tuviste algunos problemas respiratorios cuando naciste, Niki. Yo te bauticé en el baño del cuarto de tu mamá, en el hospital.

Mi hija Kim me miró sorprendida.

–Sí, lo hice –le dije–. Tenía miedo de que ella no lo superara.

Mi madre dijo:

–Lo mismo hice yo.

–¿Y después fui bautizada en la iglesia de papá? –preguntó Niki.

Asentimos con la cabeza.

Niki pareció pensativa, como meditando el hecho de que ella era la persona más bautizada de toda la familia. Sonrió y dijo:

–Con eso es suficiente.

DIANE C. PERRONE

77

Y para los demás... canta

Una de las principales obras de beneficencia de los Caballeros de Colón, la fraternidad católica más grande del mundo, es algo llamado Fondo para el Vicario de Cristo, una fundación de veinte millones de dólares destinados al santo padre. Cada año, los intereses de este fondo se dan al papa para sus caridades privadas.

Gracias a esta excepcional relación entre la Iglesia y los Caballeros de Colón, algunos de sus representantes han tenido el honor de una audiencia privada con el papa de vez en cuando. ¡Vaya!, veinte millones bien pueden conseguirte una cena en el Vaticano.

> Mirad las aves del cielo, que no siembran, ni siegan, ni allegan en alfolíes; y vuestro Padre celestial las alimenta.
>
> MATEO 6: 26

Les he vendido seguros de vida a los Caballeros y sus familias durante más de treinta años, así que a mediados de la década de 1990 mi familia tuvo una audiencia privada en el Vaticano. Christine y yo, junto con mis hijos gemelos, Cory y Jason, fuimos a conocer y estrechar la mano del papa en sus aposentos. Fue un momento importante en mi vida, por decir lo menos.

Casualmente, estando en Roma, se desarrollaba entonces una especie de cónclave. Muchos obispos, arzobispos y cardenales estadunidenses estaban en esa ciudad al igual que nosotros.

Nos dio gusto reunirnos con muchos de ellos en un delicioso banquete ofrecido en una de las Siete Colinas de Roma; un escenario diferente a cualquiera en el que haya estado alguna vez. Para mi sorpresa, ahí me encontré con uno de mis viejos maestros de la escuela dominical, quien había sido cura en la iglesia católica de San Pedro en Columbia, Carolina del Sur, donde mi familia iba a misa todos los domingos. Aquel joven sacerdote, el padre Joseph Bernardin, era ahora el cardenal Bernardin. Él había sido maestro de muchos de mis hermanos y hermanas cuando estuvo en la iglesia de san Pedro, y mis padres, ya fallecidos, conocieron a los suyos también. Con todo, me sorprendió que recordara mi apellido: Aun.

Disfrutábamos juntos de unos cocteles fuera del salón del banquete, bajo árboles prodigiosos, mientras el sol se ponía. Entre tanto, compartíamos con el cardenal una agradable conversación, recordando sus días en la University of South Carolina.

Mientras platicábamos con él, los pájaros volvían para pasar la noche en el enorme árbol bajo el que charlábamos. En el curso de nuestra conversación, una de las aves, que obviamente había disfrutado de un pródigo día de rapacidades, hizo lo que los pájaros hacen cuando comen hasta saciarse: evacuó. Infortunadamente, el buen cardenal estaba justo en su camino.

Permítanme apuntar que soy de ingenio rápido y siempre tengo un comentario en el bolsillo trasero. Sin embargo, uno no se burla de un cardenal cuando un pájaro le ensucia el sombrero. El cardenal Bernardin sintió que algo golpeaba su casquete. Se enderezó para ver qué pasaba, y se dio cuenta de que tenía popó en la mano.

No supe qué hacer, pero en el futuro ninguna confesión me disculparía de hacer uno de mis clásicos y espontáneos "comentarios sobre el tema". Así que, por una vez en mi vida, mantuve la boca cerrada. No dije una sola palabra, sobre todo porque quería oír cómo se las arreglaba el buen cardenal.

Viéndose atrapado por un ave descarriada desde lo alto, miró hacia el árbol, se vio la mano, volvió a ver el árbol y dijo:

–Y para los demás… ¡ella canta!

MICHAEL A. AUN

78

Colorear el camino al calvario

De niña odiaba la cuaresma, pues significaba que tenía que renunciar a las golosinas y las barras de chocolate. También implicaba que tenía que esforzarme en ser buena para poder colorear el camino al calvario que la maestra ponía. Cada piedra nueva era una buena acción, una oración o un sacrificio. Algunos chicos pasaban volando por cuarenta avemarías seguidas y coloreaban varios centímetros de una vez. Mi conciencia no me permitía darme ese lujo.

Cuaresma significaba que las monjas nos formaban en filas en la escuela para ir a la iglesia a ver las estaciones del vía crucis, confesarnos o ensayar con el coro. Significaba que era posible que, al visitar a una amiga, su familia estuviera de rodillas rezando el rosario. De mí se esperaba que me uniera a ellos, aun si mi familia ya había terminado de rezar el suyo.

Si visitábamos a más amigas, llegábamos a participar en tres, cuatro o cinco rosarios en un día. Yo los consideraba sacrificios, así como las oraciones, y coloreaba dos piedras por cada uno... tal vez un atajo para llegar a la cruz, pero el camino al calvario era muy largo.

> Toda historia es
> incomprensible
> sin Cristo.
>
> ERNEST RENAN

Cerca del fin de la temporada de oración y sacrificio, había un viaje de compras como preparación para el domingo de Pascua. Mi hermana y yo retirábamos todo nuestro dinero del Credit Union, unos quince dólares cada una. Comprábamos vestidos... Ann de color rosa, yo azul... zapatos blancos, tobilleras, sombreros blancos de paja con listones y flores, pequeñas bolsos de plástico y guantes blancos. No se nos permitía usar esta ropa antes de Pascua, pero la modelábamos ante cualquiera que llegara de visita.

Mi madre siempre me recordaba que ése era un periodo sagrado, y que debía pensar en el sufrimiento de Cristo; pero mi mente sólo estaba en mi nuevo sombrero de Pascua y en cómo me peinaría ese día.

Así fue durante varios años, hasta que llegó a nuestra iglesia un nuevo párroco. Era un monseñor. Nos dijo qué significaba ese nombre, y que era un amigo especial del papa. Nos impresionó. Era un hombre corpulento de voz grave y con talento para el drama. Mi primer vía crucis con monseñor alteró la cuaresma para mí. Él rezó en voz baja en la primera estación, y la comunidad respondió. Hizo una pausa y miró la escena.

Las estaciones de nuestra pequeña capilla eran sencillas imágenes de yeso de color beige. Las había visto durante años sin percatarme de nada especial en ellas. Ahora monseñor hablaba como si él fuera un testigo ocular. Mientras avanzaba de una estación a otra, Cristo iba cobrando vida. Lo vi caer. Sentí las lágrimas de su madre. Y yo no era la única. La gente lloraba mientras este hombre describía a nuestro Salvador con palabras que herían. Su voz subía y bajaba entre una tragedia y la siguiente.

Veíamos más allá del yeso, más allá del presente, aquel tiempo remoto en que un hombre cansado, débil, golpeado se sacrificó por nosotros.

Cuando todo terminó, la gente se fue, algo agobiada por ese despliegue de emoción, perturbada por la visión de ese hombre, pero decidida a regresar. Así ocurrió toda esa cuaresma. Conocimos a Jesús como un ser de carne y hueso, temeroso, traicionado, solo en su agonía. Rezamos con nuevo vigor, buscando activamente formas de acercarnos más a Cristo. Cuando monseñor leyó la pasión, me dolió como si se tratara de un miembro de mi familia demolido por un dolor que yo no podía aliviar.

El domingo de Pascua fui a la iglesia con mi familia. Sentía una alegría desbordante. El sol brillaba con un nuevo fulgor, las azucenas parecían más blancas que las del año pasado, las hojas más verdes. No recuerdo cómo iba vestida o si logré conseguir a tiempo un sombrero nuevo para el gran día. Lo que sé es que, por primera vez, había coloreado el camino al calvario, y estaba realmente preparada para regocijarme.

DONNA D'AMOUR

79

Tan lejos

A veces, el Señor parece lejano, pero no sé por qué;
Él estaba ahí, esperando, justamente el día de ayer.
Le dije en la mañana que me estaba yendo mal;
ya hablaríamos en la noche, un rato nada más.
Pero las sombras penumbrosas que oscurecen el color
sólo permitieron que murmurara gracias al Señor.

A veces, el Señor parece lejano, las razones no las sé; quiso hablarme
en el trabajo, pero lo rechacé.
Al comer, le prometía que leería su verdad y oraría, pero no probé alimento ni dejé de trabajar.
A la hora de la cena, me incliné en su honor,
mas al ver la tele me pregunté: ¿ya no hay tiempo para Dios?

> El Señor guardará tu salida y tu entrada, desde ahora y para siempre.
>
> SALMOS 121: 8

Si el Señor parece lejos, los motivos sí los sé:
siempre está dispuesto a oírme y está a la espera.
Hay un rato cada día para hablar con Él, o leer su palabra;
cuando él no parece cerca, quien se alejó fui yo.
Nunca cambia paradero, ha demostrado su constancia;
si parece distanciarse, no fue Dios quien se movió.

MICHELE DELLAPENTA

Caldo de Pollo
para el Alma

9

CAPÍTULO

Lecciones

Ten el consejo, no lo dejes; guárdalo,
porque eso es tu vida.

Proverbios 4: 13

80

Cordón de tres dobleces

Cuando mi esposo y yo nos casamos, hubo varias cosas que no tratamos. El hecho de que él estuviera a favor de un partido político y yo de otro era algo desafiante. Ambos queríamos dormir en el lado izquierdo de la cama. A mí me gustaba el estilo futurista moderno, y a él el Chippendale. Pero el mayor reto que enfrentábamos era encontrar un equilibrio espiritual.

Ryan creció asistiendo a la iglesia todos los domingos, con lluvia o sol. Mi familia, aunque espiritual a su manera, nunca había sido devota.

> Y si alguno prevaleciere contra el uno, dos estarán contra él; y cordón de tres dobleces no presto se rompe.
>
> ECLESIASTÉS 4: 12

—Creo que es importante que vayamos a la iglesia como familia —me decía a menudo—. Cuando tenga hijos, quiero que eso sea también parte de su vida

—¿Por que tenemos que ir a la iglesia para ser religiosos? —replicaba yo—. ¿No puedo ser espiritual en casa?

—No es lo mismo —me decía—. Cuando vas a la iglesia, formas parte de una comunidad. Para mí, eso es importante.

Pensé largo y tendido en el dilema. Sabía cuán importante era mi nuevo esposo para mí y quería que se sintiera realizado y feliz. Acepté de mala gana darle una oportunidad a la iglesia. Pero luego de varias semanas de ir a la parroquia de su infancia, me sentí insatisfecha.

—Mira —le dije bruscamente un domingo después de misa—. Quiero hacer esto por ti. Quiero que sea una prioridad, pero ¿podemos buscar una Iglesia juntos? ¿Podemos intentar algo diferente? Sé que ésta es la Iglesia donde creciste, pero ¿estás dispuesto a dar un paso por mí y probar un credo diferente?

Como prueba de su compromiso conmigo, aceptó de inmediato que buscáramos otra Iglesia.

Durante un par de años fuimos ovejas sin rebaño. Asistimos a ceremonias religiosas de todas las formas y tamaños. Luteranas, metodistas, bautistas, sin denominación, congregacionales, presbiterianas… probamos de todo. En el camino conocimos muchas personas fantásticas, pero seguíamos sin encontrar una familia religiosa que pudiéramos llamar nuestra.

Un día, mientras hacíamos trámites en la ciudad a la que acabábamos de mudarnos, vi un anuncio en la fachada de una iglesia.

"¿Te interesa convertirte al catolicismo? ¡Clases de formación en RCIA ahora!"

Hmm, no habíamos probado una iglesia católica. No había pensado en eso. De hecho, estaba segura de que todos nacíamos siendo católicos. ¿Quién sabía de alguien que se hubiera convertido al catolicismo?

–¿Qué tal la Iglesia católica? –le pregunté a Ryan en la cena de esa noche–. Quizá deberíamos intentarlo.

–¿Acaso no todos nacen católicos? –inquirió él–. ¿No tienen ceremonias muy complicadas? ¿Arrodillarse y pararse y decir cosas en otros idiomas? Me gusta saber qué oigo.

–No estoy segura –reconocí–. Pero al menos puedo llamar y averiguar sobre esas clases de RCIA que están anunciando. ¿Qué podemos perder?

Al día siguiente llamé a la iglesia y hablé con el cura. Era un alma muy amable, con facilidad de palabra y nada intimidante, como había imaginado que eran los sacerdotes. Me animó a asistir a misa la semana siguiente y ver qué pensaba.

En domingo, Ryan y yo nos escurrimos en la iglesia justo cuando empezaba la misa, y nos ocultamos en la última banca. Al principio, todo pareció un poco confuso. Tratábamos de mirar a los fieles a nuestro alrededor para saber en qué momento arrodillarnos, pararnos, etcétera. Nos agradó oír que toda la ceremonia era en nuestro idioma, y la homilía nos pareció muy ilustrativa.

Poco después de esa mañana dominical, nos lanzamos de cabeza al programa de RCIA. Las personas que conocimos durante esas clases semanales eran increíbles, e hicimos amistad con una pareja en particular. Fue como si comenzara un nuevo capítulo en nuestra vida. Las discusiones y discernimientos en las clases de RCIA las noches de los miércoles eran el momento estelar de nuestra semana. Sentimos como si hubiéramos encontrado un hogar lejos de casa. De repente comencé a entender por qué esto había sido tan importante para mi esposo.

La noche de la vigilia pascual, nos sentamos en la banca de adelante y esperamos nuestro turno para ser bendecidos por el sacerdote y volvernos miembros plenos de la Iglesia católica romana.

Justo antes de que fuera pronunciado el nombre de mi esposo, me incliné junto él y susurré a su oído:

—Ahora me siento más cerca de ti que antes. Gracias por sacarme de mi zona de confort y permitirme ver lo importante que es hacerle un lugar a Dios en mi corazón.

Él pudo haberme dicho: "Te lo dije", o algo igualmente sarcástico. Pero en vez de eso, me besó dulcemente y sonrió. En ese instante supe que el autor del Eclesiastés estaba en lo cierto: "Un cordón de tres hilos no se rompe fácilmente".

El tejido de nuestro matrimonio se volvió mucho más fuerte esa noche sagrada previa a la Pascua. Y aunque el viaje fue largo, y a veces frustrante, me da mucho gusto que mi esposo haya insistido en que viajáramos juntos para encontrar el tercer pliegue que une a nuestro matrimonio en la fe.

EMILY WEAVER

81

La lección del padre McKeever

Recuerdo a Nancy. Ambas íbamos en segundo grado. Yo era la "lista", ella la "tonta", o al menos eso creía yo. Le hacía la vida un infierno a esa pobre niña, y ella sencillamente lo soportaba. Amable y tímida, tenía once años, y le había costado mucho trabajo llegar a segundo. Leía y escribía con dificultad. Todas las niñas se burlaban de ella, yo en particular. Nancy sólo se quedaba ahí, evadiendo mi mirada, dejando que las lágrimas rodaran por sus mejillas. Cruel y astuta, yo manipulaba a las demás para que las burlas colectivas aumentaran la desdicha y vergüenza de Nancy.

> Cuídate, mientras vivas, de juzgar a los hombres por su apariencia.
>
> JEAN DE LAFONTAINE

Le decíamos "tonta", "¡fea!", "¡apestosa!", "¡sucia!". Ella nunca se defendía, lo que encendía más a sus torturadoras.

Pero un día, todo cambió. Fui a una clase de Biblia y Nancy estaba sentada ahí, sola, al fondo del salón. La historia bíblica era sobre el juicio de Jesús, sentenciado por el rey Herodes. Mientras el relato avanzaba, el padre McKeever, que daba la clase, se animaba cada vez más, a su maravilloso estilo irlandés.

Nos contó que el hijo de Dios fue abofeteado, golpeado y pateado. Nos asustó al describir la corona de espinas hundirse en la carne y el hueso de la cabeza de Nuestro Señor. Pude sentir los clavos perforando sus muñecas y sus pies. Después, el padre repitió las palabras de desdén lanzadas contra el "inocente sagrado".

Hizo una pausa, los ojos anegados en lágrimas, y miró a Nancy al fondo del salón, sola, la cabeza gacha. Una mirada de intenso dolor se apoderó de su expresión, y luego fijó los ojos en mí. Puntas de acero me perforaron. Sentí como si fuera la única en el salón, y que el amable y bondadoso hombre de Dios me hablaba sólo a mí.

—¿Qué se sentirá estar solo y ser inocente? —preguntó despacio, con su cargado acento irlandés—. ¿Qué se sentirá ser arrastrado frente a tus enemigos, sucio y despreciado, sin nadie que te proteja?

Lágrimas manaron de mis ojos, porque a los siete años de edad, yo amaba a Jesús sólo un poco más que al padre McKeever.

De inmediato entendí el mensaje. Me sentí abrumada. Volteé a ver a Nancy con su ropa andrajosa, cubierta de polvo que tiznaba su cara. Sentí vergüenza.

Pareció como si nadie supiera qué perforaba mi corazón ese día. De repente mi vi en el patio de Herodes, ¡despreciando y golpeando… a Jesús! En mi imaginación, lo vi alzar la cabeza y mirarme. Mi corazón de siete años se hizo añicos. Me quedé atónita un momento, y luego recogí mis cosas. Me paré y caminé hasta el fondo del salón. Jalé una silla junto a Nancy y me senté. Con manos temblorosas y el más increíble arrepentimiento en mi corazón, me estiré para tomar la mano de Nancy. Me miró, al tiempo que sus ojos y su boca formaban una "O".

—Nancy —empecé, con voz quebrada—, quiero que seas mi amiga… mi mejor amiga.

Ella me miró mucho tiempo. El salón estaba en silencio. Advertí que sus ojos eran de un azul increíble, enmarcados por amables cejas oscuras. Me sonrió; su labios eran el marco perfecto para sus dientes blancos. ¡Vaya, Nancy era preciosa!

A partir de ese día, me propuse ser amiga y protectora de Nancy. Pasé el resto de ese año con rodillas peladas, moretones y algunas narices sangrantes. Me mudé con mi familia a fines del verano siguiente. Jamás volví a ver a Nancy, ni al padre McKeever, pero han vivido en mi corazón desde entonces.

Nancy me enseñó a perdonar, y el padre McKeever la redención.

JAYE LEWIS

82

Madre superiora

La figura de negro con la toca blanca y ancha gobernaba el salón con incuestionable autoridad. Cuando hablaba, sus discípulas de primer grado se enderezaban detrás de sus gastados pupitres de madera en las ordenadas filas de diez. En sus apretados jumpers azul marino y blusas blancas almidonadas con cuello de Peter Pan, las niñas guardaban silencio y las buenas maneras esperando la señal del timbre al final del día.

Como los pupitres se asignaban por una estatura cuidadosamente calibrada, la niña diminuta del primer asiento de la primera fila era, en mucho, la más bajita de todas. Agitando nerviosa su cabello rubio rojizo, le preocupaba la tarea que la madre superiora estaba a punto de distribuir. La diligente estudiante ya pasaba horas cada noche en sus hojas de trabajo, diseñadas para hacer entrar las lecciones del día en las cabecitas de las alumnas de primero.

> Bendita es la influencia de un alma humana bondadosa sobre otra.
>
> GEORGE ELIOT

La madre superiora le dio diez hojas a la chiquita y pasó a la fila siguiente, y a la siguiente y a la siguiente, hasta distribuirlas todas. Cuando el timbre sonó, las alumnas metieron sus libros a sus mochilas y se formaron para despedirse de su maestra. Al salir del salón, la pequeñita corrió a los brazos de su madre, y echó a andar a su departamento.

Después de clases, niños de todas las edades se volcaban en las calles a practicar animados juegos de algarabía. Al ponerse el sol, las mamás de toda la calle asomaban la cabeza por las ventanas de los departamentos y salmodiaban frases conocidas llamando a sus pequeños a cenar. La chiquita se sumaba entonces a los grupos de niños exhaustos, y enfilaba adentro con renuencia. Después de lavarse las manos, jalaba una silla de la cocina junto a su madre en la enorme, blanca y esmaltada estufa para ayudarla a preparar la comida familiar.

Terminada la cena, demasiado pronto, llegaba la hora de empezar la terrible tarea. A la madre de esta alumna de primero le preocupaban cada vez más las diez hojas de tarea que su angelito recibía cada noche. Como no tenía hijos mayores, no podía determinar si eso era normal para tal grado, pero mucho se temía que era un exceso para niñas tan jóvenes.

Pese a los ruegos de la hija de no hablar con la madre superiora y meterla en problemas, la preocupada madre entró al salón a la mañana siguiente y pidió hablar un momento con la maestra. Observando a su madre con la monja, la chiquita se confundió al verlas sonreír cuando terminaron de conversar. Tras despedirse alegremente, la mamá prometió pasar a recogerla a las tres.

Durante todo el día, la niña puso mucha atención en las lecciones de lectura, escritura y aritmética. Cuando la manecilla grande del reloj llegó lentamente al número doce y la pequeña avanzó hasta el tres, la madre superiora se acercó al primer pupitre de la primera fila con las diez hojas usuales de tarea. La monja tendió las hojas de trabajo a la alumna más pequeña de la clase, quien respetuosamente curvó la cabeza y aceptó obediente la pila. Pero antes de pasar a la otra fila, la madre Mary se inclinó y murmuró:

—Toma sólo una, querida. Se supone que debes pasar las otras nueve a las niñas de atrás.

PAMELA HACKETT HOBSON

83

Halloween, 1958

El mes de septiembre en que mis padres me inscribieron en la Saint John Kanty School marcó mi entrada al mundo espiritual habitado por Jesús y la Virgen María, ángeles de alas suaves y mujeres y hombres con aureola llamados santos. Todo eso me cautivaba, como Lucy al tropezar en el ropero en *Las crónicas de Narnia*. Lo mejor de todo fue el nuevo material para coleccionar: rosarios de todos colores, medallas, devocionarios y estampas de todos los santos. Mi colección de estampas sagradas competía en tamaño con la de tarjetas de beisbol de mi hermano.

> ¿Qué regalo ha conferido la Providencia al hombre que sea más caro para él que sus hijos?
>
> CICERÓN

A principios de ese octubre, la religiosa me dio un memorándum blanco, aún húmedo y oliendo a mimeógrafo, que esbozaba los planes de la fiesta de Halloween. Llamarla una fiesta de "Ven como santo" sería más preciso, pues las hermanas pusieron el acento en Todos Santos más que en fantasmas profanos.

Ese día regresé a casa sin aliento.

—¡Mamá, va a haber una fiesta de Halloween, y tengo que ir vestida de santa! —me pavoneé emocionada por la cocina—. ¿Quién puedo ser, mamá? ¿Dónde conseguiré mi disfraz?

—Decide quién quieres ser y yo te haré tu disfraz —contestó mamá—. Será fácil. Lo único que necesitas es un vestido largo con mangas abiertas.

–¡Y un velo! –interrumpí, poniendo un paño sobre mi cabeza–. ¡Como la Santísima Virgen! ¡Ooh! ¡Quiero ser ella!

Ese sábado, papá nos llevó a la Calle Cinco y Diez de Kresge, donde compramos dos piezas de tela de algodón, una del tradicional azul de la Virgen y la otra blanca. Mientras iba a la escuela, mamá y su máquina de coser acometieron el proyecto. Yo revisaba sus avances todos los días y me emocionaba más conforme se acercaba el Halloween.

El 31 de octubre amaneció dorado y claro. La fiesta estaba programada para después de la comida; el que no tuviéramos ninguna labor escolar que hacer esa mañana debería considerarse un milagro. Al mediodía nos fuimos a casa para devorar nuestro almuerzo y adoptar nuestra identidad sagrada.

Mamá tenía un sándwich de queso crema y el disfraz listo. El velo estaba extendido sobre la cama, y el vestido azul colgaba a salvo en el clóset, donde el planchado de mamá no se estropearía.

–Lávate y sécate bien las manos –me advirtió ella–. No quiero que ensucies el vestido antes de llegar a la fiesta.

Cuando mis manos y cara estuvieron limpias y secas, me quité mi uniforme. Mamá deslizó sobre mí el vestido azul y ató una banda a mi cintura. Peinó mi cabello castaño, puso el velo sobre mi cabeza y lo aseguró con pasadores en mis sienes. Dos bucles salían de cada lado de mi cara. Desde el espejo, una Virgen con peinado de hada me miró.

–¿Estoy lista? ¿Podemos irnos? –pregunté.

–¡Un minuto! –respondió mamá–. Tenemos un toque final. No podemos olvidar al Niño Dios –dijo, mientras recibía en mis brazos mi muñeca Betsy Wetsy envuelta en una colcha. Sostuve el bulto cerca de mi corazón, igual que como lo tenía la Virgen en una de mis estampas.

Mamá y yo nos sonreímos muy seguras y recorrimos las dos calles hasta el auditorio de la iglesia, el cual estaba decorado con papel crepé naranja y negro, calabazas, gatos negros y, lo más importante, mesas llenas de sidra, pastelitos y bastantes dulces para saciar o enfermar a cada uno de nosotros.

Los niños intercambiábamos exclamaciones de admiración, mientras las mamás calculaban la competencia juzgando por los disfraces. Guardamos silencio cuando la presidenta de la sociedad de padres de familia tomó el micrófono.

–¡Atención! Niños, hagan un círculo. Cuando empiece la música, desfilen por el salón. Si un juez les palmea el hombro, pasen al centro del círculo. Todos seguirán desfilando hasta que pare la música.

La grabadora zumbó un segundo antes de que Mitch Miller y compañía entonaran con voz chillona "La marcha de los santos". La hermana hizo una señal y un san José de siete años portando una arpillera café y una barba de corteza quemada dio los primeros pasos. Le siguió un san Patricio con mitra de cartón y un palo de escoba por cayado. Santa Cecilia, patrona de los músicos, hacía tintinear un xilófono, mientras Jesús, con túnica blanca y manto rojo, mostraba marcas rojas en sus palmas.

—¿Crees que son de mercurocromo? —preguntó uno de los ángeles mientras tres plumas caían de sus alas.

El arcángel Miguel desenvainó su espada. Muchas Vírgenes marcharon ese día, pero las mamás las espaciaron para que todas tuvieran una oportunidad. Un bombero y tres vaqueros se hicieron cargo de la retaguardia.

Una mamá de la sociedad de padres me palmeo el hombro y me empujó suavemente al círculo de los semifinalistas.

La música paró, remplazada por murmullos y miradas tensas de quienes esperábamos el veredicto. Las porras se intensificaron cuando la maestra de ceremonias declaró a san Patricio como el tercer lugar y a Jesús como segundo. Ella interrumpió el estrépito con "El primer lugar es…", y segundos después reconocí mi nombre. Palmadas en la espalda me empujaron hasta el escenario, entre aclamaciones y aplausos. Los ganadores nos deleitamos en nuestra gloria y aceptamos los premios, imágenes de nuestro ángel de la guarda para la pared de nuestro cuarto.

En medio de la muchedumbre, mamá batía palmas sin cesar, con ojos brillantes. Nunca pareció tan feliz como en ese momento, cuando saboreaba de pie la victoria. Sosteniendo con dificultad el premio y al Niño Dios, corrí hacia ella, y sus brazos me sostuvieron con fuerza, evitándole al Niño Dios una inminente caída al suelo.

Entonces se aproximó mi maestra, la hermana Azaria, mirando complacida el desfile de los santos. Sólo una maestra habría podido encontrar una lección en esos hechos, pero es invaluable para alguien que da el primer paso… o el centésimo… hacia el reino de Dios.

—Dorothy —me dijo—, otras niñas también vinieron vestidas como la Virgen María, pero sólo tú traías al Niño Dios. Recuerda siempre eso.

Dorothy LaMantia

84

Ansia de confesión

El misticismo asociado con los ritos católicos me imponía durante mi juventud, a fines de la década de los cincuenta. El estricto proceder de los sacerdotes y las monjas durante ese periodo, acompañado por la solemne naturaleza de los sagrados sacramentos, era demasiado para un muchacho. Éste era el caso de un huérfano con una muy celosa perspectiva de la vida de lunes a sábado, y de quien luego se esperaba que fuera lo bastante devoto para recibir el sacramento de la comunión el domingo. Pero para poder recibir la comunión, uno tenía que purificarse confesando sus pecados antes de misa.

> Al alabar o amar a un niño, no amamos y alabamos lo que es, sino lo que esperamos.
>
> GOETHE

Para este joven católico irlandés de ocho años, la idea de entrar a un armario pequeño y oscuro y desahogarse con un sacerdote invisible, pero todopoderoso al otro lado de una delgada pared era muy intimidante.

En las semanas previas a mi primera comunión, las monjas de las clases de catecismo del sábado por la mañana nos preparaban de modo pertinente para confesar nuestros pecados, un prerrequisito para ese sacramento. Igual que la mayoría de los rituales católicos, el protocolo es muy importante. De hecho, la madre superiora disponía una serie de "sesiones de prueba" justo para asegurarse de que cada uno de nosotros entendía la secuencia de las cosas por decir estando en el confesionario. El único momento de la experiencia que parecía "tema libre" era cuando declarabas tus pecados. Durante los ensayos, con las monjas desempeñando el papel de curas en un salón confesional provisional, uno podía imaginar cuán creativos podían ser esos pecados "extraoficiales".

Al fin llegó el gran día para el que las monjas nos habían preparado… ¡la verdadera confesión, en un confesionario real, con un sacerdote de verdad!

Esa mañana de domingo llegué temprano a la iglesia para mi primera confesión antes de misa. Había una docena de feligreses de pie en una fila junto a la pared interior de la iglesia, esperando turno. Puesto que mi ciudad tenía sólo ochocientos cincuenta y tres habitantes, reconocí a varias de las personas en la fila. Ahí estaba el señor Cox, el reparador de televisores, y Ray el barbero. Me sorprendió ver a la bibliotecaria, la señora Dillard, en la fila. ¿Qué pecados podía confesar ella?

Ocupé mi lugar en la hilera detrás del policía de la ciudad, el jefe O'Callan. Apenas lo reconocí con su traje café y su corbata, tan distintos de su uniforme azul lleno de pelusa. Todos los que estaban en la fila guardaban un silencio solemne, con su cabeza inclinada y manos unidas al pecho. Cada cual se avanzaba tres pasos adelante mientras el de enfrente pasaba sus dos minutos en el confesionario.

Igual que la fila de pecadores, también mi angustia progresaba. No dejaba de repasar los procedimientos, y mis líneas ensayadas. "Bendígame, padre, porque he pecado…". También repetía en silencio el acto de contrición, pues, para consternación de las monjas, siempre me equivocaba al recitarlo en las clases de catecismo. "Oh, Dios, me arrepiento de corazón de…". ¿De qué? ¿Qué seguía? La ansiedad aumentaba. ¿Me acordaría de los pecados que debía declarar? ¿Llegaría mi turno en el confesionario antes de que alcanzara la pubertad?

Cuando ya sólo había un par de personas delante de mí, vi por primera vez algo que no surgió en los ensayos. Cada vez que una persona entraba en el confesionario, se encendía una lucecita amarilla sobre la pesada cortina de terciopelo. Noté que el foco permanecía encendido hasta poco antes que la persona saliera del confesionario. Rápidamente supuse que ése era un indicador para el resto de los parroquianos de que el confesionario estaba ocupado. Las monjas no nos habían dicho ni una palabra al respecto, pero yo hice una nota mental para buscar el interruptor de la luz tan pronto como estuviera en el pequeño cubículo. No quería que alguien entrara por equivocación mientras yo estaba en plena confesión. Más angustia, aparte de todas las demás de esa mañana. ¿Encontraría el interruptor? ¿Dónde estaba? ¿Cómo lo accionaría?

Justo entonces, con la cara roja y apariencia de arrepentimiento, el jefe O'Callan salió del confesionario. Me percaté de que su confesión duró unas tres veces más que la de cualquier otro. Su postura encorvada me hizo pensar que su penitencia debía ser decir cuatrocientos rosarios y hacer un par de viajes a Lourdes.

¡Era mi turno!

Ni siquiera sentía los pies cuando me acerqué al confesionario y empujé la pesada cortina. Todo estaba a oscuras, salvo por un tenue resplandor púrpura como del tamaño de la cubierta de un libro, el cual emergía desde lo que supuse que era la pared que separaba al cura del pecador.

Haciendo acopio de ingenio dentro del extraño dominio del confesionario, recordé el foco de afuera. Tenía que encenderlo antes de iniciar los procedimientos de la confesión.

Pasé la mano arriba y abajo, primero del lado izquierdo dentro de la oscura pared, luego a la derecha, buscando en vano el interruptor. Sin resultados, empecé a agitar las manos sobre mi cabeza, tratando de jalar los alambres. Justo mientras me aterraba la idea de que tal vez era demasiado bajo para alcanzar un alambre del techo, una fuerte voz masculina de tono más bien fastidiado me preguntó:

–¿Qué haces, hijo?

–Estoy buscando el interruptor, padre –respondí nervioso.

Hubo un largo minuto de silencio, seguido por un sonoro suspiro procedente del otro lado de la abertura púrpura.

–Ponte de rodillas frente a la ventanita, hijo. ¡La luz de afuera se encenderá de manera automática!

Qué alivio.

Sólo faltaba que pudiera recitar completo ese acto de contrición.

THOMAS L. REILLY

85

Los católicos no beben...

De chica, en los suburbios de Washington, D.C., en la década de los cincuenta, había dos cosas de las que estaba segura sobre mi familia: que éramos católicos y éramos sindicalistas.

Mi papá, Jimmy Noonan, era un irlandés de hermoso cabello color arena quemada y de rápido guiño. Estaba muy comprometido con nuestra parroquia católica y su escuela primaria, a la que mis hermanos y yo asistíamos. Papá era miembro de la Holy Name Society, grupo de oración y servicio de los hombres. También hacía muchos trabajos de electricidad para la iglesia y la escuela, sin aceptar ningún pago por ello. Mientras mi mamá, Juanita, alegre ama de casa de cabello oscuro, cuidaba de sus tres hijos y el hogar, papá trabajaba mucho como electricista sindicalizado y miembro activo de la sección 26 de la Fraternidad Internacional de Trabajadores Eléctricos. Más de una vez, papá llegaba a casa engrasado y exhausto después de un arduo día de trabajo, que había empezado a las cinco de la mañana. Pero de un salto se metía a la regadera, bajaba a cenar a toda prisa y se marchaba a una reunión importante en el local del sindicato. Siempre decía:

–Tenemos que hacer nuestra parte.

Como Jimmy Noonan era un sindicalista tan dedicado, insistía en que cuando un sindicato, cualquiera que fuera, se declaraba en huel-

> Como son las familias,
> así es la sociedad.
>
> WILLIAM MAKEPEACE THAYER

ga contra una compañía u organización, nuestra familia no comprara el producto o servicio ofrecido por esa compañía hasta que se resolviera la huelga. Ésta era la manera en que toda la familia "hacía su parte".

Cuando yo tenía siete años y Bill, mi hermano, cinco, hubo una gran huelga contra la Coca-Cola, así que durante ese largo periodo nos convertimos en una familia de "sólo Pepsi".

Un frío domingo de otoño, unos amigos de la familia llamaron para avisar que pasarían a visitarnos más tarde. En los años cincuenta, la gente solía hacer visitas los domingos en la tarde para mantenerse en contacto con familiares y amigos. Mamá y yo tuvimos que ir a misa más temprano, así que ella le pidió a papá que fuera a la pequeña salchichonería local a comprar algo para nuestros invitados en su camino de regreso de la iglesia.

Cuando papá y Bill llegaron, todos los lugares del estacionamiento estaban ocupados. Mi padre se acercó hasta la puerta, le dio a Billy algo de dinero y le dijo que fuera por refrescos. Añadió que lo alcanzaría tan pronto como se desocupara un lugar. Cuando papá entró al fin a la tienda, el dueño parecía confundido. Le dijo a papá:

—¡Qué bueno que llegó! Su hijo me tiene azorado. Me dijo que quería unos refrescos de cola, y le traje éstos.

El tendero señaló el contenedor de Cocas.

—Pero cuando se los mostré y tomé su dinero, él me lo arrebató de inmediato y dijo: '¡No, señor! No podemos tomar Coca. Somos católicos'.

Nancy Noonan

86

El regalo de David

Crecí en el barrio junto a las vías del tren en Fort Dodge, Iowa. En esta área particular había una propiedad enorme llena de arbustos, maleza y losas de banqueta abandonadas por algún contratista local. Por lo general, las zanjas de desagüe a ambos lados de las vías tenían una reducida cantidad de agua corriente, un lugar magnífico para atrapar renacuajos y cangrejitos. Esta área, que se extendía un par de cientos de metros hasta el puente de madera sobre las vías del tren, era conocida por todos los niños del barrio como La Selva.

> El corazón del dador vuelve querido y precioso el regalo.
>
> MARTIN LUTERO

Era un lugar grandioso para que los niños jugaran y dejaran vagar su imaginación, libres de los adultos. Cavábamos túneles, construíamos fuertes, armábamos trampas ridículas contra intrusos reales e imaginarios. Aprendimos a atrapar cangrejos de río, renacuajos, ranas y luciérnagas, y ocasionalmente una o dos serpientes.

Cortábamos pequeños arbustos para hacer arcos y flechas. Era un lugar perfecto para jugar a indios y vaqueros o Jim de la Selva, otro héroe del cine.

Cuando estaba en tercer grado, mi amigo David y yo paseábamos, platicábamos y soñábamos despiertos como todos los niños. Queríamos pasar de usar armas de fulminantes a rifles Daisy BB, pero nuestros padres no nos dejaban. Ambos codiciábamos una bicicleta Hopalong Cassidy, porque traía el mejor equipo: luces delanteras de baterías, un asiento lujoso que parecía silla de montar, agarraderas con borlas de plástico de múltiples colores, un gran nombre plateado: Hopalong Cassidy, una pistola Daisy BB en un estuche enorme y el remate... doble alforja con retratos de Hopalong Cassidy al costado.

Dedicábamos mucho tiempo a hablar de estos y otros problemas del momento, como quién era el mejor héroe: el Llanero Solitario y su balas de plata o Flecha Recta y su fabulosa Cueva de Oro. Flecha Recta ganaba casi siempre, porque era un nativo estadunidense honesto y bondadoso, y en nuestro círculo privaba la creencia de que todos los indios eran puros de corazón. Todos sabíamos que los puros de corazón eran mejores. La hermana santa Zita, de la Sacred Heart Elementary School, nos lo había dicho, y nunca dudábamos de ella. Todos sabíamos que dudar de la hermana Zita sería por nuestra cuenta y riesgo. Si ella lo decía, debía ser así, caso cerrado, fin de la discusión.

La hermana santa Zita tenía fama de ser una monja dura, y la mayoría de los niños de primero y segundo grados temían pasar a su grupo de tercero. Muchos de nosotros pasábamos todo el segundo año grado rezando que la transfirieran, en vano, por supuesto.

Por fortuna para nosotros, el ladrido o fama de la hermana santa Zita era peor que su mordida. Casi ninguno de nosotros fue golpeado nunca en los nudillos con el filo de metal de su regla omnipresente, y sólo en ocasiones nos jaló de la oreja para mantenernos a raya.

Un día de regreso a casa, David tenía fabulosas noticias. ¡Su papá le iba a comprar una bicicleta Hopalong Cassidy, con alforjas grandes y todo! ¡Vaya que se sorprendió! La única que cualquiera de nosotros recordaba haber visto era el modelo en exhibición en Sears Roebuck. La emoción se impuso; todos estábamos casi tan entusiasmados como David. ¿Cuándo iba a ir a comprarla? Estábamos muy ansiosos.

En Sears dijeron que la entregarían en tres o cuatro semanas.

Después de dos semanas de espera agónica, David anunció que la bicicleta había llegado a la tienda y que iría a recogerla cuando su familia regresara de su viaje de fin de semana.

La noche anterior a su retorno, tuve un sueño muy realista en el que aparecía David. Él tenía la bicicleta Hopalong Cassidy y nosotros la examinábamos y la probábamos en el puente de madera. Era una bicicleta espléndida, y pasábamos mucho tiempo con ella. Pero se hacía tarde, y David tenía que volver a casa. Se subía al puente hasta perderse de vista. Yo echaba a andar por el atajo de La Selva, cuando me daba cuenta de que David había dejado la bicicleta. La tomaba y corría con ella a lo alto del puente, gritándole a David que regresara. Al llegar arriba, tenía que detenerme, porque faltaba la parte intermedia del puente. David reaparecía al otro lado y preguntaba:

—¿Por qué me llamaste?

—¡Tu bicicleta! –gritaba yo–. La dejaste, pero ahora falta una parte del puente, y no puedo dártela.

—Tengo que irme –replicaba David–. ¡Ya se me hizo muy tarde!

—Pero podría bajar por el camino junto al puente y subir del otro lado. Nos vemos en la esquina –propuse.

Me disponía a hacerlo, pero David me detenía.

—Ya me tengo que ir, es muy tarde, no puedo esperar. Mi papá se va a enojar, debo irme.

—Pero ¿y tu bicicleta? –preguntaba yo–. ¿Qué hago con ella?

—Quédatela, Rich; quédatela. Mi papá me conseguirá otra.

Se despedía de mí agitando la mano y echaba a correr a casa.

Nunca volví ver a David vivo. Resulta que el viaje de fin de semana que realizó con su familia se debió a que David necesitaba una operación del corazón. Murió durante la cirugía.

En clase a la mañana siguiente, la hermana santa Zita nos dijo que tenía un anuncio que hacer. Tenía una sonrisa melancólica en su rostro, habitualmente severo.

—David no estará más con nosotros. Se ha ido con Dios al cielo.

Nos puso a rezar por David, y el resto del día nos pareció borroso.

Más tarde, nuestro grupo marchó en fila a la funeraria. Ahí nos recibió el papá de David, un hombre solemne, quien guió nuestras oraciones por su hijo. Cómo pudo mirar nuestros inquisitivos ojos sin quebrarse, nunca lo sabré.

Días después del entierro, comencé a pasar por la casa de David. Sentía que había cierta simpatía entre su papá y yo, y quería que supiera lo mucho que David había significado para mí, y cuánto lo extrañaba.

Luego estaba el asunto de la bicicleta… ¿David no me la había dejado a mí? ¡Yo era apenas un niño de tercer año, por Dios! ¿Qué podía saber?

Al acercarme a casa de David, se me ocurrió que esas personas seguramente no tenían idea de que él me había regalado su bicicleta desde "el más allá". Así que pasé de largo en la mía y me fui a casa. No extrañaba la bicicleta Hopalong Cassidy. Extrañaba a mi amigo.

RICHARD J. MUELLER

87

Nunca sigas un camino que no lleve a tu corazón

La hermana Lee era el ser humano más malvado, violento e intimidante que haya conocido jamás. El día que comencé el octavo grado, ella tenía unos mil millones de años de edad. En ese entonces, las escuelas católicas tenían un sistema de retiro muy singular. Se llamaba "muerte".

La hermana Lee medía noventa centímetros de estatura, y cada día se encogía más.

Le temíamos más que a Dios. Creíamos en Dios.

Habíamos conocido a la hermana Lee.

Ella era una leyenda entre nosotros. Hasta la fecha, puedes ir a mi viejo vecindario, entrar a una taberna, acercarte a la barra y anunciar: "La hermana Lee fue mi maestra en octavo grado", y la gente empezará a pagar tus tragos.

> El humor es enojo que da un paso atrás.
>
> JOHN R. POWERS

Cuando entré por primera vez a mi salón de octavo grado, esperaba ver hojas de otoño en el tablero de anuncios, o recortes de niños jugando en columpios. No a la hermana Lee. Ella creía en el poder de las palabras. En el tablero, el primer día, estaban éstas: "Disciplina es recordar qué quiero". Todas las semanas había un nuevo proverbio. No los recuerdo todos, pero sí un par de ellos: "Ser idiota es hacer lo mismo una y otra vez y esperar resultados diferentes" y "Ahí viene el Señor. Que te encuentre ocupado".

Durante el día, la hermana Lee podía apuntar al proverbio en el tablero y preguntarte en qué forma esas palabras enriquecían tu vida. Si no dabas una buena respuesta, tu vida podía llegar de pronto a un abrupto fin.

No querías incomodar a la hermana Lee. Nadie lo hizo nunca dos veces.

Cada proverbio pasaba una semana en el tablero, salvo el último, que fue puesto a mediados de abril y permaneció ahí hasta el final del año escolar: "Nunca sigas un camino que no lleve a tu corazón".

Último día de octavo grado; los libros se habían recogido y entregado los trabajos. Estábamos sentados en nuestros pupitres esperando a que diera la hora. Un alumno le preguntó a la hermana Lee:

—Hermana, ¿por qué tenemos que venir a la escuela?

Fue una pregunta muy osada para una monja, a ésta en particular. Contuvimos la respiración, temiendo un estallido final.

La hermana Lee lo pensó un momento y luego contestó:

—Ignoro cuál sea el propósito de la escuela, pero no el propósito de la educación: volverlos libres…

Señaló la frase en el tablero:

—…Para que puedan seguir el camino que lleva a su corazón.

De chico, la hermana Lee era el tipo de maestra por la que te desviarías calles enteras con tal de evitarla al verla caminando por una. Pero cuando te hacías grande y volvías, ella era la primera persona que buscabas.

Tras haber escrito cuatro exitosas novelas y el musical de Broadway *Do Patent Leather Shoes Really Reflect Up?* (¿Es cierto que brillan los zapatos de charol?), volví a mi viejo vecindario y me estacioné frente a la escuela. A las tres en punto, los niños salieron. Poco después, lo hicieron también todos los maestros, menos la hermana Lee. Mientras comenzaba a oscurecerse, la rechinante puerta se abrió y la hermana Lee salió cojeando.

Debe haber tenido cinco mil millones de años para entonces, y cuatro centímetros de estatura.

Me acerqué a ella.

—Hermana Lee, ¿me recuerda?

Me miró fijamente.

—Soy John Powers. Usted me dio clases en octavo grado.

Por fin sonrió.

—Oh, sí… John Powers. Lo siento. Todas las calificaciones son definitivas.

JOHN R. POWERS

88

El tesoro más allá del primer premio

Apretar su cuerpo de uno ochenta de estatura y casi ochenta kilos de peso en un pupitre diseñado para un chico de octavo grado parecía incómodo, pero Paul nunca se quejó. O quizá lo hizo. Los trozos de defectuoso inglés que ofrecía como conversación solían ser imposibles de entender. Por supuesto, la solución para sus compañeros era gritarle d-e-s-p-a-c-i-o y c-l-a-r-o. Pero descubrimos pronto que el volumen y la claridad, aun con movimiento lento, no tenían ningún efecto en el nivel de comprensión de Paul. El surco prominente en su frente y su mirada perpleja mostraban que la mayor parte del tiempo él no tenía ni idea de lo que se le decía.

> La corrección hace mucho, pero el incentivo hace más.
>
> GOETHE

Paul D'Orazio llegó a Estados Unidos procedente de una pequeña ciudad del norte de Italia. Sus brillantes ojos oscuros y sonrisa amigable bajo una mata de grueso y lustroso cabello negro, nos llamó la atención de inmediato. Tenía trece años entonces y fue asignado al quinto grado por algún misterioso proceso que el director de la Holy Cross School no compartió con el resto del grupo. Si él se sintió fuera de lugar, no lo demostró. Era cordial, auténtico y de muy buena naturaleza cuando alguien ocasionalmente se burlaba de él.

Aunque Paul no comprendía mucho de nuestra lengua, trabajo escolar, juegos o música, cuando la hermana Frances Patrice iniciaba y terminaba el día haciendo la señal de la cruz, él nunca dejaba de inclinar con reverencia la cabeza ni de juntar las manos en oración. Pero por más que intentaba, nunca podía comenzar o concluir junto con el resto de nosotros.

Un día en octavo grado, la hermana Frances Patrice anunció un certamen de arte para el que se esperaba que creáramos un modelo de un instrumento musical. Cuando fijó el cartel en el tablero de corcho y explicó los detalles, advertí que Paul se removía en su asiento.

Después de clases, al tiempo que terminaba mi turno de borrar el pizarrón, encontré a Paul estudiando el cartel. La hermana se aproximó a él y señaló los instrumentos musicales.

—¿Puedes hacer uno de estos, Paul? –le preguntó.

Los ojos de él pasaron del cartel a la hermana y de regreso, y luego se puso a inclinar la cabeza con la velocidad de un muñeco. "¿De veras entiende?", me pregunté. Con una última inclinación, Paul dijo con toda claridad:

—¡De acuerdo! Puedo hacerlo.

Tenía ocho semanas para cumplir su promesa.

El día del certamen, la hermana puso una mesa plegadiza y pidió a cada uno de nosotros explicar nuestros objetos particulares al exhibirlos. La esperada colección de *objets d'art* de papel maché y cartulina salió de bolsas de papel y cajas de cartón para lucir en la mesa de exhibición.

Paul fue el último. Llegó despacio al frente del salón llevando una caja grande y plana, que depositó sobre la atestada mesa de exhibición. Sin aspavientos, abrió la caja y sacó con cautela su proyecto para que el grupo lo viera. Después, en perfecto inglés dijo:

—Guitarra.

Y era una guitarra, sólo que no como la imagen del cartel. Esta guitarra, cada centímetro de ella, estaba hecha a mano. Su cuerpo de madera alisada era producto de una creatividad y habilidad increíbles. El salón guardó silencio, y una mirada de preocupación remplazó la sonrisa en el rostro de Paul. Nos la presentó con timidez, casi en un murmullo:

—¿Les gusta?

¡Cómo rompieron el silencio la salva de aplausos, el zapateo de pies y los gritos de júbilo, silencio que se había impuesto sobre el grupo tras la primera mirada a la asombrosa guitarra de Paul! La hermana Frances Patrice se deslizó en el pasillo hasta él, mientras las cuentas de su rosario y la suela de sus zapatos de piel resonaban a un ritmo sincronizado.

Envolvió a Paul entre sus brazos y lo estrechó con fuerza, justo como Annie Sullivan abrazó a Helen Keller en *The Miracle Worker* (La trabajadora milagro). La sonrisa triunfal de Paul lo dijo todo cuando elevó su obra de arte con orgullo. Todas las barreras se rompieron.

Han pasado muchos años desde aquel día de octavo grado cuando, sin lugar a dudas, Paul ganó el primer premio por su hermosa guitarra hecha a mano.

Justo el otro día me asomé por la ventana de mi oficina y vi una camioneta con un letrero rojo. Las letras a un costado gritaban d-e-s-p-a-c-i-o y c-l-a-r-o: "Paul D'Orazio, carpintero y constructor de vitrinas".

ANNMARIE B. TAIT

89

Una experiencia eucarística

Era el 24 de diciembre de 1961, misa de medianoche, una de las celebraciones más alegres del calendario litúrgico. ¿Por qué intentaba convencerme de que debía permanecer en el coro al momento de la comunión y privarme del precioso cuerpo y sangre de Cristo? Mi desdicha y sufrimiento se interponían en el camino de mi deseo de comulgar.

Luego de un rutinario injerto de hueso, hubo meses de operaciones frecuentes y largas estancias en el hospital, que me dejaban infecciones incontrolables en la herida. El fin del tratamiento llegó el día en que mi doctor me dijo las palabras que nadie quiere oír:

—Ya no puedo hacer nada más por ti. Tendrás que vivir con eso.

> Venid a mí todos los que estáis trabajados y cargados, que yo os haré descansar.
>
> MATEO 11: 28

"Eso" era un pie rojo e inflamado con un agujero de casi ocho centímetros a un lado y un tobillo paralizado que no se flexionaba en absoluto. Esto me producía una cojera evidente, parecida a un movimiento de bombeo mientras caminaba. No soportaba el zapato común, así que usaba un tenis de lona cortado hasta la punta para dejar espacio a la hinchazón. Lo peor de todo era el dolor durante todo el día, y a veces por la noche.

Los gastos del hospital y el médico nos habían devastado económicamente, y no había dinero para comprar un par de tenis; el que usaba estaba algo sucio. En definitiva, no había dinero para comprar ropa de fiesta para la misa de medianoche.

Mi regreso al coro de la iglesia, después de mi prolongada enfermedad fue un intento por revivir mi relación con Dios y con mi iglesia. Mi fe se debilitó debido a mi dolor, desilusión, preocupación y trastorno general de mi existencia. Sentí que Dios me había abandonado por completo. Fui a confesarme como preparación para la temporada navideña, en la que había decidido participar, como lo había hecho siempre. Había asistido a todos los ensayos del coro y ya estaba lista o, al menos, eso creí.

La nochebuena llegó y, como siempre, la iglesia se llenó a toda su capacidad, y quizá un poco más. Cuando entré al templo, olía a incienso, combinado con los perfumes de las damas, las cuales llevaban hermosos abrigos de piel, sombreros y sus mejores prendas.

Aunque subir las escaleras era una batalla, agradecí la oportunidad de desaparecer en el coro, donde la comunidad no podría verme. Llevaba puesta mi falda de lana escocesa gris y azul y un suéter azul claro. Eso era lo mejor que tenía y, desde luego, mis pies iban calzados en mis tenis ligeramente sucios y cortados. Pero eso no importaba, nadie me vería.

Cantamos el repertorio navideño de media hora que habíamos ensayado en las últimas semanas, y esa música alegre y encantadora caló hondo en mi ser. Me sentía de excelente ánimo festivo cuando empezó la misa. Pero conforme nos acercábamos a la comunión, mi estómago comenzó a retorcerse, y mi corazón a latir más rápido. El pánico me invadió y nubló mi concentración. No soportaba la idea de cojear lastimosamente por el pasillo central hasta el barandal de la comunión con mi ropa fea y mi tenis abierto. Decidí quedarme en el coro y que los demás se fueran sin mí. Estaría bien. La sensación de náusea comenzó a disiparse.

De repente, otro sentimiento surgió en mí: un anhelo tan grande que no podía ignorar. Sentí el vivo deseo de recibir la eucaristía. Necesitaba recibirla. La lucha interior fue apabullante; el miedo a que me vieran y me tuvieran lástima se enfrentaba a mi deseo de recibir el cuerpo y la sangre de Cristo. Cantaba, pero mi mente estaba fuera de control. Entonces me oí decir en voz alta:

–Señor, no soy digna de recibirte, pero una palabra tuya bastará para sanar mi alma.

Era momento de ir a comulgar.

Me congelé un instante. Pero de pronto me paré, me dirigí a las escaleras, bajé al pasillo central y me encaminé al barandal de la comunión. Avanzaba viendo el suelo y deseando desvanecerme como el humo del incienso. Contuve el llanto. Sentí que las miradas me seguían como flechas lanzadas desde un arco, mientras renqueaba por el pasillo hasta donde el padre distribuía la hostia. Alcé la mirada cuando él dijo:

—El cuerpo de Cristo.

Mi respuesta, "Amén", fue fuerte y clara. De súbito, experimenté una sensación cálida recorriendo todo mi ser, mientras daba la vuelta para regresar al coro. De pronto, me sentía distinta. Sentía admiración. Sentía gozo.

Mi trayecto de regreso por el pasillo fue diferente al de ida. Vestía igual, seguía caminando con mi movimiento de bombeo, pero esta vez llevaba la frente en alto y miraba a los ojos a las personas arrodilladas junto al pasillo. Me sentía magníficamente por dentro y por fuera. El dolor fue aminorado por esta nueva sensación interior de paz y alegría.

Esa noche mi vida cambió drásticamente. Ya no me atormentaba la preocupación de qué me pondría o cómo caminaría, ni permitía que el incesante dolor me impidiera ver lo importante en mi vida. Dios me hizo comprender que mi sufrimiento no procedía de ser pobre o estar físicamente afectada, sino de mi tonto orgullo y autocompasión. Dios me libró de mis sentimientos de desdicha y pesar y me dio un espíritu renovado para soportar mis penurias y seguir viviendo de una manera más espiritual.

El Divino Niño me dio un regalo extraordinario y duradero. El júbilo y verdadero significado de la Navidad se habían asentado en mi alma, y a partir de esa noche no me abandonarían.

Joyce Sudbeck

Caldo de Pollo
para el Alma

10

CAPÍTULO

Fe

Pero pida en fe, no dudando nada; porque el que duda
es semejante a la onda de la mar, que es movida del viento
y echada de una parte a otra.

SANTIAGO 1: 6

90

El muchacho

Un chico estaba tendido en el área de cuidados intensivos del Hospital Infantil de Denver. Lucía flaco y débil, después de años de luchar con un asma fuera de control y una bronquitis crónica. Aunque se fue deteriorando durante varios años, nunca dejó de luchar por cada aliento. Ahora, un caso severo de pulmonía le estaba arrebatando la poca fuerza que le quedaba. Se hallaba bajo su tienda de oxígeno, oyendo las voces apagadas de quienes venían a visitarlo. Había bromeado con sus padres diciéndoles que lo peor de estar bajo aquella cubierta de plástico era que ablandaba el pan tostado, pero a través de ese plástico brumoso podía ver que esto también les imponía un alto costo a ellos. Mientras su estado empeoraba, él bromeaba menos, se incorporaba menos y oía menos de lo que ocurría a su alrededor.

> Y la oración de fe salvará al enfermo, y el Señor lolevantará.
>
> SANTIAGO 5: 15

Una mañana, llegó el médico y les susurró algo a sus padres. Lo que el chico no pudo oír fue que el personal del hospital ya había hecho todo lo posible, pero la pulmonía iba ganando. El doctor sugirió que llamaran a un sacerdote. Pronto, un hombre con vestiduras clericales se acercó a la cama del muchacho. Levantó el extremo lateral de la tienda y, orando, ungió al chico con aceite.

El resto del día pasó en medio de un torbellino de actividad que parecía ocurrir en silencio. Las cosas en el hospital cambiaron. El personal fue rotado y llegaron nuevos pacientes, al tiempo que los pacientes en buen estado eran dados de alta. La única constante parecía ser el chico en su tienda, y su madre sentada junto a él, esperando.

La madre era una mujer de fe. Mientras aguardaba lo inevitable, rezaba en silencio, para no molestar a su hijo. Rezaba hasta bien entrada la noche. Y después, esperaba un poco más, con sólo el ruido de los aparatos por compañía.

También el muchacho esperaba. Aguardaba dejar de respirar. Aguardaba a que la presión en su pecho desapareciera. Aguardaba a que la lucha terminara. Aguardaba en silencio. Aguardaba y oía el silencio cuando una voz femenina dijo:

—No te preocupes. Todo va a estar bien.

Abrió los ojos. El extremo de la tienda de oxígeno seguía bajado. Curiosamente, había escuchado esa voz con claridad, como próxima a su oído. Se volvió hacia su madre y dijo:

—Parecías un ángel cuando dijiste eso, mamá.

Su madre alzó la mirada.

—¿Dije qué?

Pienso en esta historia cada vez que me siento solo. En el mundo actual, a veces parece que entre más gente nos rodea y más aparatos electrónicos tenemos para comunicarnos, más aislados nos sentimos.

Como católicos debemos recordar que la gracia de nuestro Padre nos llena, que la intercesión de los santos y de la Virgen María está sólo a una oración de distancia, y que estamos bajo la constante mirada de los ángeles.

Lo sé por un hecho: yo era ese muchacho.

JEFFREY BROOKS SMITH

91

La muñeca Cabbage Patch[1]

Maria, mi hija, tenía cinco años y era una niña brillante y bulliciosa con solemnes ojos cafés y una sonrisa que podía derretir un glaciar. Solíamos decirle mi "hija sorpresa", porque había una diferencia de ocho años entre ella y su hermano más próximo.

Ese periodo también explicaba que, por lo general, Maria obtuviera todo lo que pedía, si no de mí o su padre, entonces de su hermana mayor, uno de sus hermanos mayores o de su tía Marilyn. Por fortuna, era una niña muy dulce, que no se ensoberbeció pese a su situación privilegiada en la familia.

> Y oyendo Jesús, se maravilló, y dijo a los que le seguían: "De cierto os digo que ni aun en Israel he hallado fe tanta".
>
> MATEO 8: 10

Ese día particular, Donnie, mi sobrino, estaba de visita procedente de Chicago, y el sol de Arizona repentinamente se transformó en lluvias torrenciales. Yo buscaba una actividad bajo techo para esa noche. Un hombre con quien trabajaba llegó en mi rescate con cuatro boletos para un evento de beneficencia que se celebraría en un salón de nuestra lo-

---

[1] Tipo de muñecas producido en la década de 1980, cuyo éxito estuvo basado en la grotesca individualidad de cada una; en cada edición las diferencias eran introducidas por computadora. Solían venderse con un certificado firmado por su creador: Xavier Roberts.

calidad. Sonaba divertido, y como mi esposo trabajaría hasta tarde, tía Marilyn y yo llevamos a Maria y Donnie al evento.

Mientras nos servían de cenar, algunas personas iban de una mesa a otra vendiendo los boletos de una rifa que se realizaría durante el intermedio. Al otro lado del salón estaban varios de los premios, donados por empresas locales para la rifa. Maria no tardó mucho en fijar la mirada en una muñeca Cabbage Patch, que entonces eran difíciles de conseguir, y muy demandadas.

—Quiero esa muñeca —anunció—. ¿Puedo tenerla, por favor? —imploró, paseando la mirada entre su tía y yo.

—No la podemos comprar —le expliqué—. Nos la tenemos que ganar y como toda la gente está comprando boletos, tenemos pocas posibilidades de quedárnosla.

Marilyn llamó a señas a una de las vendedoras de boletos y compró cinco por un dólar.

—Cuando ganes la muñeca, ¿me la darás? —le preguntó Maria.

—Sí, pero tu mamá tiene razón. No hay muchas posibilidades de que ganemos, así que no te hagas ilusiones.

De inmediato Maria bajó su rizada cabeza, y miró su plato. Cenó en silencio y supuse que era su manera de mostrar su decepción.

Después de la cena, entramos para ver el espectáculo. Nuestra mesa estaba justo enfrente del escenario. El programa era una farsa cómica muy divertida, aunque algo complicada para Maria. Pensé que se aburriría y distraería, pero se quedó muy tranquila en su asiento mientras el resto de nosotros disfrutábamos el espectáculo.

En el intermedio, las luces se encendieron y el cilindro que contenía todos los boletos de la rifa de las trescientas personas presentes entró rodando al escenario.

—Quiero esa muñeca Cabbage Patch —dijo Maria de nuevo.

—Ya lo sé, cariño —repliqué—. Pero tal vez no la consigas.

—Sí lo haré —declaró ella—. Desde que la vi, le he estado pidiendo a Jesús que me deje ganarla.

Entendí entonces por qué mi pequeña fuente de energía había estado tan callada durante la cena y el espectáculo.

Marilyn y yo intercambiamos una mirada y sacudimos la cabeza. Donnie sólo alzó los hombros. Él era quien estaba más cerca del escenario, así que Marilyn le pasó los boletos de la rifa para que estuviera pendiente.

El sorteo empezó y, uno por uno, los premios menores fueron distribuidos. Donnie seguía en poder de nuestros cinco boletos, que hasta ese momento no habían obtenido nada.

Los dos últimos premios eran un radio despertador y la muñeca. El número ganador del radio fue leído, y Donnie lanzó un grito de sorpresa. ¡Uno de nuestros boletos había ganado!

Hubo algunos aplausos mientras Donnie recibía el premio. Marilyn y yo intercambiamos miradas. Conseguir que uno de nuestros boletos, entre los cientos que estaban en el barril, fuera escogido había sido un verdadero golpe de suerte. Las posibilidades de que otro de los nuestros ganara el premio más codiciado, la muñeca Cabbage Patch, eran casi inexistentes.

—Y ahora el premio final —dijo el anunciador, sosteniendo en lo alto la muñeca mientras yo miraba a Maria.

Estaba sentada con los ojos bien cerrados y sus manitas unidas en oración. Una vez más, vi hacia la sala llena de gente, sintiéndome desolada. Ni siquiera se me ocurrió ponerme a rezar. Estaba demasiado ocupada tratando de pensar en las palabras que suavizaran la devastación de Maria cuando otra persona bajara del escenario con esa muñeca.

A Donnie le sorprendió un tanto escuchar otro de nuestros números que pegó un salto, tirando su silla.

Marilyn y yo estábamos demasiado asombradas para movernos.

Maria abrió los ojos y miró a su primo, quien recuperaba el equilibrio.

—¿Quién ganó? —preguntó inocentemente.

—¡Tú! —gritamos Marilyn y yo al unísono.

Donnie le extendió a Maria el boleto ganador y la subió al escenario para que recogiera el premio. Ella abrazó la muñeca y giró encantada, mientras el público le ofrecía una atronadora ovación.

—¡Ah, gente de poca fe! —le susurré a Marilyn.

Hoy, Maria es maestra de literatura en preparatorias. La muñeca Cabbage Patch ya está gastada y descolorida; permanece guardada con otros tesoros de la infancia, pero está tan clara y reluciente en mi memoria como la súplica de un premio fantástico hecha por una niña encantadora.

Esa imagen me sigue llenando de esperanza y me recuerda que cuando las posibilidades parecen desesperadas y contrarias a nosotros, un poco de fe y una sencilla oración pueden hacernos ganadores.

CAROL COSTA

92

Diez dólares de fe

Cuando mi esposo y yo nos conocimos, él no era católico. De hecho, cuando comenzamos a salir, admitió que era la primera católica que conocía. Yo era muy devota, y aunque nunca le impuse mis creencias, trataba de ser un ejemplo. Él había sido educado en muchas Iglesias distintas, pero el tema común era que la Iglesia católica estaba sencillamente equivocada.

Una noche de mucho viento, fuimos a la tienda a comprar un bocadillo. Cuando llegamos, él se percató que había perdido sus últimos diez dólares. En la universidad, esto equivale a mala suerte, así que regresamos afligidos al campus para buscar el dinero. Después de revisar en todos los lugares en que habíamos estado, sugerí que le rezáramos a san Antonio.

Él gritó muy enojado:

—¡Está bien! San Antonio, si realmente existes, ayúdame a encontrar mis diez dólares.

Bajamos del auto y atravesamos la calle hacia su dormitorio. La avenida estaba llena de hojas. Yo fui la primera en cruzar, y volteé cuando oí una exclamación. Mi esposo había encontrado sus diez dólares, en medio de una calle agitada en una ventosa noche de otoño.

> Los pasos de la fe caen en el semivacío, pero hallan la roca abajo.
>
> JOHN GREENLEAF WHITTIER

Sobra decir que cuando él se integró a la Iglesia católica tres años después, san Antonio fue su santo patrón. Él nos ayudó a encontrar mucho más que diez dólares esa noche, y yo le estaré siempre agradecida.

CHRISTINA ROBERTSON

93

Cuentas

No fue la charla habitual de una fiesta.

—Sé que suena raro —me confió mi amiga Josie entre mordidas a su *brie*–, pero estoy volviendo a rezar el rosario.

Josie es una mujer muy moderna. Tiene carrera, esposo y tres hijos. Se esfuerza mucho en equilibrar todas esas cosas, incluidas las comidas de la familia y su chequera.

Cuando me contó que se estaba reconciliando con ese antiguo ritual cristiano, bajó la voz y miró alrededor para confirmar que nadie nos oyera. Supongo que consideró que su afirmación era escandalosamente retrógrada para una californiana del sur a principios del nuevo milenio.

> La oración es mucho más el instinto de mi naturaleza como cristiano que un deber cumplido por mandato de Dios.
>
> TYRON EDWARDS

Su admisión me recordó mi infancia católica. En aquel fárrago de viejos recuerdos, ondulaba una larga cadena de rosarios... preciosos rosarios de primera comunión con crucifijos de madreperla y relucientes cuentas de cristal cortado... ligeros rosarios que brillaban en la oscuridad, de un amarillo cremoso de día, de un verde fantasmal y fulgurante en mi tocador en la oscuridad de la noche. Había rosarios que yo misma había hecho en arranques juveniles de manualidades católicas.

Durante los veranos, antes del apogeo del macramé en los años sesenta, mis amigas de la escuela y yo pasábamos muchas tardes de agosto bordando un cordón fino y encerado en forma de cuentas contrahechas.

No éramos particularmente religiosas. Hacer rosarios era un proyecto artesanal para pasar el tiempo, algo que nos entretenía cuando hacía demasiado calor para ir a patinar. Nos echábamos en sillas plegables de jardín junto a los rosales de nuestras madres a hablar de los chicos de nuestra clase que nos gustaban y de las compañeras a las que detestábamos. Y cuando no estirábamos la mano para tomar Kool-Aid, retorcíamos el hilo. Teníamos un nudo de cierto tamaño para las avemarías. Uno más grande para el padrenuestro y el Gloria. Y el más complicado de todos era el Credo de los apóstoles, la extensa oración que lo enlazaba todo. A veces reservábamos estas creaciones para regalarlas a nuestras abuelas. Pero más a menudo, las dejábamos caer en el cajón de la cocina al final de la tarde, justo aquel con todos los bolígrafos que no servían.

En todos los velorios a los que asistí de chica, un rosario lucía en el puño del difunto. Había rosarios serios, de gente grande. Usualmente negros, con cuentas suaves y oblongas unidas por fragmentos brillosos de cadena de plata.

Recuerdo que los rosarios eran una especie de accesorio de moda para las monjas que nos daban clases, sus hábitos de lana holgadamente ceñidos por una pesada sarta de cuentas de madera. Y un rosario era tan natural en las manos de mi abuela como sus manchas por la edad.

Los rosarios formaban parte de la vida diaria, como los sándwiches de atún de los viernes y el espectáculo de Ed Sullivan los sábados. Y para mí decir el rosario era entonces tan normal como que no me quedaran las botas de montar del año anterior.

Esos días ya se han ido. No sólo para mí, sino también para muchos católicos en todas partes. En menos de una generación, una tradición centenaria desapareció casi por completo, como una nube de incienso en una catedral cavernosa. Los coros comenzaron a entonar "Kumbaya" en vez de cantos gregorianos. En lugar de los incalculables misterios de una religión antigua, llegó algo llamado "relevancia". Y pasar cuentas mientras se murmuran más de cincuenta avemarías parecía casi tan relevante como las ceremonias dominicales en la lengua de Julio César.

Muchos de esos cambios trajeron consigo una necesaria bocanada de aire fresco a una institución en peligro de obsolescencia terminal. Pero los vientos del cambio llegados a través de esos vitrales abiertos arrastraron los rosarios de mucha gente a una esquina olvidada, incluido el mío junto con el de Josie.

Y ahí se quedaron. A lo largo de décadas de protestas antibélicas y tasas de divorcio en ascenso, asesinatos y una creciente cultura de la droga; a lo largo de la guerra fría y el amor libre, ataques terroristas y una epidemia de sida. En una era de conflictos raciales, tiroteos desde autos en marcha y fraudes de empleados administrativos. En una sociedad que vuelve rica a Madonna, y que demasiado a menudo deja hambrientos a los indigentes. En un país en el que un juicio por doble homicidio fue televisado a diario por Entertainment Channel.

Una época sin fe, cuando se piensa en ello. Y Josie lo hizo, mientras sacudía el polvo de su rosario. Dice que ahora rezar el rosario,le permite meditar, casi a la manera de los mantras, y apacigua enormemente su alma. Peggy Noonan, exautora de los discursos del primer presidente Bush, dice lo mismo en su libro *Life, Liberty and the Pursuit of Happinness* (Vida, libertad y la búsqueda de la felicidad). Admite que hoy la hora de la comida la sorprende a veces en la iglesia, arrodillada al lado de la gente mayor que a través de los años nunca abandonó su rosario.

Sé que dos ejemplos no hacen un movimiento. Pero algo parece estar pasando aquí. Quizá nos estamos dando cuenta de que una costumbre de cientos de años de antigüedad ofrece una permanencia que perdimos en la era de la información. Podría ser que nuestras abuelas… y sus abuelas antes que ellas… hayan dado con algo. Comienzo a ver de nuevo que hay algo que decir a favor de una fe simple, una fe que acepta los misterios, una fe que no teme ofrecer reverencia en lugar de respuestas.

En un mundo que avanza en las primeras décadas del siglo XXI, consuela saber que aún hay algunos rosarios en uso.

SUE DIAZ

94

Volver a casa

Puedo decir, honestamente, que de niña no me hizo falta nada. Mi vida era perfecta en verdad. Y como suele ocurrir entre las familias católicas del sur de California, Dios formaba parte muy importante de mi vida.

Mi madre y las monjas que venían a nuestra ciudad cada verano nos enseñaron que Dios estaba en todas partes. Aunque quizá no lo proclamábamos al correr libremente a orillas del lago y por los bosques, aprendiendo acerca del mundo, sabíamos quién era responsable de todas nuestras bendiciones.

> La fe hace de las discordias del presente las armonías del futuro.
>
> ROBERT COLLYEr

A menudo, mamá paraba peleas entre mis ocho hermanos y yo con estas palabras:

—Agradezcan lo que tienen.

Crecí pensando que Dios nos amaba sin medida. Después de todo, nos había dado muchas cosas que agradecer.

Mi vida fue perfecta hasta que cumplí cuatro años. Entonces todo cambió. Vi con tristeza que mi hermano mayor se convertía abruptamente en adolescente, seguido muy de cerca por el segundo. ¡Slam! ¡Bam! Hicieron una vida totalmente distinta.

Con ojos llenos de lágrimas, mis hermanos menores y yo nos despedimos mientras, uno por uno, nuestros hermanos grandes nos abandonaban, junto con lo que ellos llamaban nuestros modos infantiles. Uno por uno, ellos desaparecieron de la banca de enfrente y se desvanecieron en lugares desconocidos.

Me prometí que si las cosas eran así, prefería no crecer. No tenía manera de saber que no podía hacer nada para impedir que mis huesos se alargaran y mi mente absorbiera el mundo exterior. Y que tampoco había forma de detener el enorme agujero que había comenzado a crecer en medio de mi pecho. Faltaba algo. Una parte de mí estaba dispuesta a continuar, pero una parte mayor no entendía cuál era la dirección correcta. Cuando mis pies finalmente se movieron, no pude pararlos.

Mientras algunos fragmentos del extraño y complicado mundo en el que vivían mis hermanas mayores se filtraban en mi conciencia, aquel agujero pareció desaparecer. Cuando cumplí los quince, ya sabía todo. Al parecer, de la noche a la mañana mis hermanos menores se convirtieron en una fuente constante de molestias, y yo llegaba cada vez más a la conclusión de que mis padres no eran tan inteligentes como alguna vez me habían parecido.

En cuanto tuve edad suficiente para salir con chicos, el tiempo existía sólo para mí. Había visto sucederles lo mismo a mis hermanas, pero no lo comprendí, y ahora tenía perfecto sentido. Veía las miradas que me dirigían mis padres y hermanos menores. ¿Qué sabían ellos? Me quedaba cerca de la puerta de la iglesia con los demás adolescentes y huía pronto de misa. Teníamos mejores cosas que hacer.

De pronto, justo cuando ya me sentía adulta, mis hermanas mayores cambiaron de nuevo. Querían trabajo, matrimonio y, ¡horror de horrores!, hijos.

Yo miraba a la distancia mientras ellas se volvían codiciosas de dinero, y lejanas y remotas mientras pasaban más tiempo con sus compañeros de trabajo y sus esposos. Herida y desconcertada por su comportamiento, traté de ignorarlas. Pero un hecho nuevo y curioso llamó mi atención. Nuevamente comenzaban a asistir a misa con regularidad, y esta vez con nueva exuberancia. Les deleitaba enseñarles a sus hijos acerca de Dios.

Un día desperté y el deseo de buscar trabajo era una comezón constante bajo mi piel. No lo rehuiría. Les pedí trabajo a todos los que conocía. Por fin, un empleo de verano en una pequeña fábrica me hizo pasar de adolescente pobre a adolescente rica. Atesoraba mi dinero, pasaba tiempo con mis compañeros de trabajo y me sentía feliz otra vez.

Cuando cumplí veinte, otro agujero crecía ya dentro de mí. Esta vez, lo único que podía llenarlo era el matrimonio. Alegué que mi boda debía ocurrir en un manzanar. Mi madre se consternó. Sus palabras fueron:

—¡En la casa de Dios o no voy!

Alegué que ella me había enseñado que la casa de Dios estaba en todas partes. Ella dijo que era su jardín el que estaba en todos lados. Su casa era la iglesia, y era cuestión de respeto. Al final cedí y me casé en la misma iglesia católica a la que había asistido desde que nací. El sacramento del matrimonio fue una adición pacífica y brillante a mi vida.

No quería admitirlo, pero Dios tenía mucho que ver con esa sensación, y la misa era ahora algo a lo que yo asistía con regularidad, del brazo de mi esposo. Con una sonrisa permanente en mi rostro, me instalé en la vida perfecta... o al menos eso creía. Pero antes de darme cuenta, aquel agujero había comenzado a crecer otra vez.

¿Por qué no era feliz? ¿Por qué no me sentía completa? No podía decirlo, pero algo me hacía llorar hasta caer dormida. Entendí entonces qué era. Seis de mis hermanas estaban casadas y embarazadas, y yo era la única casada no embarazada. Noche tras noche, me arrodillaba junto a mi cama y le pedía a Dios el hijo que tan desesperadamente deseaba. Luego vinieron los rosarios, y poco después Dios atendió mis oraciones.

Para mí, todo cobró forma en cuanto mi primer hijo fue puesto en mis brazos. Todo lo simple y delicioso había sido restaurado... correr descalza junto al lago y por los bosques, brincar piedras sobre aguas tranquilas, caminar sobre el fresco pasto y sonreír con orgullo mientras dedos regordetes exploraban las páginas de un devocionario en la banca delantera.

Esto fue hace veintidós años. Desde entonces, mi mundo ha sido completo. Al mirar crecer a mis tres hijos, veo a los mismos adolescentes distantes con los que crecí y que yo misma fui. Miro a mis dos hijos mayores trabajar el domingo, quedarse dormidos y no ir a misa, o simplemente olvidar que existe una cosa llamada iglesia. Y frunzo el ceño. Compro rosarios y los pongo en la dirección correcta. Pido que vuelvan al rebaño, como estoy segura que mi madre pidió por mí.

La misma mirada de desconcierto que ponían mis hermanos menores la veo reflejada ahora en el menor de mis hijos, mientras sus hermanas lo dejan solo por cosas importantes a las que él no es invitado. Siento su pérdida, pero sé que es sólo momentánea. Pronto, también él subirá atropelladamente por las filas de la infancia a la edad adulta, y cuando llegue a la etapa en la que ellas están ahora, sus hermanas ya vendrán de regreso.

Los domingos en la mañana ocasionalmente siento una presencia a mi lado y me muevo para hacerle lugar a la mayor de mis criaturas, que ha descubierto la necesidad de volver a estar en casa de Dios. Sonrío, me excedo un poco y le ofrezco un rosario. Ella se niega cortésmente. Yo asiento con la cabeza y lo vuelvo a guardar en mi bolsa, pero mi sonrisa no se desvanece. Pido paciencia, y espero con ansia el no tan distante futuro. Me aferro a mi fe. Sé que la luz llegará y que todos mis hijos encontrarán su camino a casa justo como su madre lo hizo.

NORMA JEAN

95

¿Es usted católico?

Hasta donde puedo recordar, siempre me han gustado los libros. Como parte de una familia de educadores y ávidos lectores, crecí creyendo que los libros pueden cambiar el mundo y ponernos en contacto con las preguntas más importantes y las respuestas más duraderas.

Tras graduarme de la University of Notre Dame con un título en literatura inglesa y filosofía, trabajé en una librería a cambio del salario mínimo y enviaba mi currículum a las editoriales con la esperanza de conseguir trabajo como editor. Finalmente recibí una llamada del director de Loyola Press, casa editorial católica con sede en Chicago, que me pidió presentarme a una entrevista para ocupar un puesto editorial. El sueldo era bajo y no estaba muy seguro de querer editar libros religiosos, pero había crecido siendo fan de los Cachorros de Chicago y me encantaba la idea de vivir cerca de Wrigley Field, al tanto de los partidos de beisbol y teniendo un empleo en el que me paguen por leer. Así que me presenté a la entrevista, me hicieron una oferta y acepté.

> Quien le hace un bien a otro, se hace bien a sí mismo.
>
> SÉNECA

Luego de mis primeros meses, mi jefe entró a mi oficina y dijo:

—Lanford, tengo un proyecto importante para ti. Es un libro titulado *The Catholic Tradition Before and After Vatican II: 1878-1993* (La tradición católica antes y después del Concilio Vaticano II: 1878-1993), y creo que estás preparado para él.

Para ese momento, sólo había tomado un curso de edición en la University of Chicago, ayudando a otros editores en su labor y manejado sólo un proyecto propio. ¡Mi único temor era que mi jefe descubriera que yo no sabía mucho acerca de la tradición católica y no tenía derecho a editar ese libro!

Durante ese otoño e invierno, dediqué la mayor parte de mi tiempo y energía a ese proyecto. Estaba decidido a aprender acerca de la tradición católica mientras producía un libro perfecto.

Un día antes de que el proyecto se fuera a la imprenta, me llevé las galeras a casa para una última revisión. Terminé sin dormir esa noche.

A la mañana siguiente, sumamente cansado y malhumorado, esperé en la nieve gélida que el autobús 152 Addison pasara para llevarme al trabajo. Mientras copos del tamaño de monedas de diez centavos de dólar caían con intensidad creciente, me retraía cada vez más. Finalmente, el rugido de un camión que se acercaba me devolvió a la realidad, y entrecerré los ojos para distinguir el número "152" contra el vago telón de fondo del paisaje urbano de Chicago. Pronto ya iba en camino al trabajo, y poco después enviaría el original a la imprenta.

Cuando el autobús se detuvo en mi esquina, vi que un hombre maduro se me adelantaba, en compañía de una anciana tomada de su brazo. Pensé rebasarlos a empujones, pero decidí que mi buena acción de ese día sería hacerme a un lado para que ese otro hombre pudiera hacer su buena acción del día. Menos de un minuto después, ese señor había depositado su delicada carga en la esquina y vuelto a abordar el autobús. Yo seguí sus pasos cuando oí a la anciana quejarse:

—Hay mucho hielo el día de hoy. No sé si podré llegar al hospital justo adelante de esta calle.

Fue uno de esos momentos en los que uno quiere fingir no haber oído una petición de ayuda para poder seguir con lo suyo.

Pero yo la había oído.

Con un pie en el primer escalón del autobús y otro en la orilla de la banqueta, miré al sonriente conductor, luego mi reloj y finalmente a la mujer de cabellera gris.

Llevaba en mi mochila las páginas de *The Catholic Tradition*. Esos capítulos sobre la paz y la justicia parecían murmurarme: "¿Qué vas a hacer?".

En un gran momento estilo John Wayne, miré al chofer del camión y le dije:

—Siga sin mí.

Él sonrió, cerró la puerta y partió a toda prisa. Yo me volví para ofrecer a la anciana mi brazo mientras el humo del escape nos envolvía.

–Muchas gracias, joven –dijo la anciana, con un tono de sorpresa un tanto falsa–. Normalmente hago este recorrido sola, pero hoy es muy peligroso.

–No hay problema –dije, sofocando un gruñido.

El Hospital de San José estaba apenas calle abajo de mi departamento. Había pasado por ahí muchas veces. Pero ese día parecía a kilómetros de distancia si se medía por nuestros cautelosos y diminutos pasos sobre la capa de hielo cubierta de nieve. Desistí de seguir echando un vistazo a mi reloj y fantaseé con la posibilidad de cargar a esa mujer sobre mis hombros y correr a su destino. Simplemente decidí disfrutar ese rato con aquella alma aparentemente frágil.

–Me llamo Frances –reveló.

Una vez presentados, Frances y yo platicamos un poco sobre el clima, mi trabajo como editor y nuestro mutuo amor por Chicago. A medio camino del hospital, ella preguntó:

–¿Podemos detenernos un minuto para que yo recupere el aliento?

Aunque hubiera querido contestar sarcásticamente: "¡Vaya!, ¡qué bueno que dijo eso, porque hemos estado volando como corredores del maratón!", pensé que era mejor sostener su brazo y decirle que se tomara su tiempo.

Sin previo aviso, me miró y me preguntó:

–¿Es usted católico?

La pregunta me tomó por sorpresa. Me había estado haciendo la misma pregunta en privado durante tanto tiempo que me sonó extraña venida de una boca ajena. Sentí mi respuesta enlatada abrirse paso hasta mis labios.

–Sí, sí lo soy –respondí por fin.

–Se ve –repuso Frances, con tono firme.

En el fondo de mi mente surgió entonces una pregunta inquietante que alguna vez había oído en una misa de Pascua: "Si estuvieras a juicio por ser cristiano, ¿habría pruebas suficientes para condenarte?". La respuesta me había eludido continuamente. Tal vez el "Se ve" de Frances apuntaba a alguna verdad sobre mí que yo no reconocía.

Seguimos nuestro trayecto, pero mi cabeza se aturdió mientras ponderaba a qué me refería cuando decía ser católico.

Al fin llegamos a las puertas del hospital, y le deseé suerte a mi nueva amiga.

–Espero que no sea nada grave y que vuelva a estar bien.

–¡Oh! –dijo encantada–. Estoy bien; sólo vengo aquí una vez a la semana como voluntaria, para subirles el ánimo a los pacientes.

Me quedé torpemente impresionado de ella mientras Frances leía la sorpresa en mi rostro.

No pude evitar preguntarle:

–¿Es usted católica?

Y ella respondió gustosamente:

–Sí, sí lo soy.

Por alguna razón, su respuesta sonó distinta a la mía… más fuerte, más segura.

Tras agacharme para despedirme de Frances con un abrazo, regresé a la parada del autobús. No había pasado mucho tiempo desde la última vez que estuve ahí, pero todo en esa mañana había cambiado.

Al subir al siguiente autobús, repetí cientos de veces la pregunta de Frances: "¿Es usted católico?". Ya no era un asunto teórico. Por medio de sus palabras y actos, ella me había desafiado a examinar qué tenía que ver el hecho de que yo fuera católico con los muy rutinarios y escurridizos detalles de mi vida diaria.

Ese frío día de invierno, sentí un calor intenso incitado por la humanidad y convicción católica personificadas en mi inesperada compañera, Frances. Y mientras mandaba las páginas de *The Catholic Tradition* todavía a tiempo para cumplir los plazos de la imprenta, sonreí al pensar que me había acercado un poco a la comprensión del mensaje contenido en esas páginas.

Desde ese día, no he vuelto a ver a Frances, pero su reto sigue cobrando un significado crecientemente profundo cada vez que respondo con toda seguridad:

–Sí, soy católico.

JEREMY LANGFORD

96

En contacto con la fe

—Ella es mi abuela. Tú no puedes… –empecé a decir–. No puedes impedírmelo –pero ambos sabíamos que sí podía–. Por favor, papá, quiero verla. Yo…

—Todos la queremos, Sissy, pero este derrame cerebral ha destruido a la persona que conocemos. No se recuperará. Lo único que podemos hacer es aminorar el dolor de su tránsito final.

Sus ojos se humedecieron, y los secó con un pañuelo de lino, doblado.

Había visto llorar a mi padre sólo una vez, cuando yo tenía trece años e iban a amputarle una pierna a mi hermana. Lo sorprendí en la cocina sollozando. Esas lágrimas fueron en vano. El patólogo puso alto a la cirugía. Mi papá, médico especializado en cáncer antes de la era de las especialidades, estaba en la sala de operaciones como observador durante la biopsia inicial. Cuando llegaron los resultados del laboratorio, papá dijo que había tocado el tumor, y que no parecía maligno. El patólogo remitió las radiografías para otra opinión. El tumor de mi hermana resultó benigno, por más que hubiera tenido una apariencia mortal. No había cáncer. Conservaría su pierna.

> Los más hondos deseos del corazón se expresan en la oración en secreto.
>
> GEORGE E. REES

Esta vez mi padre lloraba de nuevo; pero ahora sus ojos estaban cargados de lágrimas y rebosaban tristeza. Finalmente cedió a mis insistentes ruegos.

—Llévate el auto de mamá –dijo–. Yo tengo cosas que hacer.

Puso sus manos en mis hombros.

–Quizá no te reconozca, Sis. No me reconoce a mí, y eso que llevo más tiempo siendo su hijo que tú su nieta. ¿Vas a estar bien?

Asentí con la cabeza y le di un rápido abrazo y un beso de despedida antes de marcharme. Estaba preparada para lo que me esperara, o al menos eso creía.

De mi media docena de hermanos, yo era la más unida a mis abuelos. Solía quedarme con ellos en la pequeña ciudad donde mi padre había crecido. Lejos de Baltimore y de los peligros de una ciudad, me sentía libre para vagar, y era divertido ser hija única por un rato. Envuelta en los amplios brazos de mi abuela, me sentía querida. El recuerdo de esa sensación me empujó a visitarla en su casa de reposo, aun si ya no se acordaba de mí.

Tres meses antes de su derrame cerebral, mi abuela había celebrado su usual banquete de navidad, extendiendo su amor entre sus nietos como suave mantequilla en panes calientes, convenciendo a cada uno de nosotros de que era especial.

Me sentí especial mientras seguía a la hermana Ignatius por el pasillo de la casa de reposo. Pero en la sala de las abuelas, el corazón se me paralizó; ni siquiera reconocí a la mía en su silla. La carne había desaparecido de su cuerpo, y su cabello había pasado de café claro a gris. Llevaba el pecho cubierto con una sábana que también envolvía sus brazos, y que estaba amarrada a la espalda. Colgaba como el extraño armatoste de una marioneta de madera y una muñeca desharrapada. El costado izquierdo estaba retorcido y rígido, mientras que el derecho era bofo, como si alguien le hubiera entresacado los músculos.

–¿Por qué la amarraron en su silla? –pregunté, ardientes los ojos de reproche.

La hermana respiró hondo.

–Tu abuela debe pasar tiempo enderezada, para que sus pulmones no se llenen de líquido. Las sábanas no lastiman su piel.

La hermana no debe habérmelo tomado a mal, porque preguntó si yo quería que se quedara. Sacudí la cabeza y ella me abrazó.

–Estaré en el pasillo si me necesitas. Sólo llámame.

Contemplé a mi abuela a través de ojos nublados y vi que tenía un rosario en la mano derecha. En las noches de verano, nos sentábamos en su enorme porche después de cenar, para decir el rosario. Las cuentas de olivo se habían oscurecido con el tiempo, y se habían alisado de años de pasar por sus finos dedos.

–Soy Sissy –le dije, tocando su hombro–. Vine a verte.

Ella habló, pero no para mí. Daba la impresión de creer que yo era la tía Fran, a la que siempre me había parecido. Nunca le había oído decir las palabras que me dirigía. Parecía que hablara con amigas de la infancia. Me preguntó si iba a traer mi "cuerda para saltar". Sus palabras eran casi incomprensibles, pero estaba tranquila y platicaba contenta.

—Halo —dijo, haciendo revolotear su ojo bueno sobre mi cabeza.

—¿Hola? —pregunté.

Comenzó a tararear una tonada navideña sobre ángeles. Con la mano derecha, tocó el listón dorado de terciopelo en mi cabeza.

—¡Halo! —repitió.

La palabra fue inconfundible esta vez.

De pronto se agitó… retorciéndose, quejándose y forcejeando con sus ataduras. Le grité a la hermana Ignatius, quien corrió en busca de un médico para que le prescribiera un sedante y calmarla.

Cuando la hermana se fue, traté de tranquilizar a mi abuela, pero nada daba resultado. Al inclinarme para tocarla, el brillo plateado de la cruz de su rosario llamó mi atención. Metí la mano entre las revueltas sábanas y lo recuperé de donde se había caído cuando ella tocó el listón de mi pelo.

Tan pronto como puse el rosario en la mano derecha de mi abuela, ella se tranquilizó como un lago en un día sin viento. No me recordaba. No recordaba a mi padre. Ni siquiera parecía saber si estaba en el cielo o en la tierra. Había perdido la razón, pero sus dedos recordaban la sensación de ese rosario y lo que representaba.

Cuando le conté a la hermana lo ocurrido, ella canceló el sedante. Durante la semana siguiente, la última en la vida de mi abuela, ese rosario nunca dejó su mano. La hermana lo ató a su muñeca con un listón satinado.

Tocar esas cuentas puede haber sido lo único que mi abuela recordaba de su larga y plena vida, pero fue suficiente. Dio paz a su deceso.

CAROL KENNY

97

Velorio irlandés

Mi papá poseía un especial sentido del humor irlandés, lleno de sabiduría, amor y enorme confianza en Dios y su amor por nosotros. Mientras el cáncer de mi padre avanzaba sin remedio, durante el invierno de 1984, él decidió poner en orden sus asuntos.

Después de su más reciente operación, cuando el doctor le dijo que ya no podía hacer nada más para detener su cáncer, papá ponderó eso por un momento, miró al médico a los ojos y dijo:

> Gozaos y alegraos, porque vuestra merced es grande en los cielos.
>
> MATEO 5: 12

—Bueno, estamos en enero, y el día de san Patricio será perfecto para un velorio irlandés, ¿no cree? Siempre he pensado que es una lástima que la pobre gente que muere no pueda disfrutar su última fiesta.

Con esta declaración un tanto inusual, el doctor simplemente estuvo de acuerdo, pero dijo al resto de la familia que papá tal vez no duraría otra semana, dos a lo sumo.

Obviamente, no conocía a mi padre.

Papá hizo una lista de las últimas cosas que debía hacer. Hasta arriba estaba un plan para organizar su velorio irlandés el día de san Patricio, para el que faltaban más de dos meses. Aún más asombrosa para quienes no lo conocían fue una lista de cosas que papá escribió en su agenda personal que cubrían todo 1984 y llegaban hasta el día de san Valentín de 1985. Los médicos le seguían la corriente mientras planeaban cuidados terminales para el fin de su vida, que estaban seguros ocurriría en una o dos semanas.

Papá dijo que ya estaba harto de médicos y hospitales, y que quería morir en casa. Los doctores accedieron, así que lo llevamos a casa. Estaba tan débil que el final parecía inminente.

Mi padre se propuso sorprender a todos nosotros. Un día, poco después de haber vuelto a casa, desapareció cuando mamá fue de compras. Claro que no fue una proeza fácil, ya que estaba postrado y con oxígeno. Pero se levantó, se vistió y fue a la funeraria a planear su velorio irlandés. Esperaba que su buen amigo Randy, el agente funerario, le ayudara con todo. Mi papá nunca dejó que se le enmohecieran los pies en buenos o malos tiempos, y esta situación no iba a ser distinta.

Al paso de las semanas, papá parecía fortalecerse mientras anticipaba su meta de pasar con sus amigos un último día de san Patricio. No importaba que fuera su velorio… esa idea no lo amedrentaba en absoluto. Parecía darle vigor y alegría tachar en su agenda cada tarea que creía que el buen Dios quería que hiciera antes de dirigirse a casa. Papá lo decía así:

–Ir al cielo después de terminar mi misión, que sólo Dios y yo sabemos cuándo llegará a su fin.

Para sorpresa de todos, papá llegó al día de san Patricio, y a su velorio, tal como lo había planeado. Había elegido su ataúd, y con el humor irlandés probado por los siglos, lo había puesto en la sala.

–Después de todo –dijo–, un velorio irlandés sin ataúd y ni difunto no lo sería en absoluto.

Con buen humor, se metía en el ataúd como lo habría hecho un irlandés.

Había alegría, e historias y recuerdos de todos los buenos momentos de nuestra vida en común. Nuestra familia y los mejores amigos de la infancia disfrutaron del velorio irlandés, con pan tostado y relajamiento general nacido del espíritu de amor.

Bernie, uno de los amigos de la infancia de papá, metió la mano en la bolsa de éste. Era una antigua broma entre amigos que, así fueran ricos o pobres, confiarían en el amor y misericordia de Dios y dejarían este mundo con los bolsillos vacíos, salvo por su rosario.

Mi papá reía, metía el rosario en el bolsillo de Bernie y decía:

–No olviden rezarlo por mí.

En general, fue una gran despedida irlandesa, mejor que cualquier otro día de san Patricio que hubiéramos celebrado.

A partir de ese día, mi padre se mantuvo optimista y feliz. Claro que sus doctores se sentían un poco frustrados, por decir lo menos, por el hecho de que papá hubiera vivido hasta el día en que tachó el último pendiente en su agenda.

Lo único que le faltó tachar fue el día de san Valentín de 1985. El día en que murió.

Seguro planeó hasta eso. Su lápida, que había elegido el día que proyectó su velorio irlandés, tenía forma de corazón.

CHRISTINE M. TROLLINGER

98

Bienvenida a casa

La señora Phillips era una de mis residentes favoritas en el centro de vivienda asistida donde trabajaba. Se hallaba en las primeras etapas del mal de Alzheimer y se pasaba buena parte del día haciéndome las mismas preguntas una y otra vez. Pero todos la queríamos por su sarcástico sentido del humor y absoluta honestidad.

Cuando se hacía peinar en el salón de belleza, parecía pertenecer a la familia real, y yo le decía que se veía hermosa. Su rostro brillaba de gusto por el cumplido, aunque su respuesta fuera sarcástica:

—¡Sí, cómo no! —exclamaba. Ésa era su respuesta de siempre a los cumplidos, y todo el personal sonreía cada vez que oía esa conocida expresión.

> El amor del cielo
> te vuelve celestial.
>
> WILLIAM SHAKESPEARE

La señora Phillips debe haber sido una excelente secretaria en su época, porque siempre estaba al pendiente de que yo mandara a tiempo el correo y contestara el teléfono de inmediato. Solía preguntarme en qué me podía ayudar.

—¡Hola, nena! —me saludaba en la mañana—. ¿Te ayudo en algo?

Yo le aseguraba que podía sola.

—¡Ah, eres zurda!

Siempre me decía esto cuando me veía usar un bolígrafo.

—¿Sabías que las personas zurdas son muy inteligentes? Mi hijo es zurdo.

Yo sonreía para mí, porque me decía eso una docena de veces al día. Cuando veía que estaba ocupada, parpadeaba y decía:

—Nos vemos... si no acabas molida.

Terminé por adorar esos viejos dichos, obviamente transmitidos de generación en generación.

Las tardes parecían ser las más difíciles para las residentes que sufrían de demencia senil.

Una tarde particularmente agitada, la señora Phillips llegó muy alterada a mi escritorio.

—¿Dónde está Ed? —preguntó.

Ed era su difunto esposo, y a menudo tratábamos de explicárselo, pero siempre lo olvidaba. Finalmente, después de notar que cada vez se mencionaba su muerte, reaccionaba como si fuera la primera vez que recibía la noticia, decidimos que era mejor hacerle creer que Ed seguía vivo. A estas alturas ya no podía recordar algo de un momento al siguiente, y era lastimoso hacerla sufrir un trauma innecesario. Un poco más tarde, oí que se acercaba de nuevo a mi escritorio.

—¿No has visto a Ed?

—No, señora Phillips, al menos no esta tarde.

—¡Ya lo verá! ¿Dónde diablos se habrá escondido ese pillo?

Esto continuaba sin parar, hasta que ella se cansaba y se retiraba al fin a su cuarto a tomar una siesta.

La señora Phillips era también una católica devota. Con frecuencia pedía que viniera el padre a darle la comunión, y si yo le contaba de alguna preocupación, ella me decía a qué santo rezarle en busca de ayuda. Cuando se alteraba un poco por olvidar cosas o se sentía insegura, yo siempre la tranquilizaba mencionándole nuestra mutua fe en Dios.

Con el paso del tiempo, la señora Phillips se debilitaba cada vez más. Se le complicaba mucho caminar, y era común que aun sentada se quedara dormida. Su sarcástico sentido del humor comenzaba a flaquear también.

Una noche se me acercó más emocionada que en las últimas semanas.

—Mi hermana me va a llevar de viaje —me confió.

Yo sabía que también su hermana tenía ya tiempo de muerta, pero era el fin de mi jornada así que yo no estaba de humor.

—¡Qué bueno! —murmuré—. Tal vez debería peinarse para esa ocasión especial.

Sonreí, esperando terminar los menús del día siguiente antes de salir.

–¿Eso crees? ¡Es buena idea! –dijo, arrastrando los pies en dirección al salón de belleza.

Un poco más tarde, llegó a mi escritorio luciendo otra vez maravillosa.

–¡Qué guapa! –exclamé.

–Sí, ¿verdad? –dijo. Luego parpadeó en señal de preocupación–. ¿Cómo va a saber mi hermana cómo encontrarme esta noche?

Me sorprendió un poco que siguiera aferrada a la idea de que su hermana vendría por ella. "¡Ayúdame, Señor!", murmuré para mí.

–Bueno –comencé–, ¿por qué no pone una flor en la ventana para que ella la vea? De esa manera, sabrá que usted está en su cuarto.

–No sé dónde voy a encontrar una flor, pero es buena idea –sonrió–. ¿No te digo que los zurdos son listos?

Le deseé buenas noches y volví a mis labores, ansiosa de salir de trabajar y respirar aire fresco.

A la mañana siguiente, al acercarme a mi escritorio por el informe, me recibió el sonido de un teléfono. Cuando contesté, me sorprendió oír la alterada voz del hijo de la señora Phillips en el otro extremo de la línea. De repente, mi corazón comenzó a latir incontrolablemente.

–Mary, te llamo para decirte que mamá falleció anoche. Nos avisó una de las enfermeras nocturnas.

El tiempo se detuvo mientras él explicaba los detalles. Colgué el teléfono, hice por no llorar y me dirigí a la oficina del director del centro.

Toda la mañana estuve pensando en la señora Phillips y lo mucho que había llegado a quererla. Cuando llegó la hora de repartir los periódicos de la mañana, subí las escaleras, dejando los diarios uno a uno frente a la puerta de cada residente. Cuando llegué al cuarto de la señora Phillips, hice una pausa, notando que la puerta estaba entreabierta. Me asomé, contemplando el acogedor ambiente que ella llamaba hogar. De pronto, mis ojos llegaron al alféizar de la ventana y lancé un grito.

Nunca sabré cómo lo hizo, pero la señora Phillips había encontrado la rosa moteada más bella del mundo, para ponerla donde su hermana Rose pudiera verla.

–¡Ay, señora Phillips! –susurré, juntando las manos–. ¡Bravo!

Y casi pude oír su respuesta desde las puertas del cielo:

–¡Sí, cómo no!

Mary Z. Smith

99

Paquete especial

Un día Jimmy, mi hijo de cinco años de edad, llegó a casa de un campamento de verano de un solo día y nos dijo:

—La mamá de Peter va a tener un bebé muy pronto.

La alegría en su voz nos sorprendió tanto como el siguiente anuncio:

—Creo que nosotros también deberíamos tener un bebé. Quiero otro hermano.

Una noble idea, en verdad, pero yo no pensaba entonces en una "adición" a la familia. Esa maravillosa pero impráctica idea sencillamente no cabía en el calendario de mi planeación familiar.

> Y todo lo que pidiereis en oración, creyendo lo recibiréis.
>
> MATEO 21: 22

Pero la emoción, entusiasmo y apremio en la voz de Jimmy me hicieron saber que esperaba una respuesta inmediata, y probablemente positiva.

Sin saber cómo explicar las complicaciones que eso implicaba, recurrí a una de mis técnicas de madre: alentar el uso de la oración como una ayuda para alcanzar el éxito.

—Cuando reces esta noche, ¿por qué no le dices a Dios lo que tienes en mente? –dije–. ¿Recuerdas que hablamos sobre la Escritura que dice "Pidan y recibirán"?

Jimmy se quedó pensando un minuto, y asintió con la cabeza.

—¿Por qué no haces la prueba? –lo animé.

—Buena idea –dijo–. Dios siempre escuchó.

¡Y vaya que escuchó!

En mayo siguiente, llegó mi tercer hijo, para sorprendido encanto de todos.

Cuando Jimmy vio a su hermano, hizo dos proclamas:

—Este bebé es mío. Cada noche pedí que naciera —y añadió—: Dios de veras oye nuestras oraciones.

Frecuentemente nos recordaba el milagro que Dios le había hecho, y les decía a todos que él había "logrado traer un bebé". Durante muchos años, mi hijo se creyó responsable de tan bienaventurado suceso.

Hasta la fecha, hay una unión especial entre el mayor y el menor de los hermanos. No sólo los unen lazos de sangre, sino también la creencia en el poder de Dios y la oración.

HELEN COLELLA

100

Vida nueva

Ahí estaba, deleitándome en mi soledad en aquella tenue quietud, observando los apresurados preparativos para la misa de la vigilia de Pascua. Las luces de la calle proyectaban profundas sombras a través del vitral, y las lecciones en las ventanas parecían muy distantes de las coloridas historias cuando el sol danzaba por ellas. Percibía el aroma del perfume, el incienso y las azucenas. La tranquilidad me envolvía suavemente. Por fin sola.

En vez de arrebatar a nuestro enérgico bebé de su sueño, mi esposo había ofrecido quedarse en casa para que yo pudiera asistir a la vigilia. No titubeé, más que nada por la necesidad de una madre abatida de disponer de un poco de tiempo en soledad.

> Dícele Jesús: "Yo soy la resurrección y la vida".
>
> JUAN 11: 25

Lo cierto es que, de chica, el triduo pascual siempre había tenido un profundo significado para mí. La navidad no podía compararse con el drama de la agonía de la Pascua vuelta dicha, el meollo mismo de nuestra fe. Me gustaba que durante la Semana Santa experimentáramos la humildad y el perdón del lavado de pies del Jueves Santo, y que como hijos de Dios se nos invitara al banquete de la eucaristía. La pasión del Viernes Santo, con el apagado de las velas y el desnudamiento del altar, siempre me rompía el alma, haciéndome volver a casa pensativa y meditabunda. Pero de todas las ceremonias y ritos anuales incluidos en la Cuaresma, desde el miércoles de ceniza hasta el domingo de Pascua, la vigilia pascual siempre fue la más importante para mí.

Sin embargo, este año no sería igual. El ayuno y abstinencia del Viernes Santo me habían fatigado, lo cual me hizo cuestionar si todo esto seguía siendo relevante. En medio de la febril limpieza y preparativos para la ceremonia de Pascua, reuní los componentes del festín del domingo y participé, el sábado en la tarde, en la bendición de los alimentos. Incluso me las había arreglado para volver a la iglesia para confesarme. Y si se añade a la mezcla un hijo de dos años se comprenderá que estuviera exhausta, tentada a saltarme toda esta cosa de la vigilia.

Francamente, aproveché la oportunidad de algo de tiempo para mí.

Y estaba disfrutando de estar sola, sin necesidad de hablar ni cuidar a nadie. Pero entonces, el padre dijo en voz baja:

—*Están* en la tumba. *Sientan* su oscuridad en su alma. Participen atentamente. Cuando se apaguen las luces, escuchen el silencio con todo tu ser. Cuando el fuego sea bendecido, conozcan la realidad de la resurrección.

Y justo en ese instante, la iglesia se sumió en tinieblas.

Aun sabiendo que eso iba a pasar, me sorprendió la densa oscuridad. Las letras rojas de la *Salida* hicieron poco por aligerar el peso desconsolado de mis deficiencias humanas, que ahora me agobiaba. Me di cuenta que no había salidas en una tumba. Los temores infantiles a los espacios oscuros corroyeron el fondo de mi mente.

Asombrada de que tanta gente pudiera guardar absoluto silencio, me sentí sola. No sola a la manera de un baño caliente y fragante. Más bien sola como extraviada y sin agua en el desierto.

Entonces, de algún lugar de mi interior llegó la aplastante comprensión de lo que significaba todo esto. Oí a lo lejos la humilde voz del padre. Recitaba la bendición del fuego. Yo no pude anticipar cómo saltaría mi corazón ante la erupción de la flama en el contenedor, al fondo de la iglesia. Con ella, el padre encendió una sola vela. Se acercó a la última persona en la última banca y encendió su vela. Ella prendió a su vez la de su vecino. Y éste la de la persona a su lado.

Flama a flama, vela a vela. La diminuta luz parpadeante avanzó una fila tras otra, recuperándose de la oscuridad. Un fulgor dorado terminó por envolvernos. En un silencio preñado de mensajes, la primera persona en la primera fila se puso de pie. Avanzó hasta el cirio pascual de cera pura en el altar y alzó su vela. Su flama tocó el pabilo.

Simultáneamente, el coro del aleluya se elevó hasta la cúpula, mientras las luces volvían a encenderse. Entonces, pudimos ver el altar reluciente de linos bordados con hilos de centellas, suntuoso en un mar de azucenas cremosas y fragantes. Las flores mismas parecían celebrar el paso instantáneo de la muerte a la vida.

Salieron exclamaciones de todas las bocas. Lágrimas rodaron por nuestros rostros.

La liturgia de la palabra destelló esa noche mientras cada lectura refrescó mi corazón. La eucaristía alimentó mi hambriento cuerpo y nutrió mi alma receptiva. El bautizo de los catecúmenos se fue volando. Me sorprendí cantando con todos la despedida. La vigilia pascual había terminado. La zambullida en la oscuridad había abierto mis ojos a la luz.

Mis fatigadas extremidades zumbaban de energía. Salí agradecida de todo lo que había recibido.

Ésta era la resurrección. Sí había una vida nueva, incluso para mí.

MARYJO FAITH MORGAN

101

Desprendido

—No volveré a la iglesia nunca más —anuncié, justo antes de la ceremonia de las diez.

Mi hermano Bill, de apenas doce años y a punto de ser confirmado, me miró boquiabierto, como si me sospechara poseído. Mamá, católica hasta la médula, se dispuso de inmediato a una pelea.

—¡Claro que irás con nosotros a misa!

Pero papá calmó las cosas.

—No —dijo—. Ya tiene dieciocho. Ya tiene edad para tomar sus propias decisiones.

Así fue como me desprendí oficialmente.

Nunca hablamos de eso, pero supongo que papá habría hecho lo mismo, si hubiera sido católico. Seguramente también estaba harto de tanto ritual y ceremonia. Quizá, como yo, se preguntaba si en realidad había un Dios. Después de todo, había crecido en una familia no religiosa. Cada semana asistía estoicamente a misa, pero era por mamá, no por él.

> Porque el hijo del hombre vino a buscar y a salvar lo que se había perdido.
>
> LUCAS 19: 10

La diferencia entre nosotros fue que yo ya no tenía que hacerlo por mamá.

Soltarse fue liberador para un muchacho que trataba de entender el mundo. Emocionante incluso. ¡Por fin tendría libres los domingos!

Tardé un tiempo en reparar en que no me sentía tan feliz como esperaba. Me sentía fuera de balance. Comprendí que no se hace algo cada semana… incluso algo absurdo como la misa católica… sin sentir su ausencia cuando se le deja.

Así que, siendo veintiañero, inicié el largo proceso de buscar una respuesta "contrastando" ceremonias en varios credos protestantes.

Sabía que tenía que haber algo mejor.

Episcopales, evangélicos, presbiterianos, metodistas; fui con todos ellos. Cada uno tenía el corazón en su sitio, pero al final nadie parecía tener la razón. Los formatos no tenían la sustancia que yo quería, y la esencia ritual de las ceremonias parecía ligera y frívola. Tampoco comulgaban, o lo hacían sólo en forma intermitente… O, cuando tenían una comunión semanal, ésta carecía del significado que a mí se me había enseñado.

Ninguna iglesia me satisfacía en verdad.

Era irritante que mi sensibilidad católica pareciera arruinarme para otras iglesias. Pero para ese momento, tenía varios años de no ir a misa. Estaba decidido a no permitir que la debilidad me venciera.

Pensaba mucho en papá. En que se sentaba junto a mamá cada semana, perdiendo todo ese tiempo en un lugar donde no quería estar. Admiraba su sacrificio y amor, pero yo no iba a cometer el mismo error. Como sea, ya tenía mi propia familia, y quería ser lo máximo para ella.

Ya en mis treinta, estábamos fuera de los esquemas del cristianismo y nos habíamos unido a una iglesia Unitaria Universalista (UU). Ésta es una "religión" en la que se puede creer en todo… o en nada… si así se quiere. Parecía un buen ajuste para un católico renegado.

Pero ser UU significa ser políticamente correcto, al punto mismo de la cohibición. Me di cuenta de esto luego de un tiempo. Poco a poco comprendí que no es posible aceptar y aplaudir cualquier punto de vista y valor si uno quiere conservar los propios.

Nuestra asistencia menguó en forma gradual, hasta detenerse por completo.

En mis cuarenta, no iba a ningún lado los domingos. Para mí era un día triste. Los humanos tenemos un deseo innato de espiritualidad, y yo casi había renunciado a encauzar la mía. El término "desprendido" comenzaba a parecer muy descriptivo. La sensación de no tener un lugar en el cual buscar equilibrio, orientación y base, realmente era como un desgarramiento.

Pero entonces ocurrió un par de cosas interesantes.

La primera fue que mi hermano y su familia comenzaron a asistir a una naciente comunidad católica. Bill llevó primero a mis padres, y luego todos me trabajaron para que probara.

Después de un tiempo, acepté. Sólo una vez, me dije. Sólo para hacerles compañía.

Me asombró lo diferente que parecía todo. La música era moderna, la comunidad vigorosa. Y no era de sorprender. En el centro de la iglesia de Corpus Christi estaba el padre Fred, un cura maravilloso que daba unos sermones conmovedores, intelectuales y a menudo muy divertidos, los cuales cuestionaban opiniones y conciencias.

Comencé a asistir con cierta regularidad. Con reservas. Sólo en ocasiones especiales, como navidad y Pascua. Me negaba a comulgar, para no ceder y decir que estaba de regreso, ni siquiera a mí mismo. No quería admitir que eso podía ser lo que necesitaba y había estado buscando.

Pero el padre Fred me hacía pensar.

Luego sucedió la segunda cosa interesante: papá decidió hacerse católico. Eso me dejó atónito. ¿Era posible que papá hubiera estado yendo a la iglesia porque así lo había querido desde el principio?

Bill fue su padrino en los preparativos, y pronto llegó el día en que toda la familia, aun yo, mi esposa y mis hijos, asistimos a una misa especial en la que papá fue recibido en la iglesia. Tengo una foto mental de él, húmedo el cabello por el aceite bautismal, recibiendo por primera vez la comunión de manos del padre Fred.

Éste fue el último empujón que yo necesitaba.

Regresar a la iglesia a los cincuenta ha sido como volver a casa. El mundo es difícil y confuso, y está dividido, así que es un consuelo saber que tengo un lugar donde puedo ir a renovarme. Comulgo, y me siento elevado por el rito de la misa, el mismo que antes me aburría. Cada vez estoy más unido a esta naciente comunidad religiosa, acompañado por la presencia de mi familia y bajo el cuidado de un sacerdote verdaderamente inspirador.

Ahora cada fin de semana les llamo a mis padres. Al igual que la declaración de alejamiento que hice hace más de tres décadas, la convicción detrás de esta llamada no es por mamá, y ni siquiera por papá, por más que le deba el ejemplo que me dio.

Es por mí.

—Voy a ir a la iglesia —les digo—. ¿Quieren que vayamos juntos?

CRAIG A. STRICKLAND

Conoce a nuestros colaboradores

Michael A. Aun, de Kissimmee, Florida, es el único orador vivo en el mundo en haber sido aceptado en el Salón de la Fama de la Oratoria CPAE de la National Speakers Association, haber recibido la designación Certified Speaking Professional y haber ganado el Campeonato Mundial de Oratoria de Toastmasters Internacional. Su dirección electrónica es http://www.aunline.com

Susanna Hickman Bartee es esposa de un militar y madre de cinco. Trabajos suyos ya han sido publicados en *Chicken Soup for the Military's Wife Soup* y *Chicken Soup for the New Mom's Soup*. Su familia y ella se convirtieron al catolicismo en 2001. Haz contacto con Susanna en Bartees7@embarqmail.com

Margo Berk-Levine siempre pensó tener tres carreras. Ser actriz/modelo le abrió el camino para fundar una exitosa compañía de servicios de dotación de personal, lo que a su vez la llevó a escribir. Hoy en día escribe sus memorias y una serie de cuentos. Es colaboradora y consejera de la Scribblers' Society Journal. Su correo es mberklevin@aol.com

Marla Bernard concluyó con honores su maestría en artes en Baker University. Es ejecutiva de un importante hospital escuela en la ciudad de Kansas. Antigua oficial de policía, es defensora de los derechos de las víctimas y en la actualidad escribe un libro sobre crímenes reales. Búscala en mbernard@kc.rr.com

Pegge Bernecker es directora espiritual, coordinadora de retiros y autora de *Your Spiritual Garden: Tending to the Presence of God,* y también, *God: Any Time, Any Place*. La muerte de su hijo aumentó su deseo de profundo significado y servicio. Vive en Kasilof, Alaska, con su esposo y sus perros. Su página en internet es www.PeggeBernecker.com

Jeffrey Brooks Smith es comediante/escritor/orador y se siente orgulloso de ser católico. Trabaja para difundir ese orgullo entre todos los que conoce. Basa su humor en programas apologéticos y se presenta ante grupos católicos en todo Estados Unidos. Su correo electrónico es Jeffrey.smoth@kofc.org

Tom Calabrese es profesor adjunto en JWU, con títulos de la New York University (licenciatura, 1981), Villanova University (maestría, 1997) y University of Connecticut (doctorado, 2009). Es autor de un libro de texto y numerosos artículos pedagógicos. Es un guitarrista consumado. Le gustan los deportes y pasar tiempo con su familia. Escríbele a tcalabrese@jwu.edu

Sandy McPherson Carrubba fue maestra de primer grado después de graduarse de la State University of New York, en Oswego. Después dio clases en Villa Maria Academy, una preparatoria privada. Madre de dos, le gusta la jardinería, leer e interactuar con personas de otras culturas. Cuida de su esposo y su gato.

Beatrice Catarello es ama de casa y madre de tres chicos. Le gusta pintar y cocinar con sus hijos, y tocar la viola en la orquesta de su comunidad.

Hugh Chapman es maestro de administración en Izard County Consolidated High School, en Brockwell, Arkansas. Búscalo en Julchapman@yahoo.com

Helen Colella es una autora *freelance* de Colorado. Sus trabajos incluyen materiales educativos, artículos/relatos para adultos y niños, colaboraciones en libros de *Caldo de pollo para el alma* y revistas para padres en todo Estados Unidos. Tiene también una empresa doméstica que ofrece servicios de redacción a editores independientes. Su correo es helencolella@comcast.net

Carol Costa es una dramaturga premiada y autora de diez libros, entre ellos títulos financieros, novelas de misterio, novelas románticas, colecciones de cuentos y un libro sobre póker en video. Cuentos y artículos suyos se han publicado en periódicos, antologías y revistas. Búscala en ccstarlit@aol.com

Donald Cracium es profesor de educación media en Troy, Michigan. Tiene dos hijas, Christina y Kathryn, con Mary, su esposa. Obtuvo una maestría en música. También escribe canciones de música sacra y espera publicarlas un día. Su correo es donjames@ameritech.net

John Crudele ha inspirado a miembros de iglesias, empresas y escuelas durante más de veinticinco años. Su pasión por las luchas actuales de los jóvenes, combinada con su fe, lo llevó a fundar Partnership for Youth, organización no lucrativa dedicada a impartir dinámicos cursos de catolicismo a adolescentes. Su correo electrónico es john@johncrudele.com

Donna D'Amour ha sido autora *freelance* desde hace más de veinte años en diarios y revistas. También imparte cursos de redacción en su sitio web, www.damourwriting.ca. Su carrera literaria comenzó cuando presentó ensayos sobre la vida diaria en el periódico de su ciudad. Vive en Halifax, Nova Scotia.

Lauren Aileen Davenport es ama de casa y madre de cinco jóvenes. Su hija Mary se llama así en honor a VoVo, la inspiración de su historia. Obtuvo su licenciatura en periodismo Taylor University, en Fort Wayne, Indiana. Su correo es laurenadavenport@gmail.com

Lola DeJulio DeMaci ha colaborado en varios libros de *Caldo de pollo para el alma*, así como en *Los Angeles Times* y *My Friend, A Catholic Magazine for Kids*. Tiene maestría en pedagogía y literatura inglesa y sigue escribiendo en su soleada buhardilla sobre las montañas de San Bernardino. Su correo electrónico es LDeMaci@aol.com

Michele Dellapenta escribe poesía desde que tenía nueve años y ha hecho varias publicaciones menores a lo largo de los años. Vive con Lou, su esposo, en Miamisburg, Ohio. Reconoce a su hermana, Jodi Severson, actual colaboradora de *Caldo de pollo para el alma*, como su mentora y animadora. Escríbele a mdellapenta@earthlink.net

Sue Diaz es autora, maestra de redacción y ensayista; trabajos suyos han aparecido en numerosas publicaciones regionales y nacionales, como *Newsweek*, *Family Circle*, *Woman's Day*, *Christian Science Monitor* y *Reader's Digest*. Su página en internet —www.suediaz.com— lo dice todo. Escríbele a sue@suediaz.com

Shirley Dino vive en Denver, Colorado, con Sandy, su esposo. Es lectora en su parroquia y le gusta el tenis, el ciclismo y la jardinería. Además de sus tres hijos y sus dos maravillosas nueras, tiene tres nietos.

Carol J. Douglas es autora *freelance* y ha publicado en *Woman's World* y *Petwarmers*. También le gusta escribir para niños, género en el que ha hecho publicaciones de poesía y narrativa. Vive en Dublin, Ohio, con Jeff, su esposo, y sus hijos, Justin y Emelia. Búscala en carol_jean_douglas@yahoo.com

Sally Edwards es comediante corporativa y humorista motivacional con veinticinco años de experiencia; presenta su monólogo "Family Lunacy!" en parroquias de todo Estados Unidos, www.ComedyBySally.com. También es autora de tres libros humorísticos ilustrados. Recientemente puso en marcha su agencia de comediantes, llamada "The Humorous Speakers Bureau", www.HumorousSpeakersBureau.com

Judy Ann Eichstedt tiene seis hijos y una nieta. Autora *freelance* y activista del desamparo, es coautora de un libro de poemas titulado

Holly Engel-Smothers, autora de diez libros y numerosos artículos, tiene una maestría en enseñanza de lectura. Aunque el mundo se extiende mucho más allá de su jardín, le agrada poner la mesa del picnic con platos de plástico y servirle Beanie Weenies a su esposo, sus gemelas y la hermana menor de éstas. holly.smothers@gmail.com

Delores Fraga-Carvalho ha estado casada con Luis durante treinta y tres años y es madre de Lisa-Marie, de 31, y Luis, Jr., de 25. Pertenece a las secciones locales de The Red Hat Society en Moses Lake,

Washington, Rebel Reds y Desert Reds. Teje y le gustan los aeróbicos acuáticos. Su correo es divinedamedee@accima.com

Kathleen Gerard es autora de *Still Life*, memorias espirituales. Trabajos suyos han sido ampliamente publicados, transmitidos por National Public Radio (NPR), reconocidos con el Perillo Prize for Italian American Writing y nominados para "Best New American Voices", premio literario nacional. Su correo electrónico es katgerard@aol.com

Ellen C. K. Giangiordano se graduó en la Temple University School of Law en 1990 y litigó ocho años en Filadelfia antes de volver a casa para criar a sus cinco hijos. Le gusta cocinar, coser, levantar pesas, el yoga, pasar tiempo con su familia y leer las obras de Juan Pablo II. Vive actualmente con su familia en Georgia.

Susan M. Goldberg ha sido enfermera titulada desde hace más de treinta años —pasados la mayoría de ellos en el quirófano— y educadora. En los últimos quince se ha dedicado a escribir y publicar. Sigue trabajando, escribiendo, viajando y jugando con su nieto. Harmony51480@aol.com

Blair P. Grubb es profesor de medicina y pediatría en la University of Toledo School of Medicine, en Toledo, Ohio. Sus pasatiempos incluyen escribir y coleccionar estilográficas. Vive con Barbara, su esposa, y sus hijos, Helen y Alex.

Therese Guy es dueña y administradora de un estudio de artes marciales. Lleva veintiséis años enseñando este deporte en el Medio Oeste de Estados Unidos. Le gustan los caballos, leer y escribir. Tiene en proceso un libro de sobre la vida como integrante de la generación del Baby boom. Su correo es Therese-tkd@juno.com

Floriana Hall nació en 1927 en Pittsburgh, Pennsylvania, fue alumna distinguida de la Cuyahoga Falls High School, asistió a la Akron University, es autora y poeta, ha publicado diez libros de no ficción y poesía inspiradora, es fundadora y coordinadora de THE POET'S NOOK y es maestra de poesía. Con sesenta años de matrimonio con Robert Hall, tiene cinco hijos, nueve nietos, un bisnieto y muchos poemas premiados. Búscala en HAFLORIA@sbcglobal.net o en www.alongstoryshort. net/FlorianaHall.html

Cynthia Hamond tiene numerosos relatos en la serie *Caldo de pollo para el alma* y otras importantes publicaciones, como la revista *Woman's World* y *King Features Syndication*. Recibió dos premios y fue incluida en *Anthology Today*. Dos relatos suyos han sido hechos para la televisión. Le gusta hacer visitas a escuelas y dar charlas a grupos.

Paulette L. Harris es autora/oradora *freelance* en Colorado. Cursó el CWG Apprenticeship Program. Dio clases varios años antes de retirarse. Disfruta de sus nietos y de su esposo, con quien lleva treinta y nueve años de casada. Sus pasatiempos incluyen el golf, la jardinería, los animales y escribir novelas. coloradopolly@yahoo.com

Jeanne Hill es autora, oradora inspiracional y directora y colaboradora de la revista *Guidepost*. Sus premiados cuentos y artículos suelen ser elegidos para antologías. Ha publicado dos libros, *Daily Breath*, Word Books y *Secrets of Prayer Joy*, Judson Press.

Pamela Hackett Hobson, esposa y madre de dos, es banquera y autora de *The Bronxville Book Club* y *The Silent Auction*. Su primera novela (justo la primera en citarse aquí), llegó a las páginas de *The New York Times*. Para conocerla mejor, visita www.pamelahobson.com o escríbele a author@pamelahobson.com

Dawn Holt recibió una licenciatura, una maestría en pedagogía y un doctorado en liderazgo educativo. Hoy es orientadora en Fuller Performance Learning Center, en Fayetteville, Carolina del Norte. Ésta es la tercera vez que colabora en *Caldo de pollo para el alma*. Su correo electrónico es dawnholt@yahoo.com

Dave Huebsch tiene una licenciatura en pedagogía con especialización en artes del lenguaje. En los últimos veinticuatro años ha trabajado en desarrollo humano en Guatemala. Ha fundado junto con Bina, su esposa, dos organizaciones no lucrativas: Rising Villages, Inc. (www. risingvillages.org) y Common Hope, Inc.

Taryn R. Hutchinson formó parte de la Campus Crusade for Christ durante veintiún años, diez de ellos en Europa oriental. En la actualidad trabaja en el Golden Gate Seminary y vive en Marin County, California, con Steve, su esposo. Le gustan la gente y los viajes. Su correo es terenahutchinson@hotmail.com

Ellen Javernick se graduó en la DePauw University. Vive en Loveland, Colorado. Le encanta enseñar, el tenis y pasar tiempo con sus siete nietos. Es autora de *What If Everybody Did That* y de muchos otros libros para niños. Escríbele a javernick@aol.com

Sally Kelly-Engeman es autora *freelance* y ha publicado numerosos cuentos y artículos. Además de escribir, le gusta leer e investigar. También le agrada el baile de salón y viajar por el mundo con su esposo. Búscala en sallyfk@juno.com

La familia de **Carol Kenny** llegó a Maryland en el siglo xvi, huyendo de la persecución religiosa. Ella escribió su primer poema cuando tenía siete años y acaba de terminar de escribir un libro de próxima publicación, *Whispers from St. Mary's Well*, novela histórica situada en el siglo xix con un toque de misterio y misticismo. Le encantaría que le escribieras a ck@carolkenny.com

Eileen Knockenhauer es secretaria escolar retirada. Casada desde hace treinta y siete años, tiene tres hijas y cuatro nietas. Obtuvo una licenciatura en 2005 y le gusta escribir para niños. Adora las playas de Long Island y le gusta andar en bicicleta, pescar y recibir amigos y familiares. Su correo es eirishnana@optonline.net

Cathy Kruse vive con su esposo y dos hijos adolescentes en Minnesota. Exprofesional de relaciones públicas, trabaja en un libro de no ficción y le gusta el diseño de interiores, el trabajo voluntario, hacer álbumes de recortes, la jardinería y los viajes. Da gracias de que la poderosa intercesión del rosario haya mantenido en pie a su familia durante la enfermedad y muerte de su papá.

Ben Lager tiene una maestría en Sagradas Escrituras de St. John's University, en Collegeville, Minnesota. Es ecologista de toda la vida, y ciclista consumado. Sigue en contacto con los indigentes de Ciudad Juárez a través de su organización no lucrativa The St. Jerome Mission. Búscalo en lagerb@earthlink.net

Dorothy LaMantia escribe relatos sobre la fe y redención cotidianas. Esposa de Joe, madre de Andy, Jon y Kate y maestra de literatura inglesa, colabora en su iglesia como lectora, integrante del coro y voluntaria de la Society of Saint Vincent of Paul. Su correo es dotelama@aol.com

Jeremy Langford es un autor reconocido cuyos libros incluyen *Seeds of Faith* y *The Spirit of Notre Dame*. Es director de comunicaciones de la provincia jesuita de Chicago y dirige la Langford Literary Agency. Vive en Evanston, Illinois, con su esposa y sus tres hijos. Escríbele a jereditor@aol.com

Marianne LaValle-Vincent, ítaloestadunidense de primera generación, es autora, poeta y humorista. Ha publicado en todo el mundo y es autora de tres extensas colecciones de poemas y cientos de cuentos y ensayos. Trabaja y vive en Syracuse, Nueva York, con Jess, su hija, de diecisiete años de edad.

John J. Lesjack ha publicado en *Chicken Soup for the Chocolate Lover's Soul*, *Chicken Soup for the Father & Son Souls*, la revista *San Francisco Chronicle*, *Grit*, *Reminisce* y muchas otras publicaciones. Es maestro retirado y vive para la práctica del tenis en el norte de California. Jlesjack@gmail. com

Jaye Lewis es una premiada escritora inspiracional y frecuente colaboradora de *Caldo de pollo para el alma*. Vive con su familia en los hermosos Apalaches de Virginia, que, insiste, es el lugar más romántico sobre la Tierra. Visítala en www.entertainingangels.org. o en jayelewis@comcast.net

Eileen Love es autora, oradora y maestra y ha trabajado en el ministerio parroquial durante más de veinticinco años. Tiene una maestría en catequesis, graduada de la Catholic Biblical School, y otra en estudios teológicos. Actualmente es directora editorial de ENDOW. Tiene cuatro hijos con Mike, su esposo.

Donna Lowich vive en Nueva Jersey con su esposo y tres gatos. Trabaja como especialista en información, proporcionando información sobre lesiones de la médula espinal y parálisis. Sus pasatiempos son sus gatos, coser y escribir sobre sus experiencias en la vida. Escríbele a donnalowich@aol.com

Natalia Lusinski creó su primer "periódico", *Nat's Neat News Notes*, cuando tenía diez años. Desde entonces ha trabajado como escritora asistente de varios programas de televisión, recientemente de *Desperate Housewives*. También escribe guiones para cine y televisión, así como cuentos. Su correo electrónico es writenataliainla@yahoo.com

Linda Mainard ha vivido en Milwaukee, Oregon, durante treinta y tres años. Tiene, con su esposo, cuatro hijos, y tres nietos. Ha tenido una vida maravillosa. No hay nada que le importe tanto como su familia y su fe. Su historia en este libro es testimonio de ese amor.

La hermana **Mammaw C. W.** es viuda consagrada de la Iglesia católica. Su matrimonio, de treinta y nueve años, produjo cinco hijos, trece nietos y dos bisnietas. Harry, su esposo, estuvo enfermo doce años antes de fallecer el primero de agosto de 1998. Ella es directora de educación religiosa en Cordova, Tennessee. Escribe sobre espiritualidad en la vida. Su correo es terry.harvey@SFAchurch.cdom.org

Joanne Mancuso pasó su temprana infancia en Chicago. A los diez años de edad, su familia se mudó a Arizona, donde ella estudió la preparatoria y asistió a la University of Arizona. Vive actualmente en el norte de California, donde trabaja como asistente en una biblioteca. Está casada y tiene tres hijos.

En 2001, **Miriam Mas** inició Canines with a Cause, obra de beneficencia dedicada a entrenar perros de asistencia para personas con discapacidades. Dejó el mundo de la alta tecnología para concentrarse más en ayudar a otros. Compartiendo su relato, espera que los demás también se den tiempo para compartir la esperanza con los necesitados. Escríbele a miriam.mas@gmail.com

Julienne Mascitti es autora, oradora, otorgante de deseos y esposa de Santa Claus para la Make-A-Wish Foundation y hospitales infantiles. Recibió el Stellar Achievement and the North Star Award de MAW y el President's Award de HRA. Acaba de terminar varios libros para niños sobre Santa. Vive en Naperville, Illinois, con Ron, su esposo, y sus perritos "Baci" y "Porsha". juleslentz@msn.com

Kathy McGovern tiene maestrías en estudios litúrgicos y Sagrada Escritura. Ha publicado numerosos artículos sobre Escritura y espiritualidad, y es compositora del popular villancico "Mary had a Baby". Vive con Ben Lager, su esposo, en Denver, Colorado. Búscala en mcgovern.kathy@yahoo.com

Rosemary McLaughlin enseñó literatura inglesa y creación literaria durante treinta y cinco años, y disfrutaba mucho de asesorar a sus alumnos. Escribió una columna para un periódico local durante ocho años, y sigue escribiendo artículos cortos y poemas. Le gusta viajar por todo el mundo con su esposo y volver a casa en Pittsburgh, con sus hijos y nietos.

Marie-Therese Miller vive en Nueva York con su esposo y sus cinco hijos. Es autora de *Distinguished Dogs*, *Helping Dogs*, *Hunting and Herding Dogs*, *Police Dogs* y *Search and Rescue Dogs* (Chelsea House, 2007).

Historias suyas han aparecido ya en *Chicken Soup for the Preteen Soul 2* y *Chicken Soup for the Soul: Love Stories*. Escríbele a thisisthelife@hvc.rr.com

Maryjo Faith Morgan, autora *freelance*, está agradecida con las IHH Sisters de Our Lady of Grace, Somerdale, Nueva Jersey. ¡Ahora sabe que su comprensión de la estructura de la oración se debe a incontables oraciones diagramadas por no dejar de platicar en clase! Fred, su esposo (de www.FredsUsedWebsites.com), es el hábil webmaster detrás de www.MaryjoFaithMorgan.com

Richard J. Mueller, premiado narrador itinerante, empresario de la pizza y consultor, actualmente recibe en San Antonio, Texas. Escríbele a polermodude@yahoo.com

Nancy Noonan es una divertida oradora motivacional de alto contenido, capacitadora y autora. Antigua Miss Maryland, premiada maestra universitaria, dueña de empresas y bailarina de tap, ayuda a personas y organizaciones a vivir y trabajar al máximo, a niveles de obra maestra. Vive en Colorado con Richard, su esposo, con quien tiene treinta y un años de casada. Visítala en www.nancynoonanspeaks.com

Sherry O'Boyle es escritora y vive en Eugene, Oregon. Ha publicado en varias revistas, como *Oregon Coast*, *Northwest Travel*, *E/The Environmental Magazine* y el *Catholic Sentinel*. En 2008 recibió su maestría en liderazgo en educación superior y de adultos en Oregon State University. Le gusta acampar, pescar, viajar y visitar a su familia.

Sally O'Brien, madre de cuatro mujeres y un cura, está retirada y vive en Iowa. Escribe principalmente artículos y algunos cuentos, y en fecha reciente terminó una novela. Participa activamente en su iglesia y pasa el mayor tiempo posible leyendo. Su correo es sobrien95@msn.com

Linda O'Connell ha sido maestra de preescolar en St. Louis, Missouri, durante treinta y un años, y también imparte un curso de redacción para adultos. Es autora de múltiples géneros ampliamente publicada. Ensayos suyos han aparecido en varios libros de *Caldo de pollo para el alma*. Le gusta viajar y dar largos paseos por la playa. Billin7@juno.com

Linda L. Osmundson ha escrito para artistas, niños, padres, abuelos, viajeros, periodistas, religiosos y maestros en *Caldo de pollo para el alma* y *Family Circle*. Le gustan sus nietos, las manualidades, el golf, leer, escribir, el jazz Dixieland y viajar. Vive con su esposo en Fort Collins, Colorado. Búscala en LLO1413@msn.com

Diane C. Perrone escribe entre bebés, dieciséis nietos hasta ahora. Artículos suyos han aparecido en *Chicken Soup for the Soul* (*Writer's, Wine Lover's, Mother's*) y en revistas (*Redbook, Catholic Digest, Our Family* y de aviación). Pronuncia discursos ante adultos mayores y compañías que los atienden. Su correo es Grandma1Di@AOL.com

Bruce R. Porter, D.Div., ha ejercido su ministerio en más de cuarenta naciones, respondiendo como consejero y capellán de crisis a grandes desastres como los de Columbine, Red Lake, Erfurt (Alemania), Beslan (Rusia) y las masacres contra escuelas amish, así como el ataque terrorista islámico del 11 de septiembre en Nueva York y el tsunami en Sri Lanka. www.torchgrab.org

John R. Powers es autor del musical de Broadway *Do Black Patent Leather Shoes Really Reflect Up?*, así como de cuatro libros de gran éxito de ventas. Asimismo, es orador profesional para grupos de negocios, educativos y comunitarios. www.johnpowers.com. Su correo electrónico es johnpowerspmi@aol.com

Kate Prado es la hija menor del conocido escritor Martin Buxbaum, ya desaparecido. Dejó una carrera en la administración de propiedades en 2005 para mudarse a Hagerstown, Maryland, a escribir. Su más caro deseo es alimentar a la niñez y ayudar a los ancianos. Escríbele a kateprado@aol.com o a www.pradospen.com

Thomas L. Reilly es autor de *Next of Kin: A Brother's Journey to Wartime Vietnam* (Potomac Books, Inc., Washington, D.C.). Termina actualmente su segunda novela, *August Pearl*, basada en un hecho real ocurrido en 1968 durante la guerra fría en Europa. Su correo es thomasreilly@aol.com

Christina Robertson se graduó con honores en Bethel College en 2000 y obtuvo una maestría en pedagogía en Cumberland University en 2006. Es maestra de séptimo y octavo grados en la región central de Tennessee. Le gusta leer, cantar, el teatro y trabajar con niños. Espera ser autora publicada en el futuro próximo.

Elizabeth Schmeidler está felizmente casada y es madre de tres chicos maravillosos. Es autora de cuentos para niños, novelas, relatos y poemas, y ha grabado, asimismo, tres CDs de música cristiana original. Es oradora inspiracional y espera ansiosamente la inminente grabación de su cuarto CD. www.elizabethshop.org

Debra Scipioni es maestra de gramática y redacción en cuarto y quinto grados y especialista en lectura. Tiene certificaciones en educación para la lectura, elemental y especial. Se graduó con honores al obtener su maestría en 2003. Le gusta leer, escribir poesía y los Yankees. Planea impartir cursos universitarios para estudiantes de pedagogía.

Terri Scott estudió una licenciatura en retórica y comunicación. Es autora *freelance* de *The Prairie Messenger*, una publicación católica; *The New Wine Press*, y el *Winnipeg Archidiocesan Newspaper*. Se le otorgó la membresía de por vida en The Catholic Women's League of Canada. Le encanta viajar a Europa y le gusta crear álbumes de recortes.

Joyce Seabolt ha sido enfermera durante cuarenta y cinco años y escritora durante cinco. Colaboraciones suyas han aparecido ya en otros dos libros de *Caldo de pollo para el alma*, así como en numerosas revistas de enfermería. Vive con Hal, su esposo, en Red Lion, Pennsylvania. Su correo electrónico es joyceseabolt@hotmail.com

Cuando **Mary Z. Smith** no escribe para *Angels on Earth* y *Guideposts*, trabaja como voluntaria en servicios sociales, ayudando a familias necesitadas. Tiene, con su esposo, dos hijas biológicas, Autumn y Amber, y dos adoptadas, Adi y Ronen. Vive en Richmond, Virginia, con Barry, su esposo; Flora, su suegra, y su rat terrier, Frankie.

Joan Stamm se tituló en redacción y literatura en Bennington College en 1998. Recientemente se mudó a una isleta frente a las costas del estado de Washington, donde sigue escribiendo y practicando el ikebana. Desde su experiencia de búsqueda del rosario blanco, ha descubierto una práctica de meditación en la tradición católica.

Stephanie Staples es oradora motivacional internacional, asesora y autora. Su empresa, Your Life Unlimited, usa el radio, las publicaciones impresas y la oratoria para inspirar, educar y alentar a la gente a tomar pequeñas decisiones que conduzcan a grandes cambios en su vida. Sus principales fuentes de orgullo son su exitoso matrimonio con Randy, con quien ya lleva veinticinco años de casada, y sus tres fabulosos adolescentes. Visítala en www.yourlifeunlimited.ca

Judy Stoddart, exasistente editorial y publicitaria de la revista *Style Manitoba*, es autora *freelance*, poeta publicada, autora de canciones y narradora. Nacida en Grandview, MB, atribuye gran parte de su facilidad para escribir a la inspiración que recibió al crecer en una comunidad rural. En la actualidad compone una colección de poemas titulada *Crossing the Tracks*.

Carol Strazer estudió una licenciatura en educación del habla e inglés y una maestría en psicología terapéutica. Fue directora de un boletín comunitario, encabezó un grupo local de escritores y trabaja en una biografía de no ficción de refugiados en campamentos en la segunda guerra mundial. Celebró recientemente cuarenta y seis años de matrimonio con Bob.

Craig A. Strickland asiste a Corpus Christi, en Aliso Viejo, California (avcatholics.org). Ha visto publicados varios cuentos suyos tanto en revistas como en antologías, lo mismo que —hasta ahora— dos libros de ficción de distribución nacional. Visítalo en CraigStrickland.net

Joyce Sudbeck se graduó con honores en 1986. Recientemente dejó su puesto en el departamento de mercadotecnia de Liguori Publications para perseguir nuevos retos. Le gustan los coros, componer, el piano, la poesía, tejer, bordar, coser, cocinar y escribir. Planea seguir escribiendo poesía, cuentos y quizá una novela.

Annmarie B. Tait vive en Conshohocken, Pennsylvania, con Joe, su esposo, y Sammy, el "Wonder Yorkie". Además de escribir relatos sobre la vida en una gran familia católica irlandesas, también le gusta cantar y grabar canciones populares estadunidenses e irlandesas que reflejen su herencia. Búscala en irishbloom@aol.com

Christine M. Trollinger es autora *freelance* con relatos publicados en varias antologías y revistas. Es viuda, madre de tres y le gusta trabajar con grupos locales protectores de animales. Su correo es trollys_2@ yahoo.com

Connie (Milardovich) Vagg se retiró en 2000 como secretaria del 652nd Combat Logistics Support Squadron (CLSS), McClellan AFB CA. Es madre de dos mujeres, abuela de cuatro y feligresa de la iglesia católica de santa Rosa. Colecciona teteras, pero el tiempo con la familia es lo que más le gusta. Su correo electrónico es cvagg@netzero.net

Karen Adragna Walsh recibió una licenciatura en enfermería en D'Youville College. Su deseo de conservar a la gente entre "puntadas" la llevó a convertirse en enfermera diurna de quirófano, y autora nocturna de artículos humorísticos. Autora de *Good Crazy: Essays of a Mad Housewife*, puedes escribirle a humormeso@aol.com

Emily Weaver es autora *freelance*/ama de casa en Springfield, Missouri. Le gusta pasar tiempo con sus tres jóvenes hijos y su esposo. Trabajos suyos han aparecido en *Chicken Soup for the New Mom's Soul*, *Chicken Soup for the American Idol Soul* y *Chicken Soup for the Soul: Empty Nesters*. Escríbele a emily-weaver@sbcfglobal.net

Kerrie Weitzel vive en Fort Collins, Colorado, donde escribe poemas, oraciones, bendiciones, cuentos, relatos para niños y trabaja en su primera novela.

El reverendo **Thomas J. Winninger** despierta pasiones ya sea que pronuncie una homilía, dirija una convención anual, ayude a empresas a renovar su propósito u oriente personalmente a alguien. Es diácono católico permanente, padre de siete, periodista de negocios con cinco libros y alumno de maestría en estudios católicos. thomas@winninger.com

Caldo de Pollo para el Alma

Conoce a nuestros autores

¿Quién es
Jack Canfield?

Jack Canfield es el co-creador y editor de la serie *Caldo de pollo para el alma*, que la revista *Times* llamó "el fenómeno editorial de la década". Es coautor, asimismo, de otros ocho libros con gran éxito de ventas, como *The Success Principles™: How to Get from Where You Are to Where You Want to Be, Dare to Win, The Aladdin Factor, You've Got to Read This Book* y *The Power of Focus: How to Hit Your Business and Personal and Financial Targets with Absolute Certainty*.

Es director general del Canfield Training Group, en Santa Barbara, California, y fundador de la Foundation for Self-Esteem, en Culver City, California. Ha impartido seminarios intensivos de desarrollo personal y profesional sobre los principios del éxito para más de un millón de personas en veintitrés países. Es también un dinámico orador y ha pronunciado discursos ante cientos de miles de personas en más de mil corporaciones, universidades, conferencias profesionales y convenciones, además de lo cual ha sido visto por millones de personas más en programas de televisión de escala nacional en Estados Unidos como *The Today Show, Fox and Friends, Inside Edition, Hard Copy, Talk Back Live* de CNN, *20/20, Eye to Eye, NBC Nightly News* y *CBS Evening News*.

Ha recibido numerosos premios y honores, entre ellos tres doctorados honoríficos y un certificado de Guinness World Records por haber conseguido que siete libros de la serie *Caldo de pollo para el alma* hayan aparecido en la lista de bestsellers del *New York Times* el 24 de mayo de 1998.

Puede hacerse contacto con él en:

Jack Canfield
The Canfield Companies
P. O. Box 30880 Santa Barbara, California 93130
Estados Unidos
teléfono: 805-563-2935 fax: 805-563-2945
www.jackcanfield.com

¿Quién es
Mark Victor Hansen?

Mark Victor Hansen es cofundador, con Jack Canfield, de *Caldo de pollo para el alma*. Es un muy demandado orador, autor de bestsellers y experto en mercadotecnia. Durante más de treinta años, sus eficaces mensajes sobre posibilidades, oportunidades y acción han producido importantes cambios en miles de organizaciones y millones de individuos en todo el mundo.

Sus acreditaciones incluyen toda una vida de éxitos empresariales. Es un prolífico escritor, con numerosos bestsellers aparte de la serie *Caldo de pollo para el alma*, como *The One Minute Millionaire*, *Cracking the Millionaire Code*, *How to Make the Rest of Your Life the Best of Your Life*, *The Power of Focus*, *The Aladdin Factor* y *Dare to Win*. Ha ejercido profunda influencia en el campo del potencial humano a través de su biblioteca de audios, videos y artículos en las áreas de pensar en grande, metas de ventas, acumulación de riquezas, éxito editorial y desarrollo personal y profesional. También es fundador de la MEGA Seminar Series.

Ha aparecido en *Oprah*, CNN y *The Today Show*. Se le ha citado en *Time*, *U.S. News & World Report*, *USA Today*, *The New York Times* y *Entrepreneur* y ha concedido incontables entrevistas radiofónicas, asegurando a la población de nuestro planeta que "Puedes crear fácilmente la vida que mereces".

Ha recibido abundantes premios que honran su espíritu empresarial, corazón filantrópico y perspicacia de negocios. Es miembro vitalicio de la Horatio Alger Association of Distinguished Americans, organización que lo distinguió con el prestigioso Horatio Alger Award por sus extraordinarios logros.

Puede hacerse contacto con él en:

Mark Victor Hansen & Associates, Inc.
P. O. Box 7665 Newport Beach, California 92658
teléfono: 949-764-2460 fax: 949-722-6912
www.markvictorhansen.com

¿Quién es
LeAnn Thieman?

LeAnn Thieman es una aclamada oradora profesional, autora y enfermera que participó "por accidente" en el Vietnam Orphan Airlift en 1975. Su libro *This Must Be My Brother* detalla su audaz aventura en el rescate de trescientos bebés mientras Saigón caía en poder de los comunistas. Su increíble historia ha sido reportada en *Newsweek Magazine's Voices of the Century*, Fox News, CNN, PBS, BBC, *It's A Miracle* de PAX-TV y muchos otros programas de radio y televisión.

Hoy, como renombrada oradora motivacional, inspira a públicos de todo tipo a equilibrar su vida, vivir conforme a sus prioridades y hacer una diferencia en el mundo.

Tras la aparición de una historia suya en *Chicken Soup for the Mother's Soul* se convirtió en una de las colaboradoras más prolíficas de esta serie. Eso y sus treinta años dedicados a la enfermería hicieron de ella la coautora ideal de *Chicken Soup for the Nurse's Soul*. Después fue coautora de *Chicken Soup for the Caregiver's Soul, Chicken Soup for the Father and Daughter Soul, Chicken Soup for the Grandma's Soul, Chicken Soup for the Christian Woman's Soul, Chicken Soup for the Christian Soul 2, Chicken Soup for the Nurse's Soul, Second Dose* y *Chicken Soup for the Adopted Soul*. La larga práctica de su fe católica la convirtió en coautora de *Chicken Soup for the Soul: Living Catholic Faith*. Forma parte del grupo del diez por ciento de los oradores en todo el mundo que han obtenido el premio Certified Speaking Professional Designation, y en 2008 ingresó al Salón de la Fama de la Oratoria.

Vive en Colorado en compañía de Mark, su esposo, con quien lleva treinta y ocho años de casada.

Para más información sobre sus libros y cintas o para contratarla para una presentación, se puede hacer contacto con ella en:

LeAnn Thieman, CSP, CPAE
6600 Thompson Drive, Fort Collins, CO 80526
Estados Unidos,1-970-223-1574
www.LeAnnThieman.com

Gracias

Queremos expresar nuestra sincera gratitud a las siguientes personas que contribuyeron a hacer posible este libro:

Nuestras familias, ¡que han sido caldo de pollo para nuestras almas!

La devota, cariñosa y comprensiva familia de LeAnn: Mark, su esposo, que ha compartido con ella un trayecto de fe durante treinta y ocho años, fortaleciendo así la fe de LeAnn, su amor a Dios y su amor por él, y asimismo Angela, Brian, Dante, Lia, Christie, Dave, Dagny y Mitch. Que su enorme fe sea potencializada aún más por las historias compartidas aquí.

La madre de LeAnn, Berniece, quien durante noventa años ha sido un ejemplo para el mundo de mujer de Dios, católica ideal llena de fe, algo que todos pugnamos por ser.

Gracias especiales a Amy Williams, quien confía en la fe de LeAnn y la suya propia mientras se hace cargo de sus actividades oratorias.

Nuestro glorioso panel de lectores, quienes nos ayudaron a hacer la selección final: Catherine Barczyk, Bobbie Bonk, Denise Carr, Caryll Cram, Joan Demma, Deborah Duello, Richard Duello, Shirley Dino, Holly Engel-Smothers, Jackie Fleming, Pierrett Guidry, Renee King, D. La-Mantia, Grace Larralde, Julie Lentz, Eileen Love, Maryjo Faith Morgan, Christie Rogers, Mary Streit, Carol Strazer, Mark Thieman, Karen Adragna Walsh y Jeanie Winstrom.

Gracias también a Amy Newmark, D'ette Corona, Barbara LoMonaco, Kristiana Glavin, Bill Rouhana y Bob Jacobs, de Chicken Soup for the Soul, por su apoyo a este proyecto. Brian Taylor, de Pneuma Books, también merece nuestra gratitud por su brillante visión para nuestra cubierta e interiores.

Sobre todo, gracias a quienes presentaron sus sentidas historias, poemas y citas para su posible inclusión en este libro. Aunque no pudimos usar todo lo que ustedes nos enviaron, apreciamos y agradecemos que lo hayan compartido con nosotros. Su trabajo ha sido una bendición. Dada la limitada mangnitud de este proyecto, hemos dejado fuera el nombre de algunas personas que colaboraron con nosotros. De ser así, discúlpennos; los apreciamos de verdad.

Y a Dios por su orientación divina y abundantes bendiciones.

Mejora tu vida todos los días

Personas reales que han compartido historias reales… durante quince años. *Caldo de pollo para el alma* ha rebasado ya el ámbito de las librerías para convertirse en un líder mundial en mejorar la vida. Por medio de libros, películas, DVDs, recursos en internet y otras vías, brindamos esperanza, aliento, inspiración y amor a cientos de millones de personas alrededor del mundo. Los autores y lectores de *Caldo de pollo para el alma* pertenecen a una comunidad global única en su género, que comparte consejos, apoyo, orientación, consuelo y conocimientos.

Las historias de *Caldo de pollo para el alma* se han traducido a más de cuarenta idiomas y pueden encontrarse en más de cien países. Todos los días, millones de personas experimentan una historia de *Caldo de pollo para el alma* en un libro, revista, periódico o en internet. Al compartir nuestras experiencias de vida a través de esas historias, nos ofrecemos esperanza, consuelo e inspiración unos a otros. Las historias viajan de una persona a otra, y de un país a otro, y de esa manera ayudan a mejorar vidas en todas partes.

Comparte con nosotros

Todos hemos tenido momentos de *Caldo de pollo para el alma* en nuestra vida. Si tú quieres compartir tu historia o poema con millones de personas del mundo entero, entra a chickensoup.com y haz clic en "Submit Your Story". Quizá ayudes así a otro lector, y seas un autor publicado al mismo tiempo. ¡Algunos de nuestros colaboradores anteriores han iniciado su carrera como escritores u oradores con la publicación de sus historias en nuestros libros!

Sus historias tienen más posibilidades de usarse si las presentan a través de nuestra página en internet, en:

www.chickensoup.com

Si no tienen acceso a internet, pueden enviarlas por correo o fax. Les pedimos que no envíen manuscritos de libros, a menos que sea por medio de una agencia literaria, porque se les descarta automáticamente.

Chicken Soup for the Soul
P.O. Box 700
Cos Cob, CT 06807-0700
Estados Unidos
Fax: 203-861-7194

Esta obra se imprimió y encuadernó
en el mes de febrero de 2018,
en los talleres de Impregráfica Digital, S.A. de C.V.,
Calle España 385, Col. San Nicolás Tolentino,
C.P. 09850, Iztapalapa, Ciudad de México.